EL PURGATORIO EXPLICADO

A través de la vida de los santos

EL PURGATORIO EXPLICADO

A través de la vida de los santos

F. X. Schouppe

Título original: *Le dogme du purgatoire: illustré par des faits et des révélations particulières*

Sagasta, 6
23400 - Úbeda (Jaén)
www.didacbook.com

Traducción: Ricardo Regidor

Diseño de portada: José María Vizcaíno

Si se supiera el gran poder que tienen las benditas almas del purgatorio ante el corazón de Dios, y si conociéramos todas las gracias que podemos obtener por su intercesión, no serían tan olvidadas.
Debemos, por lo tanto, rezar mucho por ellas, para que ellas puedan rezar mucho por nosotros.

San Juan María Vianney

Índice

Cuestiones preliminares

PROTESTA DEL AUTOR

De conformidad con el decreto de Urbano VIII, Sanctissimum, del 13 de marzo de 1525, declaramos que los diversos hechos citados en esta obra, que se presentan como sobrenaturales, solo se basan en revelaciones privadas y personales; el discernimiento sobre este tipo de hechos pertenece a la autoridad suprema de la Iglesia.

CANON XXX. SESIÓN VI DEL CONCILIO DE TRENTO, 13 DE ENERO DE 1547

Si alguno dijere que, recibida la gracia de la justificación, de tal modo se le perdona a todo pecador arrepentido la culpa, y se le borra el reato de la pena eterna, que no le queda reato de pena alguna temporal que pagar, o en este siglo, o en el futuro en el purgatorio, antes que se le pueda franquear la entrada en el reino de los cielos, sea excomulgado.

DECRETO RELATIVO AL PURGATORIO DEL CONCILIO DE TRENTO. SESIÓN XXV, 4 DE DICIEMBRE DE 1563

Habiendo la Iglesia Católica, instruida por el Espíritu Santo, según la doctrina de la sagrada Escritura y de la antigua tradición de los Padres, enseñado en los sagrados concilios, y últimamente en este general de Trento, que hay purgatorio; y que las almas detenidas en él reciben alivio con los sufragios de los fieles, y en especial con el aceptable sacrificio de la misa; manda el santo Concilio a los obispos que cuiden con suma diligencia que la sana doctrina del purgatorio, recibida de los santos Padres y sagrados concilios, se enseñe y predique en todas partes, y se crea y conserve por los fieles cristianos.

CÁNONES RELATIVOS AL SACRAMENTO DE LA PENITENCIA DEL CONCILIO DE TRENTO. SESIÓN XIV, 25 DE NOVIEMBRE DE 1551

CAN. XII. Si alguno dijere, que Dios perdona siempre toda la pena al mismo tiempo que la culpa, y que la satisfacción de los penitentes no es más que la fe con que aprehenden que Jesucristo tiene satisfecho por ellos; sea excomulgado.

CAN. XIII. Si alguno dijere, que de ningún modo se satisface a Dios en virtud de los méritos de Jesucristo, respecto de la pena temporal correspondiente a los pecados, con los trabajos que el mismo nos envía, y sufrimos con resignación, o con los que impone el sacerdote, ni aun con los que voluntariamente emprendemos, como son ayunos, oraciones, limosnas, u otras obras de piedad; y por tanto que la mejor penitencia es sólo la vida nueva; sea excomulgado.

CAN. XIV. Si alguno dijere, que las satisfacciones con que, mediante la gracia de Jesucristo, redimen los penitentes sus pecados, no son culto de Dios, sino tradiciones humanas, que obscurecen la doctrina de la gracia, el verdadero culto de Dios, y aun el beneficio de la muerte de Cristo; sea excomulgado.

CAN. XV. Si alguno dijere, que las llaves se dieron a la Iglesia sólo para desatar, y no para ligar; y por consiguiente que los sacerdotes que imponen penitencias a los que se confiesan, obran contra el fin de las llaves, y contra la institución de Jesucristo: y que es ficción que las más veces quede pena temporal que perdonar en virtud de las llaves, cuando ya queda perdonada la pena eterna; sea excomulgado.

SOBRE LAS OBRAS DE SATISFACCIÓN. CAPÍTULO IX DE LA SESIÓN XIV DEL CONCILIO DE TRENTO, 25 DE NOVIEMBRE DE 1551

Enseña además el sagrado Concilio, que es tan grande la liberalidad de la divina beneficencia, que no solo podemos satisfacer a Dios Padre, mediante la gracia de Jesucristo, con las penitencias que voluntariamente emprendemos para satisfacer por el pecado, o con las que nos impone a su arbitrio el sacerdote con proporción al delito; sino también, lo que es grandísima prueba de su amor, con los castigos temporales que Dios nos envía, y padecemos con resignación.

Prefacio del autor

Objeto de la obra. A qué lectores se dirige. Lo que estamos obligados a creer, lo que podemos creer piadosamente y lo que estamos en libertad de no admitir. Visiones y apariciones. Ciega credulidad y exagerada incredulidad

El purgatorio es uno de los dogmas que la mayoría de los fieles ha olvidado; les parece una tierra extraña esa iglesia purgante y sufriente, donde tienen tantos hermanos a quienes socorrer y donde prevén que ellos mismos deben ir un día.

Este olvido era una de las grandes penas de san Francisco de Sales. Decía: "No recordamos suficientemente a nuestros queridos difuntos; su memoria parece perecer con el sonido de las campanas fúnebres".

Esto se debe principalmente a la ignorancia y a la falta de fe; nuestras nociones sobre el purgatorio son demasiado vagas, nuestra fe es demasiado débil. Para aclarar las ideas y animar nuestra fe, deberíamos ver más de cerca esta vida de más allá de la tumba, este estado intermedio de las almas justas, que aún no son dignas de entrar en la Jerusalén celestial.

Este es el objeto de este libro: no nos proponemos probar la existencia del purgatorio a los escépticos, sino darlo a conocer mejor a los fieles que creen en este dogma revelado por Dios. Es a ellos, propiamente hablando, a quienes va dirigido este libro, para darles una idea más clara del purgatorio. Digo a propósito "una idea más clara" que la que la gente tiene generalmente, poniendo a la luz esta gran verdad.

Para producir este efecto disponemos de tres fuentes de luz muy distintas: en primer lugar, la doctrina de la Iglesia; después, lo que explican los teólogos y doctores de la Iglesia; en tercer lugar, las revelaciones y apariciones de los santos, que sirven para confirmar estas enseñanzas.

1. La doctrina de la Iglesia sobre el purgatorio comprende dos artículos, de los que hablaremos más adelante (ver capítulo 3). Son dos artículos de fe que deben ser creídos por todos.

2. Las enseñanzas de los teólogos, o más bien sus opiniones sobre varias cuestiones relativas al purgatorio, y sus explicaciones, no se nos imponen como artículos de fe; somos libres de rechazarlos sin dejar de ser católicos. Sin embargo, sería imprudente, e incluso precipitado, rechazarlos; y es práctica común de la Iglesia seguir las opiniones comúnmente sostenidas por los teólogos y doctores de la Iglesia.

3. Las revelaciones de los santos, llamadas también revelaciones particulares, no pertenecen al depósito de la fe confiado por Jesucristo a su Iglesia; son hechos históricos, basados en el testimonio humano. Se nos permite creer en ellas y pueden ser alimento saludable para nuestra piedad. Podemos, sin embargo, no creerlas sin pecar contra la fe; pero están autentificadas, y no podemos rechazarlas sin ofender a la razón; porque la sana razón exige que todos los hombres den su asentimiento a la verdad cuando está suficientemente demostrada.

Para ilustrarlo más claramente, expliquemos en primer lugar la naturaleza de las revelaciones de las que hablamos.

Las revelaciones particulares son de dos tipos: pueden consistir en visiones o en apariciones. Se llaman *particulares* porque difieren de las que se encuentran en la Sagrada Escritura, no forman parte de la doctrina revelada a la humanidad y no son propuestas por la Iglesia a nuestra creencia como dogmas de fe.

Las *visiones*, propiamente dichas, son luces subjetivas, infundidas por Dios en la comprensión de sus criaturas, para descubrirles sus misterios. Tales son las visiones de los profetas, las de san Pablo, de santa Brígida y de muchos otros santos. Estas visiones suelen tener lugar cuando el sujeto está en estado de éxtasis; consisten en ciertas representaciones misteriosas, que aparecen a los ojos del alma, y que no siempre deben ser tomadas al pie de la letra. Con frecuencia son figuras, imágenes simbólicas, que representan de manera proporcionada a la capacidad de nuestra comprensión, cosas puramente espirituales, de las que el lenguaje ordinario es incapaz de transmitir una idea.

Las *apariciones*, al menos con frecuencia, son fenómenos objetivos que tienen un objeto exterior real. Tal fue la aparición de Moisés y Elías en el monte Tabor; la de Samuel evocada por la bruja de Endor; la del ángel Rafael a Tobías; las de muchos otros ángeles; en fin, tales son las apariciones de las almas del purgatorio.

El hecho de que los espíritus de los muertos se aparezcan a veces a los vivos es algo que no se puede negar. ¿No lo afirma claramente el evangelio? Cuando Jesús resucitado se apareció por primera vez a sus apóstoles mientras estaban reunidos, *creyeron que estaban viendo un espíritu.* Nuestro Salvador, lejos de decir que los espíritus no se aparecen, les habló así: "¿Por qué os asustáis, y por qué admitís esos pensamientos en vuestros corazones? Mirad mis manos y mis pies: soy yo mismo. Palpadme y comprended que un espíritu no tiene carne ni huesos como veis que yo tengo" (Lc 24,38-39).

Las apariciones de las almas que están en el purgatorio son frecuentes. Las encontramos en gran número en las diversas "vidas de los santos"; a veces, también se aparecen a los fieles comunes. Hemos recogido las que nos parecen más apropiadas para edificar al lector. Pero cabe preguntarse: todos esos hechos, ¿son históricamente ciertos? Hemos seleccionado los que tienen más garantía de autenticidad[1]. Pero si hay alguno que el lector encuentra que no resiste el rigor de la crítica, no tiene por qué admitirlo. Para evitar una severidad excesiva, parecida a la de la incredulidad, conviene señalar que, en general, se producen apariciones de almas, y que no se puede dudar de que se producen con frecuencia. El abad Ribet dice: "Apariciones de este tipo no son infrecuentes. Dios las permite para el alivio de las almas con el fin de excitar nuestra compasión, y también para hacernos sensibles a lo terribles que serán los rigores de su justicia contra aquellas faltas que consideramos triviales" *(La Mystique Divine, distinguée des Contrefaçons Diaboliques et des Analogies Humaines).* San Gregorio cita varios ejemplos en sus *Diálogos,* de los que podríamos discutir acerca de su plena autenticidad; pero, en boca de este santo médico, prueba al menos que creía en la posibilidad de la existencia de estos fenómenos. Muchos otros autores, no menos fiables que san Gregorio, relatan casos similares. Además, incidentes de este tipo abundan en la vida de los santos. Para convencerse de ello, basta con examinar el *Acta Sanctorum.*

La iglesia purgante ha implorado siempre los sufragios de la iglesia militante; y esta interrelación, que puede dar cierta impresión de tristeza, también está llena de instrucción, es para unos, fuente de alivio inagotable, y para otros, una poderosa incitación a la santidad.

La visión del purgatorio ha sido concedida a muchas almas santas. Santa Catalina de Ricci descendía en espíritu al purgatorio todos los domingos por la noche; santa Lidwina, durante sus raptos, penetraba en aquel lugar de expiación y, conducida por

[1] La mayor parte de los ejemplos del libro están tomados de la vida de los santos, honrados como tales por la Iglesia, y de otros siervos de Dios. Quien desee saber más, puede acudir al *Acta Sanctorum.* Si se menciona a algún personaje venerable, cuya vida no está inscrita en esos volúmenes, hay que recurrir entonces a biografías e historias particulares. Para los ejemplos tomados del padre Rossignoli, ver: *Merveilles Divine dans les Ames du Purgatoire,* donde el autor indica una o varias fuentes.

su ángel de la guarda, visitaba a las almas en medio de sus tormentos. De la misma manera, un ángel guió al beato Osanne de Mantua a través de este lúgubre abismo.

La beata Verónica de Binasco, san Francisco de Roma y muchos otros tuvieron visiones exactamente similares, quedándose totalmente impresionados y aterrados.

Con más frecuencia, son las mismas almas del purgatorio las que se aparecen a los vivos e imploran su intercesión. Muchos se aparecieron de esta manera a santa Margarita María de Alacoque, y a otros muchos santos. Las almas de los difuntos solían pedir la intercesión de Denis, el cartujo. Un día le preguntaron a este gran siervo de Dios cuántas veces se le habían aparecido esas almas: "Cientos de veces", respondió.

Santa Catalina de Siena, para ahorrarle a su padre los dolores del purgatorio, se ofreció para sufrir en su lugar durante toda su vida. Dios aceptó su oferta, le infligió tormentos atroces, que duraron hasta su muerte, y admitió el alma de su padre en la gloria eterna. A cambio, esta alma bendita se le aparecía frecuentemente a su hija para darle las gracias y para hacerle muchas revelaciones útiles.

Cuando las almas del purgatorio se presentan a los vivos, lo hacen siempre de tal manera que avivan la compasión; ya sea con los rasgos que tuvieron durante la vida, o ya sea con un semblante triste y miradas implorantes, vestidos de luto, o con una expresión de sufrimiento extremo; también como una niebla, una luz, una sombra o alguna clase de figura fantástica, acompañada de un signo o una palabra con la que se las pueda reconocer. Otras veces traicionan su presencia con gemidos, sollozos, suspiros o una respiración apresurada y acentos quejumbrosos. A menudo aparecen envueltos en llamas. Cuando hablan, es para manifestar sus sufrimientos, para deplorar sus faltas pasadas, para pedir sufragios o incluso para dirigir reproches a quienes deben socorrerlos. Otra clase de revelaciones tienen lugar, dice el mismo autor, mediante golpes invisibles que reciben los vivos, por el cierre violento de las puertas, el traqueteo de las cadenas y los sonidos de las voces.

Estos hechos son demasiado numerosos para dudar de ello; la única dificultad es establecer su conexión con el mundo de la expiación. Pero cuando estas manifestaciones coinciden con la muerte de personas queridas, cuando cesan después de haber rezado y reparado a Dios en su favor, ¿no es razonable ver en ellas signos por los cuales las almas del purgatorio dan a conocer su angustia?

En estos diversos fenómenos reconocemos a las almas del purgatorio. Pero hay un caso en el que una aparición debe considerarse sospechosa; es cuando un pecador notorio, llevado inesperadamente por una muerte súbita, viene a implorar las oraciones de los vivos para ser liberado del purgatorio. Al diablo le interesa hacernos creer que podemos vivir de la manera más desordenada hasta el momento de nuestra muerte y, sin embargo, escapar del Infierno. Sin embargo, incluso en tales casos, no está prohibido pensar que el alma que aparece se ha arrepentido, y que se encuentra en las llamas temporales de la expiación; ni, por consiguiente, está prohibido rezar por ella, pero es conveniente observar la mayor cautela con respecto a las visiones de este tipo, y el crédito que les damos (cfr. Ribet, *La Mystique Divine,* vol. 2, cap. 10).

Todos estos detalles bastan para justificar a los ojos del lector los ejemplos que se usan en este libro.

Añadamos que un cristiano debe cuidarse de mostrar una excesiva incredulidad ante los hechos sobrenaturales relacionados con los dogmas de fe. San Pablo nos dice que "la caridad lo cree todo" (1 Co 13,7), es decir, todo aquello en lo que podamos creer prudentemente y que no sea perjudicial. Si es cierto que la prudencia rechaza una credulidad ciega y supersticiosa, también es cierto que debemos evitar el otro extremo, aquel con el que nuestro Salvador reprochó a santo Tomás. Creéis, le dijo, porque habéis visto y tocado; mejor hubiera sido creer en el testimonio de vuestros hermanos. Al exigir más, habéis sido culpables de incredulidad; esta es una falta que todos mis discípulos deberían evitar. "Bienaventurados los que sin haber visto hayan creído"; "no seas incrédulo, sino creyente" (Jn 20,27;29).

El teólogo que expone los dogmas de fe debe ser riguroso en la elección de sus pruebas; el historiador debe proceder con fidelidad en la narración de los hechos, pero el escritor ascético, que cita ejemplos para ilustrar las verdades y edificar a los fieles, no está obligado a este estricto rigor. Las personas mejor autorizadas de la Iglesia, como san Gregorio, san Bernardo, san Francisco de Sales, san Alfonso Ligorio, Belarmino y muchos otros, tan distinguidos por su saber como por su piedad, al escribir sus excelentes obras no conocían nada de las exigencias fastidiosas de la época actual, exigencias que de ninguna manera constituyen un progreso.

En efecto, si el espíritu de nuestros padres en la fe era más simple, ¿por qué en la actualidad ha desaparecido esa simplicidad? ¿No es el racionalismo del que tanto se han contagiados hoy en día? Espíritu de razonamiento y crítica que emanó de la reforma luterana, propagado por el filosofismo francés, que, lleva a considerar las cosas de Dios desde un punto de vista puramente humano, y así enfría a los hombres y los aleja de Dios. El venerable Luis de Blois, hablando de las revelaciones de santa Gertrudis, dice: "Este libro contiene tesoros. Los hombres orgullosos y carnales, que no entienden nada del espíritu de Dios, tratan como ensueños los escritos de la santa virgen Gertrudis, de santa Matilde, de santa Hildegarda y de otras; es porque ignoran la familiaridad con que Dios se comunica a las almas humildes, sencillas y amorosas, y cómo en estas comunicaciones íntimas se complace en iluminar a estas almas con la luz pura de la verdad, sin ninguna sombra de error" *(Epist. ad Florentium).*

Estas palabras de Louis de Blois son serias. No hemos querido incurrir en el reproche de este gran maestro de la vida espiritual, y, evitando la credulidad, hemos recogido con cierta libertad los ejemplos que nos parecen a la vez más auténticos y más instructivos. Esperemos que aumenten en los que los leen la devoción hacia los fieles difuntos. Que inspiren profundamente a todos los que los lean un santo y saludable temor al purgatorio.

Introducción

El autor de esta obra es el célebre escritor, el padre F. X. Schouppe (1823-1904), de la Compañía de Jesús. Este sacerdote es más conocido por sus obras de Teología Dogmática y Sagrada Escritura; en esta obra sobre el purgatorio puede encontrarse la misma solidez de pensamiento y de juicio. Profundo teólogo y estudioso de la Escritura, conocedor como pocos de los escritos de los Padres, el autor está especialmente dotado para escribir una obra de este tipo.

El tema de este libro es a la vez querido e interesante para todo corazón católico. Sobre la existencia de este estado intermedio los católicos no tienen más dudas que sobre la existencia del Cielo o del infierno. La Iglesia, por su enseñanza autorizada, ha decidido el asunto para siempre. "La Iglesia Católica", dice el Concilio de Trento, "instruida por el Espíritu Santo, ha enseñado en los sagrados concilios, y muy recientemente en el sínodo ecuménico, que hay un purgatorio, y que las almas allí detenidas son ayudadas por los sufragios de los fieles, pero principalmente por el aceptable Sacrificio del Altar" (Sesión 25).

La doctrina del purgatorio resume, en cierta manera, toda la enseñanza católica. Nos pone en contacto vital con los temas centrales de nuestra religión: la salvación de nuestras almas y los medios para alcanzar este fin.

La lectura de este libro debe tener tres resultados inmediatos y prácticos: primero, nos hará querer trabajar para aliviar los sufrimientos de las benditas ánimas del purgatorio; segundo, nos inspirará a enmendar nuestra propia vida para no tener que ir allí; y, tercero, nos motivará a difundir el conocimiento de la verdad del purgatorio a otros, que también se verán motivados a rezar por estas almas y a evitar el purgatorio ellos mismos. En realidad, una de las mayores bondades que podemos hacer por las benditas ánimas del purgatorio es la difusión de este libro, tan eficaz en la enseñanza de esta santa doctrina.

Como el autor afirma en su prefacio, este libro fue compuesto para inflamar los corazones de los fieles católicos con un tierno cuidado y una continua solicitud por las almas del purgatorio. No es una obra polémica ni una apologética, sino una inspiración, un libro destinado a aumentar el conocimiento, la comprensión y el amor del lector.

Hoy en día, se habla poco del purgatorio, incluso en los círculos católicos, con el resultado de que muchos ya no creen en esta doctrina. Esta es la consecuencia natural de la relativa escasez de buena literatura sobre el tema. Si no leemos sobre el purgatorio, y rara vez oímos hablar de él, naturalmente le daremos cada vez menos crédito.

Sin embargo, es natural que los seres humanos crean en el purgatorio, ya que es completamente lógico y justo, incluso prescindiendo del hecho de que es una enseñanza católica que nos llega de los apóstoles y que también se encuentra en la Sagrada Escritura. Incluso puede ser una revelación para muchos católicos de hoy que para ser católico hay que creer en la existencia del purgatorio, ya que es un dogma de la Iglesia.

Sabemos que los "reformadores" protestantes del siglo XVI rechazaron la enseñanza de la Iglesia sobre el purgatorio, aunque, como Calvino admitió, siempre había sido una creencia común. Y aunque el padre Schouppe no la menciona (aparentemente no está familiarizado con sus revelaciones), la beata Ana Catalina Emmerick habla frecuentemente sobre el purgatorio, y en sus revelaciones hay una que afirma que las almas de los protestantes languidecen más tiempo y sufren lo peor en el purgatorio porque generalmente tienen muy pocos amigos y parientes que recen por ellos. Estos hermanos separados, si no merecen el Cielo directamente, se encontrarán en el purgatorio, como todos los demás. El hecho de no creer en él no les aliviará en absoluto de ir allí. La verdad de Dios sigue siendo la verdad, no importa lo que nosotros como individuos podamos creer sobre ella.

El padre Schouppe ha dividido este libro en dos secciones principales: "Misterio de la justicia de Dios" y "Misterio de la misericordia de Dios", en ese orden. El lector debe ser consciente de que la primera parte del libro se concentra en la justicia de Dios y por lo tanto da la impresión general de severidad. Esto se hace obviamente con un propósito, porque el autor quiere inculcarnos la seriedad de todo lo que hacemos y la rendición de cuentas que tendremos que dar por el más pequeño acto de nuestra vida. Con su santa justicia vista bajo esta luz, difícilmente alguien podría soportar el juicio de Dios Todopoderoso.

Pero también hay que considerar la misericordia de Dios, y este es el enfoque principal de la segunda mitad del libro. Aquí el autor da no solo muchos ejemplos de la misericordia de Dios que se invoca y se obtiene, sino los diversos medios que podemos emplear para remitir el castigo temporal debido al pecado, tanto para las almas del purgatorio como para nosotros mismos. El autor insiste en que debemos tener siempre un santo y saludable temor de la justicia de Dios, pero que debe ser siempre templado y contrarrestado por una poderosa confianza en la misericordia de Dios y en los muchos medios que Él ha puesto a nuestra disposición para obtener la remisión del castigo temporal debido al pecado. Este castigo temporal es esa deuda espiritual que nos mantendrá en el purgatorio hasta que sea remitido, ya sea por nuestros propios sufrimientos o por las oraciones y buenas obras de alguien más en nuestro nombre.

En el curso de este libro, el autor cubre prácticamente cada aspecto de la doctrina del purgatorio. El lector encontrará fascinantes revelaciones que tal vez no conocía. Por ejemplo, el autor afirma que los sufrimientos del purgatorio son básicamente de la misma naturaleza e intensidad (dependiendo de la severidad del castigo) que los del infierno. Sin embargo, las almas del purgatorio no desean volver a este mundo porque saben que ya están salvadas. Además, la duración del tiempo allí no tiene relación con nuestra experiencia del tiempo en este mundo; incluso unos pocos minutos pueden parecer años. Nuestros sufragios en favor de los difuntos son más agradables a Dios que nuestras oraciones y buenas obras por los vivos, porque las almas del purgatorio están más cerca de Dios, están más necesitadas y no pueden ayudarse a sí mismas. Ellas pueden rezar por nosotros mientras están en el purgatorio, aunque no puedan ayudarse a sí mismas. El santo sacrificio de la Misa que ofrecemos por ellas es lo más eficaz que podemos hacer. Además, todo lo que ofrecemos también se contabiliza como mérito nuestro. Con este fin, el autor cita a san Juan de Dios, que una vez recorrió las calles de Granada proclamando en voz alta: "Dad limosna, hermanos míos, dad limosna por amor a vosotros mismos".

El padre Schouppe cita un número desproporcionado de casos de religiosos, en lugar de los laicos, que han regresado del purgatorio para hacer revelaciones sobre sus sufrimientos. Esto se debe probablemente a varios motivos: por ejemplo, la mayor probabilidad de que tales casos sean registrados y transmitidos por miembros de la orden del difunto; y la mayor gracia obtenida por los religiosos, que pasan su vida cerca de Dios y en su trabajo especial, y por lo tanto han ganado la mayor misericordia durante sus sufrimientos en el purgatorio. Pero el autor se apresura a señalar que las apariciones de las almas del purgatorio a menudo son vistas también por hombres y mujeres laicos aparentemente "ordinarios", y que tales apariciones han ocurrido en todos los tiempos y en muchos lugares diferentes durante la historia de la Iglesia.

Una de las mejores puntualizaciones del autor es el hecho de que nosotros, que todavía estamos entre los militantes de la

Iglesia, tenemos el deber sagrado de rezar y hacer sacrificios en nombre de las almas del purgatorio, porque incluso los santos del Cielo, aunque pueden ayudarlas en sus sufrimientos, todavía no pueden ganar para ellos indulgencias, y mucho menos indulgencias plenarias, como nosotros que todavía estamos en esta tierra.

Dado que hoy en día son muy pocas las personas que comprenden la naturaleza y el valor de las indulgencias y la forma en que pueden obtenerse –especialmente las indulgencias plenarias–, hemos considerado conveniente incluir como apéndice de este libro una breve explicación de la enseñanza de la Iglesia sobre la naturaleza de las indulgencias y el método para obtenerlas. Las indulgencias constituyen un tesoro espiritual capaz de contrarrestar la justicia de Dios en favor de su misericordia, de modo que todo aquel que trabaje diligentemente para ganar indulgencias, especialmente indulgencias plenarias, no debe tener nada que temer de la justicia de Dios cuando muera, siempre que trate diligentemente y continuamente de enmendar su vida. Tan prodigiosamente liberal con sus indulgencias ha sido la Iglesia que la beata María de Quito "un día, extasiada... vio en medio de un gran espacio una inmensa mesa cubierta de montones de plata, oro, rubíes, perlas y diamantes, y al mismo tiempo oyó una voz que decía: 'Estas riquezas son de propiedad pública; cada uno puede acercarse y tomar lo que quiera'. Dios le hizo saber que esto era un símbolo de indulgencias". Las indulgencias son riquezas espirituales gratuitas para los que las piden, riquezas que cualquier creyente en estado de gracia puede aprovechar para el alivio de las almas del purgatorio o para la remisión de las deudas espirituales que él mismo ha contraído. Si una persona no hace uso de estas indulgencias, tiene que ser uno de los mayores desperdicios del mundo entero.

Otro punto importante que hay que recordar es el hecho de que las oraciones y los sufrimientos ofrecidos a Dios durante nuestra vida nos hacen ganar méritos, aumentan la gracia santificante y la caridad, y producen una unión más estrecha con Dios y, por tanto, un mayor grado de gloria en el Cielo por toda la eternidad. Pero los sufrimientos del purgatorio, por otra parte, son inútiles en lo que se refiere a un mayor avance en la santidad; simplemente nos permiten pagar aquellas deudas en las que nunca debimos haber incurrido en primer lugar. Un católico que ofrece sus oraciones y sufrimientos a Dios durante esta vida –el tiempo para ganar méritos– logrará dos objetivos con un esfuerzo: reducirá su propia deuda de castigo por el pecado, y también avanzará en la santidad y aumentará el grado de su futura gloria en el Cielo.

Para ilustrar este punto, el padre Schouppe cuenta la historia de un monje español fallecido que apareció en la tierra cuatro meses después de la muerte del rey Felipe II (1589); presumiblemente se habían ofrecido muchas misas y oraciones en toda España por el descanso del alma del rey. El monje informó que el Felipe II ya estaba en el Cielo, pero que su lugar allí era tan inferior al del monje como el lugar de este último había sido inferior al del rey durante sus vidas en la tierra.

Finalmente, el padre Schouppe cita a santa Catalina de Génova, quien ha dado en su *Tratado del Purgatorio* una de las mejores revelaciones que tenemos sobre el tema; y en este pasaje podemos resumir el espíritu y la perspicacia de este libro: "El que se purifica de sus faltas en esta vida presente satisface con un centavo una deuda de mil ducados; y el que espera hasta la otra vida para saldar sus deudas, consiente en pagar mil ducados por lo que antes podía haber pagado con un centavo".

La elección es nuestra. ¿Ignoraremos como avestruces con nuestras cabezas espirituales en la arena la doctrina consoladora de Cristo sobre el purgatorio, en gran detrimento de nuestros seres queridos que pueden estar languideciendo allí, y mientras tanto acumularemos para nosotros una asombrosa deuda, que ciertamente algún día tendremos que pagar? ¿O nos informaremos sobre los sufrimientos del purgatorio y nos propondremos liberar de esos dolores atroces a tantas pobres almas indefensas como podamos, y amontonar para nosotros mismos un abrumador tesoro de gracia y adjuntar a nosotros mismos un gran conglomerado de almas agradecidas que rezarán por nosotros a cambio, tanto en esta vida como durante nuestra propia estancia en el purgatorio, si tuviéramos que ir allí? Verdaderamente, ¡la elección es nuestra! Pero una lectura de este libro seguramente llevará al lector al lado de la misericordia hacia las benditas ánimas del purgatorio, que, en la infinita misericordia de Dios, también redundará en su propio gran beneficio espiritual.

Primera parte:
El purgatorio, misterio de la justicia de Dios

1. El purgatorio dentro del plan divino

El purgatorio ocupa un lugar importante dentro de las verdades del catolicismo y juega un papel esencial en la economía de la salvación de los hombres.

Recordemos que la Iglesia en su conjunto está formada por la iglesia militante, la iglesia triunfante y la iglesia purgante, o *purgatorio.* Esta triple Iglesia constituye el cuerpo místico de Jesucristo, y las almas del purgatorio no son menos miembros de ella que los fieles que aún peregrinan en la tierra o los bienaventurados del Cielo. En el evangelio, a la Iglesia se le denomina habitualmente como el *Reino de los Cielos;* y el purgatorio, al igual que la iglesia celeste y la terrestre, es como una provincia de este vasto reino.

Las tres iglesias hermanas se relacionan de modo incesante entre sí, existe una continua comunicación que llamamos *Comunión de los Santos.* Esto no tiene otro objeto que conducir a las almas a la gloria eterna, el fin último al que tienden todos los elegidos. Las tres iglesias se ayudan mutuamente para poblar el Cielo, que es la ciudad permanente, la gloriosa Jerusalén.

¿Qué podemos hacer entonces nosotros, que formamos parte de la iglesia militante, por las almas del purgatorio? Podemos aliviar sus sufrimientos. Dios ha puesto en nuestras manos la llave para abrir esta prisión misteriosa: *la oración por los difuntos,* la devoción por las almas del purgatorio.

2. La oración por los difuntos. Temor y confianza

La oración por los difuntos y los sacrificios y sufragios por los ya fallecidos forman parte del culto cristiano. Es el Espíritu Santo quien infunde en nosotros la devoción por las benditas almas del purgatorio. Porque, como se dice en el libro de los Macabeos, pensar "en la bellísima recompensa reservada a los que se duermen piadosamente", es un pensamiento "santo y devoto. Por eso hizo el sacrificio expiatorio por los difuntos, para que fueran perdonados sus pecados" (2 M 12,45-46).

Para ser perfecta, la devoción por las benditas almas del purgatorio debe estar animada tanto por un espíritu de temor como por uno de confianza. Por un lado, la santidad y la justicia de Dios nos inspiran un temor saludable; por otro, su infinita misericordia nos ofrece una confianza ilimitada.

Dios es la santidad misma, en mucha más medida que el sol es la luz, y ninguna sombra de pecado puede aguantar ante su rostro. "Tus ojos son demasiado puros para mirar el mal", dice el profeta, "y no puedes contemplar la iniquidad". (Ha 1,13). Cuando la iniquidad se manifiesta en las criaturas, la santidad de Dios exige la expiación, y cuando esta expiación se hace con todo el rigor de la justicia, es terrible. Por eso, en la Biblia podemos leer: "Su Nombre es santo y temible" (Sal 111,9); como si dijera: Su justicia es terrible porque su santidad es infinita.

La justicia de Dios es terrible y castiga con extremo rigor incluso las faltas más triviales. La razón es que estas faltas, que a nuestros ojos parecen pequeñas, no lo son ante Dios. El menor pecado le desagrada infinitamente y, a causa de la infinita santidad a la que se ofende, la más mínima transgresión asume unas proporciones enormes y exige una gran expiación. Esto es lo que explica por qué son tan terribles y severos los dolores de la otra vida; deberíamos contemplar esta verdad con un santo temor.

El temor al purgatorio es algo saludable; tiene como efecto no solo animarnos a compadecernos de las pobres almas que sufren, sino que también hace que vigilemos con celo nuestro propio bienestar espiritual. Si pensamos en el fuego y los sufrimientos del purgatorio nos esforzaremos por evitar las más mínimas faltas; si pensamos en el fuego y los sufrimientos del purgatorio seremos más penitentes, para poder satisfacer la justicia divina en este mundo y no en el siguiente.

Sin embargo, hay que evitar el miedo excesivo, y no hay que perder la confianza. No olvidemos la misericordia de Dios, que no es menos infinita que su justicia. "Porque tu misericordia es más grande que los cielos" (Sal 108,5), leemos en los *Salmos;* y también que "el Señor es clemente y compasivo: lento a la ira, y rico en misericordia" (Sal 145,8). Esta misericordia inefable de nuestro Dios debería calmar nuestras aprensiones y nuestros peores temores y llenarnos de una santa confianza en Él, según las palabras del *Salmo*: "En Ti, Señor, espero, no quede yo avergonzado para siempre" (Sal 71,1).

Si nos animamos con este doble sentimiento, si nuestra confianza en la misericordia de Dios es igual al temor que nos inspira su justicia, entonces tendremos el verdadero espíritu de devoción a las benditas almas del purgatorio.

Esto es algo que brota naturalmente del dogma del purgatorio bien entendido, pues contiene el doble misterio de la justicia y de la misericordia divina: de la justicia que castiga y de la misericordia que perdona. Vamos a considerar el purgatorio desde este doble punto de vista.

3. El "purgatorio". Argumentos doctrinales y cuestiones controvertidas

El concepto de "purgatorio" se usa a veces para designar un lugar y a veces para referirse a un estado intermedio entre el infierno y el Cielo. Propiamente hablando, se trata de la condición de las almas que, en el momento de la muerte, se encuentran en estado de gracia, pero que aún no han expiado completamente sus faltas, ni han alcanzado el grado de pureza necesario para gozar de la visión de Dios.

El purgatorio es, por lo tanto, un estado transitorio que tiene su fin al llegar a una vida de felicidad eterna. No se trata de una prueba mediante la que podamos ganar o perder méritos, sino de un estado de desagravio y expiación. Una persona llega al término de su carrera terrena; su vida se le ha dado como un tiempo de prueba, un tiempo para ganar méritos, un tiempo de misericordia por parte de Dios. Una vez que ese tiempo expira, no podemos esperar de Dios más que justicia, mientras que el alma no puede ni ganar ni perder méritos. Permanece en el estado en el que le encontró la muerte; y como la encontró en estado de gracia santificante, está segura de no perder nunca ese estado feliz y de llegar a la posesión eterna de Dios. Sin embargo, como está cargada con ciertas deudas de castigo temporal, debe satisfacer la justicia divina soportando este castigo en todo su rigor.

Esto es lo que significa la palabra "purgatorio", y esa es la condición de las almas que se encuentran allí.

A este respecto, la Iglesia propone *dos verdades* claramente definidas como dogmas de fe: la primera es que *existe un purgatorio;* la segunda es que *podemos ayudar a las almas que están en el purgatorio mediante los sufragios de los fieles, especialmente mediante el santo sacrificio de la Misa.*

Además de estos dos puntos, hay varias cuestiones doctrinales que la Iglesia no ha afirmado categóricamente, y que están más o menos resueltos por los teólogos. Estas cuestiones se refieren: 1) a la localización del purgatorio; 2) a la naturaleza de los sufrimientos; 3) al número y condición de las almas que se encuentran en el purgatorio; 4) a la certeza que tienen de su bienaventuranza; 5) a la duración de sus sufrimientos; 6) a la intervención de los vivos en su favor; y 7) a la aplicación de los sufragios de la Iglesia.

4. Localización del purgatorio

Aunque no hay una verdad definitiva sobre dónde se encuentra el purgatorio, la opinión más común, la que concuerda mejor con el lenguaje de la Escritura y suele ser mejor recibida por los teólogos, es la que afirma que se encuentra en las entrañas de la tierra, no lejos del infierno de los reprobados. El cardenal Belarmino afirma que muchos teólogos enseñan que el purgatorio, al menos el lugar *ordinario* de expiación, se encuentra situado en el interior de la tierra, y que las almas del purgatorio y las de los condenados están en el mismo espacio subterráneo del profundo abismo que la Escritura llama *infierno* (cfr. *Catecismo romano,* capítulo 6 §1).

Cuando en el Credo de los apóstoles decimos que Jesús descendió a los infiernos después de su muerte, esos "infiernos", afirma el *Catecismo* del Concilio de Trento, se refieren a esos lugares ocultos donde están detenidas las almas que aún no han alcanzado la bienaventuranza eterna. Pero estas prisiones son de tipos diferentes. Una es una mazmorra oscura y sombría, donde los espíritus malignos atormentan continuamente a los condenados con un fuego que nunca se apaga. Este lugar, que es el infierno propiamente dicho, también se llama *gehena* y abismo.

Hay otro infierno que contiene el fuego del purgatorio. Allí, las almas de los justos sufren durante cierto tiempo para purificarse por completo antes de ser admitidas en su patria celestial, donde no puede entrar nada profano.

Un tercer infierno es aquel que recibió las almas de los santos que murieron antes de la venida de Jesucristo, y en el que gozaron de un reposo lleno de paz y exento de dolor, consolados y sostenidos por la esperanza de su redención. Eran las almas santas que esperaban a Jesucristo en el seno de Abraham, y que fueron liberadas cuando Cristo descendió a los infiernos. Nuestro Salvador difundió de repente entre ellas una luz brillante, que las llenó de infinito gozo y les dio la soberana beatitud, que es la visión de Dios. Entonces se cumplió la promesa de Jesús al buen ladrón: "Hoy estarás conmigo en el Paraíso".

Dice santo Tomás que una opinión muy probable, y que además se corresponde con las palabras de los santos en revelaciones particulares, es que el purgatorio cuenta con un doble lugar para la expiación. El primero se destina a la generalidad de las almas, y está situado abajo, cerca del infierno; el segundo es para casos particulares, y es de ahí de donde se producen tantas apariciones.

El santo doctor admite, al igual que tantos otros que comparten esa opinión, que a veces la justicia divina asigna un lugar especial de purificación a ciertas almas, y hasta les permite aparecerse para instruir a los vivos o para procurar sufragios a los difuntos que tienen necesidad de ellos; a veces también por otros motivos dignos de la sabiduría y la misericordia de Dios.

Este es el punto de vista general sobre dónde se encuentra el purgatorio. Como este tratado no busca la controversia, no se añaden ni pruebas ni refutaciones, que pueden encontrarse en autores como Suárez y el cardenal Belarmino. Basta señalar que pensar en un infierno subterráneo no se opone a la ciencia, pues una ciencia puramente natural es incompetente en cuestiones que pertenecen, como esta, al orden sobrenatural. Además, sabemos que los espíritus pueden estar en un lugar ocupado por cuerpos, como si estos cuerpos no existieran. Sea lo que sea de lo que esté compuesto el interior de la Tierra, ya se trate de fuego, como dicen los geólogos, o de cualquier otro estado, nada impide que sirva de morada a los espíritus, incluso a los que están revestidos de un cuerpo resucitado. San Pablo nos enseña que el aire está lleno de una multitud de espíritus malignos; debemos combatir, dice, "contra los espíritus malignos que están en el aire" (Ef 6,12). Y, además, sabemos que los ángeles que nos protegen no son menos numerosos en la tierra. Ahora bien, si los ángeles y otros espíritus pueden habitar nuestra atmósfera, mientras que el mundo físico no cambia en lo más mínimo, ¿por qué no pueden las almas de los difuntos habitar en el seno de la tierra?

Revelaciones a los santos. Santa Teresa. San Luis Bertrand. Santa María Magdalena de Pazzi

Santa Teresa sentía un gran amor hacia las almas del purgatorio y las ayudaba tanto como le era posible con sus oraciones y sus buenas obras. Como recompensa, Dios le mostraba con frecuencia las almas que había ayudado a liberar; las veía en el momento en que terminaba su sufrimiento y entraban en el Cielo. Ahora bien, generalmente salían del seno de la tierra. "Recibí la noticia –escribe ella– de la muerte de un religioso que había sido responsable de una provincia, y después de otra. Lo conocía y me había prestado un gran servicio y su muerte me causó una gran inquietud. Aunque era un hombre digno de elogio por sus muchas virtudes, yo tenía cierta aprensión por la salvación de su alma, porque había sido Superior durante veinte años, y siempre he temido mucho por los que tienen el encargo de la cura de almas. Muy afligida, fui al oratorio; allí supliqué a nuestro Divino Señor para que aplicara por este religioso el poco bien que había hecho durante mi vida, y para que supliera el resto con sus méritos infinitos, a fin de que liberara a esta alma del purgatorio".

"Mientras suplicaba esta gracia con todo el fervor de que era capaz, vi a mi derecha cómo esta alma salía de las profundidades de la tierra y subía al cielo transportada de alegría. Aunque este sacerdote era de edad avanzada, se me apareció con los rasgos de un hombre que aún no había cumplido los treinta años, y con un rostro resplandeciente de luz".

"Esta visión, aunque muy breve, me dejó inundada de alegría, y sin sombra de duda en cuanto a la verdad de lo que había visto. Como me separaba una gran distancia del lugar donde este siervo de Dios había terminado sus días, pasó algún tiempo antes de que pudiera conocer los detalles de su muerte edificante; todos los que fueron testigos contemplaron llenos de admiración cómo conservó la conciencia hasta el último momento, las lágrimas que derramó y los sentimientos de humildad con los que entregó su alma a Dios".

"Una religiosa de mi comunidad, una gran sierva de Dios, había muerto hacía menos de dos días. Estábamos rezando el oficio de difuntos por ella en el coro, una hermana estaba haciendo la lectura, y yo me encontraba de pie para recitar el versículo. Cuando llevaba la mitad de la lectura, vi el alma de esta religiosa salir de las profundidades de la tierra, como la que acabo de nombrar, e ir al Cielo".

"En este mismo monasterio murió, a la edad de dieciocho o veinte años, otra religiosa, un verdadero modelo de fervor, de orden y virtud. Su vida no había sido más que todo un conjunto de enfermedades y sufrimientos que había soportado pacientemente. Yo, después de ser testigo de su vida, no tenía ninguna duda de que tenía méritos más que suficientes para que fuera eximida del purgatorio. Sin embargo, mientras estaba rezando el oficio, antes de que fuera enterrada, solo un cuarto de hora después de su muerte, vi cómo su alma salía también de la tierra y se elevaba al Cielo". Hasta aquí lo que escribe santa Teresa.

Un ejemplo similar puede leerse en la *Vida de san Luis Bertrán,* de la Orden de Santo Domingo. Esta biografía, escrita por el padre Antist, un religioso de la misma orden que había vivido con el santo, forma parte del *Acta Sanctorum,* del 10 de octubre. En el año 1557, mientras san Luis Bertrán residía en el convento de Valencia, se produjo una epidemia de peste en esa ciudad. Aquella terrible plaga se extendió rápidamente, amenazando con exterminar a los habitantes, y cada uno temió por su vida. Un religioso de la comunidad llamado Clemente, deseoso de prepararse fervientemente para la muerte, hizo una confesión general de toda su vida con este santo; y al irse le dijo: "Padre, si Dios quisiera llamarme a sí ahora, volveré y le haré conocer mi condición en la otra vida". Murió poco después, y a la noche siguiente se le apareció al santo. Le dijo que estaba detenido en el purgatorio por unas faltas leves que aún debía expiar, y le rogó al santo que lo recomendara a la comunidad. San Luis comunicó inmediatamente esta petición al Prior, quien se apresuró a recomendar el alma del difunto a las oraciones y a los santos sacrificios de los hermanos reunidos en comunidad.

Seis días después, un hombre del pueblo, que no sabía nada de lo que había pasado en el convento, vino a confesarse con el padre Luis y le dijo "que se le había aparecido el alma del padre Clemente. Había visto la tierra abierta y al alma del difunto padre salir toda gloriosa; se parecía a una estrella resplandeciente, que se elevaba por los aires hacia el cielo".

Leemos en la *Vida de santa Magdalena de Pazzi,* escrita por su confesor, el padre Cepari, que esta santa fue testigo de la liberación de un alma en las siguientes circunstancias: Una de sus hermanas de religión había muerto tiempo atrás; un día, estando santa Magdalena en oración delante del Santísimo Sacramento, vio salir de la tierra el alma de esa hermana, aún cautiva en las mazmorras del purgatorio. Estaba envuelta por un manto de llamas, pero una túnica de una blancura deslumbrante la protegía del calor intenso del fuego; permaneció una hora entera al pie del altar, adorando de manera inefable a Dios oculto en la Eucaristía.

Esta hora de adoración, que santa Magdalena contempló, fue su última penitencia; al acabar, se elevó y emprendió su vuelo al Cielo.

Santa Francisca de Roma. Santa Magdalena de Pazzi

Dios ha querido mostrar en espíritu las lúgubres moradas del purgatorio a algunas almas privilegiadas, para que revelaran ese misterio de aflicción y edificaran a los fieles. Una de estas personas fue la ilustre santa Francisca, fundadora de las Oblatas, que murió en Roma en 1440. Dios la favoreció con muchas luces sobre el estado de las almas en la otra vida. Vio el infierno y sus horribles tormentos; vio también el interior del purgatorio, y el misterioso orden –casi podría decir jerarquía de expiaciones– que reina en esta porción de la Iglesia de Jesucristo.

En obediencia a sus superiores, que creían que le debían imponer esta obligación, dio a conocer todo lo que Dios le había manifestado; y sus visiones, escritas a petición del venerable canónigo Matteotti, su director espiritual, tienen toda la autenticidad deseable en estos asuntos. La sierva de Dios declaró que, después de haber soportado con indecible horror la visión del infierno, salió de ese abismo y fue conducida por su guía celestial a las regiones del purgatorio. Allí no reinaba ni el horror ni el desorden, ni la desesperación ni las tinieblas eternas; allí la esperanza divina difundía su luz, y se le dijo que este lugar de purificación se llamaba también *estancia de la esperanza.* Allí vio almas que sufrían cruelmente, pero los ángeles las visitaban y asistían en sus sufrimientos.

Contó que el purgatorio está dividido en tres partes distintas, que son como las tres grandes provincias de ese reino de sufrimiento. Están situadas una debajo de la otra, y ocupadas por almas de diferentes órdenes. Las almas se encuentran a más profundidad según la proporción de sus maldades y de lo alejadas que se encuentren del momento de su liberación.

La región más profunda se encuentra llena de un fuego feroz, pero que no es oscuro como el del infierno. Es un vasto mar de fuego, que arroja inmensas llamas. Innumerables almas se sumergen en sus profundidades: son las que se han hecho culpables del pecado mortal, que se han confesado debidamente, pero que no han expiado suficientemente durante la vida terrena. La santa entendió entonces que, para todos los pecados mortales perdonados, queda por cumplir un sufrimiento de siete años. Evidentemente, este término no puede ser tomado como una medida definitiva, ya que los pecados mortales difieren en su magnitud, pero sí como un castigo promedio. Aunque las almas están envueltas por las mismas llamas, sus sufrimientos no son iguales; difieren según el número y la naturaleza de los pecados cometidos.

En este purgatorio inferior, la santa contempló a laicos y a personas consagradas. Los laicos eran los que, después de una vida de pecado, habían tenido la dicha de convertirse sinceramente; las personas consagradas a Dios eran aquellas que no habían vivido según la santidad de su estado. En ese mismo momento vio descender el alma de un sacerdote al que conocía, pero cuyo nombre no revela. Observó que tenía la cara cubierta por un velo que ocultaba una mancha. Aunque había llevado una vida edificante, este sacerdote no siempre había sido templado y había buscado con demasiada ansiedad las satisfacciones de la mesa.

La santa fue llevada después al purgatorio intermedio, destinado a las almas que habían merecido un castigo menos riguroso. Tenía tres compartimentos distintos: uno se parecía a una inmensa mazmorra de hielo, cuyo frío era indescriptiblemente intenso; el segundo, por el contrario, era como una enorme caldera de brea y aceite hirviendo; el tercero tenía el aspecto de un estanque de metal líquido fundido, con aspecto de oro o plata.

El purgatorio superior, que la santa no describe, es una morada temporal para las almas que sufren poco, excepto el dolor de la pérdida, y que se acercan al momento feliz de su liberación.

Estas son, en esencia, las visiones de santa Francisca sobre el purgatorio.

El siguiente relato es de santa Magdalena de Pazzi, carmelita florentina, tal como lo relata en su biografía el padre Cepari. En él se nos dan más detalles del purgatorio, mientras que la visión anterior puede decirse que mostraba solo un bosquejo.

Poco antes de su muerte, que tuvo lugar en 1607, santa Magdalena de Pazzi, estando una noche con varias religiosas en el jardín del convento, entró en éxtasis y vio el purgatorio abierto ante ella. Al mismo tiempo, como contó más tarde, una voz la invitó a visitar todas las prisiones de la justicia divina, y a ver cuán verdaderamente dignas de compasión son las almas que se encuentran allí detenidas.

En ese momento se le oyó decir: "Sí, iré"; consintió en emprender este doloroso viaje. De hecho, sus hermanas la vieron caminar durante dos horas por el jardín, que era muy grande, deteniéndose de vez en cuando. Cada vez que interrumpía su paseo, contemplaba atentamente los sufrimientos que se le mostraban. Se le veía entonces retorcerse las manos por la compasión que sentía, su rostro se volvía pálido y su cuerpo se doblaba bajo el peso del sufrimiento, en presencia del terrible espectáculo con el que se enfrentaba.

Empezó a gritar en voz alta, lamentándose: "¡Piedad, Dios mío, piedad! Desciende, oh preciosísima sangre, y libera a estas almas de su prisión. ¡Pobres almas! Sufren cruelmente, y sin embargo están contentas y alegres. Las mazmorras de los mártires, en comparación con las del purgatorio, eran jardines llenos de deleite. Sin embargo, hay otras más profundas. Qué feliz me sentiría si no me viera obligada a bajar a ellas".

Sin embargo, descendió, ya que se vio obligada a seguir su camino. Pero cuando dio unos pasos, se detuvo aterrorizada y, suspirando profundamente, gritó: "¡Qué! ¡Religiosos también en esta lúgubre morada! ¡Dios mío! ¡Cómo se atormentan! ¡Ah, Señor!". No explicó la naturaleza de esos sufrimientos; pero el horror que manifestaba al contemplarlos le hacía suspirar a cada paso. Pasó de allí a lugares menos sombríos. Eran las mazmorras de las almas sencillas y de los niños en las que la ignorancia y la falta de razón atenuaban muchas faltas. Esos tormentos le parecían mucho más soportables que los de los demás. No había nada más que hielo y fuego. Se dio cuenta de que estas almas tenían a sus ángeles guardianes con ellas, que las fortalecían enormemente con su presencia; pero también vio demonios cuyas terribles formas aumentaban sus sufrimientos.

Avanzando unos pocos pasos más, vio almas aún más desgraciadas, y se le oyó gritar: "¡Oh!, ¡qué horrible es este lugar, lleno de horribles demonios y de increíbles tormentos! ¿Quiénes, oh Dios mío, son las víctimas de estas crueles torturas? ¡Ay! Están siendo atravesados con espadas afiladas, les están cortando en pedazos". Le respondieron que eran aquellos cuya conducta había sido manchada por la hipocresía.

Avanzando un poco, vio una gran multitud de almas que estaban magulladas, por así decirlo, y aplastadas bajo una prensa; y comprendió que eran las de aquellos adictos a la impaciencia y a la desobediencia durante su vida terrenal. Al contemplarlas, la expresión de la santa, sus miradas y suspiros, toda su actitud reflejaba una gran compasión y terror.

Un momento después aumentó su agitación, y dio un grito espantoso. Había llegado a la mazmorra de las mentiras que ahora estaba abierta ante ella. Después de considerarlo atentamente, gritó en voz alta: "Los mentirosos están confinados en un lugar cerca del infierno, y sus sufrimientos son extremadamente grandes. Se les mete plomo fundido en la boca; los veo arder y al mismo tiempo temblar de frío".

Luego fue a la prisión de las almas que habían pecado por debilidad, y se le oyó exclamar: "¡Ay! Había pensado que os encontraría entre los que han pecado por ignorancia, pero me equivoqué; ardéis con un fuego más intenso".

Más adelante, percibió a las almas que se habían apegado demasiado a los bienes de este mundo, y habían pecado por avaricia.

"¡Qué ceguera –exclamó– por buscar tan ansiosamente una fortuna perecedera! Aquellos que no podían saciarse de riquezas en el mundo, aquí se encuentran atiborrados de tormentos. Son fundidos como metal en el horno".

De allí pasó al lugar donde estaban prisioneras las almas que se habían manchado con impurezas. Las vio en una mazmorra tan sucia y pestilente que aquella visión le produjo náuseas. Se alejó rápidamente de ese repugnante espectáculo. Viendo a los ambiciosos y a los orgullosos, dijo: "Mirad a los que querían brillar ante los hombres; ahora están condenados a vivir en esta espantosa oscuridad".

Luego se le mostraron las almas que habían sido culpables de ingratitud hacia Dios. Eran presas de indecibles tormentos y, por así decirlo, se ahogaban en un lago de plomo fundido, por haber secado la fuente de la piedad a causa de su ingratitud.

Finalmente, en una última mazmorra, se le mostraron almas que no se habían entregado a ningún vicio particular, pero que, por falta de una adecuada vigilancia sobre sí mismas, habían cometido toda clase de faltas triviales. Señaló que estas almas participaban en los castigos de todos los vicios en un grado moderado, porque las faltas cometidas solo de vez en cuando las hacían menos culpables que las cometidas por costumbre.

Después de esta última parada, la santa salió del jardín rogando a Dios que nunca más le hiciera testigo de un espectáculo tan desgarrador: sentía que no tenía fuerzas para soportarlo. Su éxtasis continuaba y, conversando con Jesús, le dijo: "Dime, Señor, ¿cuál era tu designio al descubrirme esas terribles prisiones, de las que yo sabía tan poco y comprendía aún menos? ¡Ah! Ahora veo; has querido que conociera tu infinita santidad y que deteste cada vez más la menor mancha de pecado, que es tan abominable a tus ojos".

Santa Lidwina de Schiedam

Hay una tercera visión relacionada con el interior del purgatorio, la de santa Lidwina de Schiedam, que murió el 11 de abril de 1433, y cuya historia, escrita por un sacerdote contemporáneo a ella, tiene la más perfecta autenticidad. Esta admirable virgen, verdadero prodigio de la paciencia cristiana, fue presa de todos los dolores de las enfermedades más crueles durante treinta y ocho años. Sus sufrimientos le imposibilitaban el sueño, pasaba largas noches en oración; frecuentemente, raptada en espíritu, era conducida por su ángel guardián a las misteriosas regiones del purgatorio. Allí vio moradas, prisiones y calabozos diversos, uno más lúgubre que el otro; también encontró a almas que conocía y se le mostraron sus diversos castigos.

Podemos preguntarnos de qué naturaleza eran esos viajes extáticos, y es algo difícil de explicar; pero se puede concluir, por ciertas circunstancias, que había más realidad en ellos de lo que podríamos pensar. Esta santa inválida también realizó viajes y peregrinaciones similares, a los lugares santos de Palestina, a las iglesias de Roma y a los monasterios de los alrededores. Tenía un conocimiento exacto de los lugares por los que había pasado. Un día, conversó con un religioso del monasterio de Santa Isabel, y hablando de las celdas de su comunidad, de la sala capitular, del refectorio, etc., le dio una descripción tan exacta y detallada de su casa que parecía que la santa hubiera pasado allí toda su vida. Ante la gran sorpresa del religioso, le dijo: "Sepa, padre, que he pasado por su monasterio, he visitado las celdas y he visto a los ángeles guardianes de todos los que las ocupan". Uno de los viajes que hizo esta santa al purgatorio ocurrió de la siguiente manera:

Un desafortunado pecador, enredado en las corrupciones del mundo, se convirtió finalmente. Gracias a las oraciones y a las urgentes exhortaciones de Lidwina, hizo una confesión sincera de todos sus pecados y recibió la absolución, pero tuvo poco tiempo para hacer penitencia, ya que poco después murió a causa de una plaga.

La santa ofreció muchas oraciones y sufrimientos por su alma; y algún tiempo después, llevada por su ángel de la guarda al purgatorio, deseaba saber si él seguía allí, y en qué condiciones. "Está allí –le dijo su ángel– y sufre mucho. ¿Estarías dispuesta a soportar un poco de dolor para disminuir el suyo?". "Ciertamente –respondió ella–, estoy dispuesta a sufrir cualquier cosa para ayudarlo". Instantáneamente su ángel la condujo a un lugar de espantosa tortura. "¿Es esto el infierno, hermano?", preguntó la santa doncella, horrorizada. "No, hermana –respondió el ángel–, pero esta parte del purgatorio se encuentra al borde del Infierno". Mirando alrededor, vio lo que parecía una inmensa prisión, rodeada de muros de una altura prodigiosa, cuya negrura, junto con las piedras monstruosas, la llenaron de horror. Al acercarse a este lúgubre recinto, oyó un ruido confuso de voces, de lamentos, de gritos de furia, cadenas, instrumentos de tortura, violentos golpes que los verdugos descargaban sobre sus víctimas... Un ruido tal que no podía compararse a todo el tumulto del mundo, a la tempestad o a la batalla. "¿Qué es, entonces, ese horrible lugar?", preguntó santa Lidwina a su buen ángel. "¿Quieres que te lo muestre?". "No, te lo suplico –dijo ella, retrocediendo con terror–, el ruido que oigo es ya tan espantoso que no puedo soportarlo. ¿Cómo podría soportar ver tales horrores?".

Continuando su ruta, vio a un ángel muy triste sentado en el brocal de un pozo. "¿Quién es ese ángel?", le preguntó a su guía. "Es –respondió él– el ángel de la guarda del pecador por el que estás interesado. Su alma se encuentra en este pozo, donde tiene un purgatorio especial". Después de estas palabras, Lidwina miró inquisitivamente a su ángel, pues deseaba ver el alma que le era tan querida y quería tratar de liberarla de ese espantoso pozo. Su ángel, que comprendió lo que quería, levantó la tapa del pozo y apareció una nube de llamas, junto con los gritos más lastimeros.

"¿Reconoces esa voz?", le dijo el ángel. "¡Ay! Sí", respondió la santa. "¿Deseas ver esa alma?", continuó. Cuando ella respondió afirmativamente, lo llamó por su nombre; y enseguida nuestra virgen vio aparecer en la boca del pozo un espíritu todo en llamas, parecido a un metal incandescente, que le dijo con una voz apenas audible: "Oh Lidwina, sierva de Dios, ¿quién me dará a contemplar el rostro del Altísimo?".

La visión de esta alma, presa del más terrible tormento de fuego, conmovió de tal manera a la santa que el cíngulo que llevaba alrededor del cuerpo se rompió en dos; y, no pudiendo soportar más la visión, despertó de repente del éxtasis.

Las personas presentes, percibiendo su miedo, le preguntaron por su causa. "¡Ay! –respondió ella–, ¡qué espantosas son las prisiones del purgatorio! Consentí en bajar allí para ayudar a las almas; si no fuera por ese motivo, aunque me dieran el mundo entero no sufriría el terror que inspira un espectáculo tan horrible".

Unos días después, el mismo ángel que había visto tan abatido se le apareció con un semblante alegre; le dijo que el alma de su protegido había dejado aquel pozo y había pasado al purgatorio ordinario. Este alivio parcial no le bastó a Lidwina, pues continuó rezando por aquella persona, ofreciendo por ella los méritos de sus sufrimientos, hasta que vio que se le abrían las puertas del cielo.

San Gregorio Magno. El diácono Pascasio y el sacerdote de Centumcellæ. El beato Esteban, franciscano, y el religioso en su asiento. Teófilo Renaud y la enferma de Dôle

De acuerdo con santo Tomás y otros doctores de la Iglesia, parece ser que, en algunos casos particulares, la justicia divina asigna un lugar especial en la tierra donde purgar las culpas. Esta opinión la encontramos confirmada por varios hechos, de los que citamos dos mencionados por san Gregorio Magno en sus *Diálogos (Diálogo* 4, 40).

"Cuando era joven y todavía laico, oí contar a los ancianos, hombres bien formados, cómo el diácono Pascasio se le apareció a Germán, obispo de Capua. San Pascasio, diácono, de quien aún conservamos sus escritos sobre el Espíritu Santo, era un hombre de eminente santidad, dedicado a las obras de caridad, celoso del alivio de los pobres y muy olvidado de sí mismo. Habiendo surgido una disputa sobre una elección pontificia, Pascasio se separó de la opinión de los obispos y se unió al partido que desaprobaba el episcopado. Poco después murió, con una fama de santidad que Dios confirmó mediante un milagro, pues el mismo día de su funeral tuvo lugar una curación instantánea simplemente por tocar su dalmática. Mucho tiempo después, a Germán, obispo de Capua, le recomendaron los médicos que fuera a los baños de San Angelo. ¡Cuál fue su asombro al encontrar al mismo diácono Pascasio empleado en los oficios más serviles en aquellos baños! 'Aquí expío', dijo la aparición, 'el mal que hice al adherirme al bando equivocado. Os lo suplico, rogad al Señor por mí: sabréis que habéis sido escuchado cuando ya no me veáis en estos lugares'".

"Germán comenzó a rezar por el difunto, y después de unos días, volviendo a los baños, buscó en vano a Pascasio, ya que había desaparecido. No tenía que sufrir más que un castigo temporal –dice san Gregorio– porque había pecado por ignorancia, y no por malicia".

El mismo Papa habla de un sacerdote de Centumcellæ, ahora Civita Vecchia, que también acudió a los baños termales. Allí se le presentó un hombre para servirle en los oficios más serviles, y durante varios días le esperó con la más extrema amabilidad. El buen sacerdote, pensando que debía recompensar tanta atención, vino al día siguiente con dos panes bendecidos y, después de haber recibido la ayuda habitual de su amable servidor, le ofreció los panes. El sirviente, con un semblante triste, respondió: "¿Por qué me ofreces este pan? No puedo comerlo. Yo, a quien ves, era antes el amo de este lugar y, después de mi muerte, fui enviado de vuelta en esta condición que ves para expiar mis faltas. Si quieres hacerme bien, ¡ofrece por mí el Pan de la Eucaristía!".

Con estas palabras desapareció repentinamente, por lo que aquel, a quien el sacerdote había considerado un hombre, demostró al desvanecerse que no era más que un espíritu.

Durante toda una semana el buen sacerdote se dedicó a hacer obras de penitencia, y cada día ofrecía la santa Eucaristía en favor del difunto; luego, cuando volvió a los mismos baños, ya no encontró a su fiel servidor, y concluyó que había sido liberado.

Parece que la justicia divina condena a veces a las almas a sufrir su castigo en el mismo lugar donde han cometido sus pecados. Leemos en las *Crónicas de los Frailes Menores* (Libro 4, cap. 30; cfr. Rossignoli, *Merveilles du Purgatoire)* que el beato Esteban, religioso de esa orden, tenía una singular devoción al Santísimo Sacramento, por lo que pasaba parte de la noche en adoración ante él. En una ocasión, estando solo en la capilla, con la oscuridad rota solo por el débil brillo de la lamparilla, percibió de repente a un religioso en uno de los asientos. Esteban se acercó a él y le preguntó si tenía permiso para salir de su celda a tal hora. "Soy un religioso fallecido", respondió. "Aquí, por decreto de la justicia de Dios, debo someterme al purgatorio, porque aquí he pecado de tibieza y de negligencia en el Oficio Divino. El Señor me permite darte a conocer mi estado, para que me ayudes con tus oraciones".

Conmovido por estas palabras, Esteban se arrodilló inmediatamente para recitar el *De Profundis* y otras oraciones; y notó que, mientras rezaba, los rasgos del difunto mostraban una expresión de alegría. Varias veces, durante las noches siguientes, vio la aparición de la misma manera, pero cada vez más feliz a medida que se acercaba el término de su liberación. Finalmente, después de una última oración de Esteban, se levantó todo radiante de su asiento, le expresó su gratitud a su libertador y desapareció en el resplandor de la gloria.

El siguiente incidente es tan maravilloso, que deberíamos dudar en reproducirlo, dice el canónigo Postel, si no hubiera sido narrado por el padre Teófilo Renaud, teólogo, que lo relata como un acontecimiento que ocurrió en su tiempo, y casi bajo sus propios ojos. Además, el padre Louvet añade que el vicario general del arzobispo de Besançon, después de haber examinado todos los detalles, reconoció también que era un hecho verdadero.

En el año 1629, en Dôle (en Franche-Compte), Hugette Roy, una mujer de mediana edad, acabo confinada en cama por una inflamación de los pulmones que puso en peligro su vida. El médico consideró necesario desangrarla, pero en su torpeza le cortó una arteria del brazo izquierdo, lo que rápidamente la llevó al borde de la muerte. Al amanecer del día siguiente, vio entrar en su recámara a una joven vestida de blanco, de porte modesto, que le preguntó si estaba dispuesta a aceptar sus servicios y a ser atendida por ella. La enferma, encantada de aquel ofrecimiento, respondió que nada podía darle mayor placer; instantáneamente la extraña encendió el fuego, se acercó a Hugette y la colocó suavemente en la cama, para luego seguir velando por ella, sirviéndola como la más devota enfermera. Pero ¡oh maravilla!, el contacto con las manos de aquella desconocida fue tan beneficioso que la moribunda se sintió muy aliviada y pronto quedó completamente curada. Entonces quiso saber quién era la amable desconocida, y la llamó para interrogarla; pero ella se retiró, diciendo que volvería por la tarde. Mientras tanto, el asombro y la curiosidad llenó a todo el mundo cuando comenzó a divulgarse la noticia de esta curación repentina. En Dôle no se hablaba más que de este misterioso acontecimiento.

Cuando la desconocida regresó por la tarde, le dijo a Hugette, sin tratar de disfrazarse: "Mi querida sobrina, has de saber que soy su tía, Leonarde Collin, que murió hace diecisiete años, dejándote en herencia su pequeña propiedad. Gracias a la divina bondad, estoy salvada, y fue la santísima Virgen, a quien tenía gran devoción, quien me obtuvo esta felicidad. Sin ella estaba perdida. Cuando me llegó la muerte de manera repentina, me encontraba en estado de pecado mortal, pero la misericordiosa Virgen María me obtuvo una contrición perfecta, y así me salvó de la condenación eterna. Desde entonces estoy en el purgatorio, y nuestro Señor me permite terminar mi expiación sirviéndote durante catorce días. Al final de ese tiempo seré liberada de mis dolores si, por tu parte, te comprometes a peregrinar a tres santuarios de la Virgen para ofrecerlo por mí".

Hugette, asombrada, no sabía qué pensar al escuchar tales palabras. No pudiendo creer en que la aparición fuera algo real, y temiendo alguna trampa del espíritu maligno, consultó a su confesor, el padre Antonio Roland. Este le aconsejó que amenazara a la desconocida con los exorcismos de la Iglesia. Tal amenaza no perturbó lo más mínimo a la aparición, quien respondió tranquilamente que no temía las oraciones de la Iglesia. "Tienen poder contra los demonios y los condenados; pero no contra las almas predestinadas, que están en la gracia de Dios como yo". Hugette no quedó aún convencida, y le dijo a la joven: "¿Cómo puedes ser mi tía Leonarde? Ella era vieja y estaba enferma; era desagradable y caprichosa, mientras que tú eres joven, amable y servicial". "Ah, mi querida sobrina", respondió la aparición, "mi verdadero cuerpo está en la tumba, donde permanecerá hasta la resurrección; este que ves ha sido formado milagrosamente para poder hablarte, servirte y obtener tus sufragios. En cuanto a mi irritable disposición, diecisiete años de terrible sufrimiento me han enseñado paciencia y mansedumbre. Además, en el purgatorio somos confirmados en la gracia, marcados con el sello de los elegidos y, por lo tanto, exentos de todo vicio".

Después de tal explicación, la incredulidad era imposible. Hugette, asombrada y agradecida a la vez, recibió con alegría los servicios que le prestaban durante los catorce días designados. Solo ella podía ver y oír a la difunta, que llegaba a ciertas horas y luego desaparecía. Tan pronto como sus fuerzas se lo permitieron, realizó las peregrinaciones prometidas con mucha devoción.

Al cabo de catorce días cesó la aparición. Leonarde volvió una última vez para anunciar su liberación; se mostraba entonces en un estado de gloria incomparable, brillante como una estrella, y su rostro tenía una expresión de la más perfecta beatitud. A su vez, dio testimonio de su gratitud a su sobrina, prometió rezar por ella y por toda su familia y le aconsejó que recordara siempre, en medio de los sufrimientos de esta vida, el fin de nuestra existencia, que es la salvación de nuestra alma.

5. *Los sufrimientos del purgatorio, su naturaleza y su rigor*

Doctrina de los teólogos. Belarmino. San Francisco de Sales. Temor y confianza

En el purgatorio, al igual que en el infierno, existe un doble tipo de sufrimiento: el sufrimiento de pérdida y el de los sentidos.

El sufrimiento de pérdida consiste en la privación, por un tiempo, de la vista de Dios, que es el Bien Supremo, el fin para el cual nuestras almas están hechas, como nuestros ojos lo están para la luz. Es una sed moral que atormenta el alma. El sufrimiento de los sentidos, o sufrimiento sensible, es el mismo que experimentamos en nuestra carne. Su naturaleza no está definida por la fe, pero es opinión común que consiste en fuego y en otro tipos de sufrimientos. El fuego del purgatorio, afirman los Padres de la Iglesia, es el del infierno, como afirma el rico de la parábola en el evangelio: "Estoy atormentado en estas llamas" (Lc 16,24).

En cuanto a la dureza de estos sufrimientos, ya que son infligidos por la justicia infinita de Dios, son proporcionales a la naturaleza, gravedad y número de los pecados cometidos. Cada uno recibe según sus obras, cada uno debe ser absuelto de las deudas que se le imputan ante Dios. Ahora bien, estas deudas difieren mucho unas de otras. Algunas, acumuladas durante una larga vida, han alcanzado los diez mil talentos de los que habla el Evangelio, es decir, millones y millones; otras, sin embargo, se reducen a unos pocos céntimos, el insignificante resto de lo que no ha sido expiado en la tierra. De esto se deduce que las almas sufren de diversas maneras, que hay innumerables grados de expiación en el purgatorio y que algunos son incomparablemente más severos que otros. Sin embargo, en general, los teólogos suelen afirmar que los dolores son de lo más terrible. El mismo fuego, dice san Gregorio, atormenta a los condenados y purifica a los elegidos (cfr. Sal 38). "Casi todos los teólogos", dice Belarmino, "enseñan que los réprobos y las almas del purgatorio sufren la acción del mismo fuego" *(De Purgatorio,* i. 2, cap. 6).

Debe considerarse cierto, escribe el mismo Belarmino, que no hay proporción entre los sufrimientos de esta vida y los del purgatorio *(De Gemitu Columbae,* lib. 2, cap. 9). San Agustín declara precisamente lo mismo en su comentario al *Salmo* 38: *"Señor,* dice, *no me castigues en tu cólera,* y no me rechaces con aquellos a los que has dicho: *id al fuego eterno;* pero no me castigues en tu ira: purifícame más bien de tal manera en esta vida que no necesite ser purificado por el fuego en la próxima. Sí, temo al fuego que se ha encendido *para los que se salven,* es verdad, pero también que se salvará, *pero como a través del fuego* (1 Co 3,15). Se salvarán, sin duda, después de la prueba de fuego, pero esa prueba será terrible, ese tormento será más intolerable que todos los sufrimientos más insoportables de este mundo". Esto es lo que dice san Agustín, y lo que san Gregorio, san Beda el Venerable, san Anselmo y san Bernardo han dicho después de él. Santo Tomás va aún más lejos; sostiene que el menor dolor del purgatorio supera todos los sufrimientos de esta vida, cualesquiera que sean. El dolor, afirma el beato P. Lefèvre, es más profundo y agudo cuando ataca directamente al alma y a la mente que cuando solo llega a ellas por medio del cuerpo. El cuerpo mortal y los sentidos absorben e interceptan una parte del dolor físico, e incluso moral *(Sentim. du B. Lefèvre sur la Purg.).*

El autor de la *Imitación* explica esta doctrina con una frase práctica y llamativa. Hablando en general de los sufrimientos de la otra vida dice: Allí, una hora de tormento será más terrible que cien años de rigurosa penitencia hecha aquí (*Imitación*, lib. 1, cap. 24).

Para probar esta doctrina, se afirma que todas las almas del purgatorio sufren el dolor de pérdida. Y este dolor supera al más agudo de los sufrimientos. Pero hablando sólo del sufrimiento de los sentidos, sabemos lo terrible que es el fuego; a pesar de la débil llama que encendemos en nuestras casas, cuánto es el dolor causado por la más mínima quemadura. Así que, ¡cuánto más terrible debe ser ese fuego que no se alimenta ni de madera ni de aceite, y que no se puede apagar nunca! Encendido por el aliento de Dios para ser el instrumento de su justicia, se apodera de las almas y las atormenta con una actividad incomparable. Todo lo que ya hemos dicho, y lo que aún queda, ha de ayudarnos para inspirarnos ese saludable temor que nos recomienda nuestro Señor Jesucristo. Pero, para que algunos, olvidando la confianza y la esperanza en la que debemos vivir, no se entreguen a un miedo excesivo, complementemos lo afirmado por las opiniones de otro doctor de la Iglesia, san Francisco de Sales, que nos presenta los sufrimientos del purgatorio aliviados por los consuelos de los que vienen acompañados.

"Al pensar en el purgatorio", dice este santo y amable director de almas, "podemos obtener más consuelo que aprensión. La mayoría de los que tienen tanto miedo al purgatorio piensan más en sus propios intereses que en la gloria de Dios; esto es porque solo piensan en los sufrimientos sin considerar la paz y la felicidad que gozan esas almas santas. Es verdad que los tormentos son tan grandes que no pueden compararse a los peores sufrimientos de esta vida; pero la satisfacción interior que se disfruta es tal que ninguna prosperidad ni satisfacción en la tierra puede igualarla".

"Las almas están en continua unión con Dios, están perfectamente resignadas a su voluntad, o más bien su voluntad se transforma de tal manera en la de Dios que no pueden querer más que lo que Dios quiere; de modo que, si se les abriera el Paraíso, se precipitarían en el infierno antes que presentarse ante Dios con las manchas con las que se ven desfiguradas. Se purifican a sí mismas de buena gana y con amor, porque eso es lo que agrada a Dios".

"Desean estar allí en el estado en el que Dios quiera, y mientras quiera. No pueden pecar, ni experimentar el menor movimiento de impaciencia, ni cometer la más mínima imperfección. Aman a Dios más que a sí mismas y más que a todas las cosas; le aman con un amor perfecto, puro y desinteresado. Son consoladas por los ángeles. Están seguras de su salvación eterna, y llenas de una esperanza que jamás quedará decepcionada en sus expectativas. Su angustia más amarga se calma con una cierta paz profunda. Es una especie de infierno en cuanto a los sufrimientos; es un Paraíso en cuanto al gozo que la caridad infunde en sus corazones: la caridad, más fuerte que la muerte y más poderosa que el infierno; la caridad, cuyas lámparas son todas de fuego y llama. ¡Feliz estado!, más deseable que espantoso, ya que sus llamas son llamas de amor y de caridad" *(L'esprit de Saint François de Sales,* cap. 9, p. 16).

Estas son las enseñanzas de los doctores de la Iglesia, de las que se deduce que, si los dolores del purgatorio son rigurosos, no carecen de consuelos. Al imponernos su cruz en esta vida, Dios derrama sobre ella la unción de su gracia, y al purificar las almas del purgatorio como el oro en el crisol, templa sus llamas con consuelos inefables. No debemos perder de vista este elemento consolador, este lado brillante del cuadro a menudo sombrío que vamos a examinar.

El sufrimiento de pérdida. Santa Catalina de Génova. Santa Teresa de Jesús. El padre Nieremberg

Después de haber escuchado a los teólogos, escuchemos a los santos que nos hablan de los sufrimientos de la otra vida y que relatan lo que Dios les ha dado a conocer mediante una comunicación sobrenatural. Santa Catalina de Génova dice en su tratado sobre el purgatorio: "Las almas soportan tormentos tan extremos que no hay lengua que pueda describirlos, ni se puede concebir la más mínima noción de ellos con el entendimiento, si Dios no lo diera a conocer mediante una gracia particular" (Cap. 2, 8). "No se puede expresar", añade, "ni nadie puede formarse ninguna idea de lo que es el purgatorio. En cuanto a los sufrimientos, son iguales a los del infierno".

Santa Teresa, en el *Castillo interior,* hablando del sufrimiento de pérdida, se expresa así: "El dolor de pérdida, o la privación de la vista de Dios, excede todos los sufrimientos más atroces que podamos imaginar, porque las almas, impulsadas hacia Dios como centro de su aspiración, son continuamente repelidas por su justicia. Imaginaos un náufrago que, después de haber luchado mucho tiempo contra las olas, se encuentra por fin al alcance de la orilla, pero se ve constantemente empujado hacia atrás por una mano invisible. ¡Qué agonía tan torturadora! Sin embargo, en el caso de las almas del purgatorio es mil veces más grande" (Parte 6, capítulo 11).

El padre Nieremberg, de la Compañía de Jesús, que murió en olor de santidad en Madrid en 1658, relata un hecho ocurrido en Treves, y que fue reconocido por el vicario general de la diócesis como verdadero, según dice el padre Rossignoli *(Merveilles du Purgatoire,* 69).

En la fiesta de Todos los Santos, una joven muy piadosa vio aparecer ante ella a una conocida suya que había muerto tiempo atrás. La aparición estaba vestida de blanco, con un velo del mismo color en la cabeza y en su mano sostenía un largo rosario, muestra de la gran devoción que siempre había profesado hacia la Reina del Cielo. Imploró la ayuda de su piadosa amiga, y le contó que había hecho el voto de celebrar tres misas en el altar de la santísima Virgen y que, al no poder cumplirlo, esta deuda se había sumado a sus sufrimientos. Entonces le pidió que lo hiciera su amiga en su lugar. La joven le concedió de buena gana esa limosna que le pedía, y cuando se celebraron las tres misas, volvió a aparecerse la difunta, expresando su alegría y gratitud. Continuó apareciéndose cada mes de noviembre, y casi siempre en la iglesia. Su amiga la vio allí en adoración ante el Santísimo Sacramento, sobrecogida ante el Señor y con una expresión de la que nadie puede hacerse una idea. Al no poder ver todavía a Dios cara a cara, parecía querer compensarlo contemplándole al menos bajo las especies eucarísticas. Durante el santo sacrificio de la Misa, en el momento de la elevación, su rostro se volvió tan radiante que podría haber sido tomada por un serafín descendido del Cielo. La joven, llena de admiración, declaró que nunca había visto nada tan hermoso.

Mientras tanto el tiempo pasaba y, a pesar de las misas y oraciones que se ofrecían por ella, esta alma bendita permanecía exiliada, lejos de los sagrarios eternos. El 3 de diciembre, fiesta de san Francisco Javier, la joven se dirigió a comulgar en la iglesia de los jesuitas, y la aparición la acompañó hasta la santa Mesa, y luego permaneció a su lado durante todo el tiempo de acción de gracias, como para participar en la felicidad de la santa Comunión y disfrutar de la presencia de Jesucristo.

El 8 de diciembre, fiesta de la Inmaculada Concepción, volvió de nuevo, pero tan brillante que su amiga no podía mirarla directamente. Claramente, se estaba acercando al término de su expiación. Finalmente, el 10 de diciembre, durante la santa Misa, se apareció en un estado aún más maravilloso. Después de hacer una profunda genuflexión ante el altar, agradeció a la piadosa muchacha sus oraciones y se elevó al Cielo en compañía de su ángel de la guarda.

Esta bendita ánima le había hecho saber a su amiga, tiempo atrás, que no sufría más que el dolor de pérdida, o la privación de Dios; pero añadió que eso le causaba una tortura intolerable. Esta revelación justifica las palabras de san Crisóstomo en su homilía 47: "Imagina", dice, "todos los tormentos del mundo; no encontrarás ninguno igual a la privación de la visión beatífica de Dios".

De hecho, este sufrimiento de pérdida es, según todos los santos y todos los doctores de la iglesia, mucho más agudo que el de los sentidos. Es verdad que en esta vida presente no podemos comprenderlo del todo, porque tenemos un conocimiento demasiado escaso del bien soberano para el cual hemos sido creados; pero en la otra vida, ese bien inefable es a las almas lo que el pan para una persona hambrienta, o el agua fresca para uno que se muere de sed, o la salud para un enfermo torturado por largos sufrimientos... Excita los deseos más ardientes, que atormentan tanto porque no se pueden satisfacer.

El sufrimiento de los sentidos. Los tormentos de fuego y de frío. San Beda el venerable y Drithelm

Si el sufrimiento de pérdida no ha logrado impresionarnos, no ocurrirá lo mismo con el sufrimiento de los sentidos: el fuego terrible y el frío agudo e intenso son torturas que afrentan a nuestra sensibilidad. Por este motivo, la divina misericordia habla poco del sufrimiento de pérdida y, por el contrario, nos muestra continuamente el fuego, el frío y otros tormentos, que constituyen el dolor del sentido, porque desea excitar un santo temor en nuestras almas. Así puede verse en el evangelio y, en particular, en las revelaciones que Dios se complace manifestar a sus siervos de vez en cuando. Mencionemos una de estas revelaciones. En primer lugar, veamos lo que el cardenal Belarmino cita de san Beda el venerable.

Inglaterra ha sido testigo, escribe san Beda, de un prodigio que puede compararse a los milagros de los primeros tiempos de la Iglesia. Dios permitió que un hombre, después de morir, volviera a la vida y revelara lo que había visto en el otro mundo. Los detalles que relató, junto a su vida de extraordinaria penitencia, que se correspondía con sus palabras, produjeron una viva impresión en todo el país. Ahora resumiré las principales circunstancias de esta historia.

Había en Northumberland un hombre llamado Drithelm, que, con su familia, llevaba una vida muy cristiana. Cayó enfermo, y su enfermedad fue a más; enseguida murió, para gran dolor y consternación de su esposa e hijos. Estos pasaron la noche llorando junto a los restos de su padre; pero al día siguiente, antes de su entierro, le vieron volver repentinamente a la vida, levantarse y quedarse en posición sentada. Al ver algo así, se asustaron tanto que huyeron todos, excepto la esposa quien, temblando, se quedó sola con su marido resucitado. Él la tranquilizó inmediatamente: "No temas", dijo; "es Dios quien me devuelve la vida; quiere mostrar en mi persona a un hombre resucitado de entre los muertos. Aún me queda mucho por vivir en la tierra, pero mi nueva vida será muy diferente de la que he llevado hasta ahora". Entonces se levantó lleno de salud, fue directamente a la iglesia del lugar y allí permaneció mucho tiempo en oración. Regresó a casa solo para despedirse de aquellos que le habían sido queridos en la tierra, a los que declaró que desde ese momento viviría solo para prepararse para la muerte, y les aconsejó que hicieran lo mismo. Luego, habiendo dividido su propiedad en tres partes, dio una a sus hijos, otra a su esposa, y reservó la tercera parte para darla en limosna. Cuando hubo repartido todo a los pobres, y él quedó en la indigencia más extrema, llamó a la puerta de un monasterio y suplicó al abad que lo recibiera como religioso penitente, como un sirviente para todos los demás.

El abad le dio una celda para su retiro, la que ocupó durante el resto de su vida. Tres ejercicios dividían su tiempo: la oración, el trabajo duro y penitencias extraordinarias. Los ayunos más rigurosos los consideraba como nada. En invierno se le veía sumergirse en agua helada y permanecer allí durante horas y horas en oración, mientras recitaba todo el salterio.

La vida mortificada de Drithelm y su forma de comportarse indicaba que se trataba de una persona llena de temor al juicio de Dios. Guardó un silencio perpetuo, pero al ser presionado para que relatara, para la edificación de los demás, lo que Dios le había manifestado después de su muerte, describió así su visión:

"Al abandonar mi cuerpo, fui recibido por una persona benévola, que me tomó bajo su guía. Su rostro era brillante, y se le veía todo rodeado de luz. Llegó a un valle grande y profundo, de una extensión inmensa: por un lado era todo fuego y, por el otro, hielo y nieve; por un lado, braseros y calderas de fuego y, por el otro, el frío más intenso y las ráfagas de un viento glacial".

"Este misterioso valle se llenó de innumerables almas, que, como si fueran sacudidas por una furiosa tempestad, se lanzaban de un lado a otro. Cuando no podían soportar más la violencia del fuego, buscaban alivio entre el hielo y la nieve; pero al encontrar allí solo una nueva tortura, se lanzaban de nuevo en medio de las llamas".

"Yo contemplaba lleno de estupor ese continuo ir y venir y esos horribles tormentos; hasta donde podía extenderse la vista, no veía más que una multitud de almas que sufrían sin tener el más mínimo reposo. Su mismo aspecto me inspiraba temor. Al principio pensé que estaba contemplando el infierno; pero mi guía, que iba delante de mí, se volvió hacia mí y me dijo: 'No; esto no es el infierno de los condenados. ¿Sabes de qué lugar se trata?'. 'No', le contesté. 'Este valle, donde hay tanto fuego y tanto hielo, es el lugar donde se castiga a las almas de aquellos que, durante la vida, han descuidado la confesión de sus pecados, y que han diferido su conversión hasta el final. Gracias a una misericordia especial de Dios, han tenido la dicha de arrepentirse sinceramente antes de la muerte, de confesar y detestar sus pecados. Por eso no están condenados, y en el gran día del juicio entrarán en el reino de los cielos. Varios obtendrán su liberación antes de ese momento, por los méritos de las oraciones, las limosnas y los ayunos, ofrecidos en su favor por los vivos, y especialmente en virtud del santo sacrificio de la Misa ofrecida para su alivio'".

Este fue el relato de Drithelm. Cuando le preguntaron por qué trataba tan rudamente a su cuerpo, por qué se sumergía en agua congelada, respondió que había visto otros tormentos, y frío de otro tipo.

Si sus hermanos expresaban asombro de que pudiera soportar estas extraordinarias austeridades, respondía: "He visto penitencias aún más sorprendentes". No dejó de afligir su cuerpo hasta el día en que Dios quiso llamarle a Él, y aunque la edad hacía mella en él, no aceptaba ningún alivio.

Este caso produjo una gran sensación en Inglaterra; un gran número de pecadores, conmovidos por las palabras de Drithelm y por la austeridad de su vida, se convirtieron sinceramente.

El cardenal Belarmino y santa Cristina la Admirable

El docto cardenal nos relata la historia de santa Cristina la Admirable, que vivió en Bélgica a finales del siglo XII, y cuyo cuerpo se conserva hoy en la ciudad belga de Saint Trond, en la iglesia de los Padres Redentoristas. Según el cardenal, la vida de esta ilustre virgen fue escrita por el dominico Tomás de Cantimpré, contemporáneo de la santa. El cardenal James de Vitry, en el prefacio de la *Vida de María de Ognies,* explica que existen un gran número de mujeres santas y vírgenes ilustres, pero que admira por encima de todas a santa Cristina.

Esta sierva de Dios, habiendo pasado los primeros años de vida llena de humildad y paciencia, murió a la edad de treinta y dos años. Cuando estaba a punto de ser enterrada, y el cuerpo descansaba en la iglesia en un ataúd abierto, según la costumbre de la época, se levantó llena de vigor, asombrando a toda la ciudad de Saint Trond, que había sido testigo de esta maravilla. El asombro aumentó cuando escucharon de sus propios labios lo que le había sucedido después de su muerte. Escuchemos su propio relato:

"Tan pronto como mi alma se separó del cuerpo, fui recibida por los ángeles, que me llevaron a un lugar muy sombrío, completamente lleno de almas. Los tormentos que soportaban allí me parecieron tan excesivos que me es imposible dar una idea acertada del rigor que suponían. Entre aquellas personas vi a muchos de mis conocidos y, profundamente conmovida por el triste estado en que se encontraban, pregunté qué lugar era aquel, pues realmente creía que se trataba del infierno. Mi guía me respondió que nos encontrábamos en el purgatorio, donde se castigaba a los pecadores que se habían arrepentido de sus faltas antes de morir, pero no habían llegado a satisfacer dignamente a Dios. Desde allí me condujeron al infierno, y allí también reconocí entre los condenados a algunos que conocía de antes".

"Los ángeles me transportaron entonces al Cielo, hasta el trono de la divina majestad. El Señor me miró con ojos favorables y experimenté una alegría extrema, porque pensé que iba a obtener la gracia de habitar eternamente con Él. Pero mi Padre Celestial, viendo lo que pasaba en mi corazón, me dijo estas palabras: 'Querida hija, algún día estarás conmigo con seguridad. Ahora, sin embargo, te permito elegir: o bien, permanecer conmigo desde este momento, o bien volver de nuevo a la tierra para cumplir una misión que te encomiendo que supondrá gran sufrimiento. Para liberar de las llamas del purgatorio a las almas que te han inspirado tanta compasión, sufrirás por ellas en la tierra; soportarás grandes tormentos, pero sin llegar a morir. Y no solo aliviarás a los difuntos, sino que el ejemplo que darás a los vivos, y tu vida de continuo sufrimiento, llevará a los pecadores a convertirse y a expiar sus crímenes. Después de haber terminado esta nueva vida, volverás aquí cargada de méritos'".

"Ante estas palabras, viendo todas las ventajas que podía conseguir a las almas, respondí sin dudar que volvería a la vida, y me levanté en ese mismo instante. Solo para aliviar a los difuntos y convertir a los pecadores, he vuelto a este mundo. No os asombréis, pues, de las penitencias que practicaré, ni de la vida que me veréis llevar de ahora en adelante. Será tan extraordinaria que nunca se ha visto nada igual".

Todo esto fue lo que dijo la propia santa; veamos ahora lo que el biógrafo añade en los diferentes capítulos de su vida:

"Cristina comenzó inmediatamente a trabajar en la misión que le había encomendado Dios. Renunciando a todas las comodidades de la vida y reducida a la extrema indigencia, vivió sin casa ni fuego, más miserable que los pájaros, que tienen un nido que los cobija. No contenta con estas privaciones, buscó con impaciencia todo lo que pudiera causarle sufrimiento. Se arrojó a hornos ardientes, y allí sufriendo una tortura tan grande que no pudo soportarla más, emitía los más espantosos gritos. Permanecía mucho tiempo en el fuego y, sin embargo, al salir, no le quedaba ningún signo de quemadura. En invierno, cuando el río Mosa se congeló, se sumergió en él, permaneciendo allí no sólo horas y días, sino semanas enteras, mientras rezaba a Dios e imploraba su misericordia. A veces, mientras rezaba en las aguas heladas, se dejaba llevar por la corriente hasta un molino, cuya rueda giraba de una manera espantosa, pero que no le rompía ni le dislocaba ninguno de los huesos. En otras ocasiones, le seguían unos perros que la mordían y desgarraban su carne, y ella corría y los atraía hacia los matorrales y las espinas, hasta que se cubría de sangre; sin embargo, después no se le veía ninguna herida o cicatriz".

Estas son las penitencias que describe el autor de la *Vida de santa Cristina,* que era un obispo sufragáneo del arzobispo de Cambray. Dice el cardenal Belarmino que no hay ningún motivo para no creer en su testimonio, además de que tenemos la garantía de otro autor, James de Vitry, obispo y cardenal. Además, los sufrimientos de esta virgen no sucedieron ocultamente, todo el mundo podía ver que se encontraba en medio de las llamas sin consumirse y cubierta de heridas, pero momentos después no quedaba ningún rastro. Y aún más maravilloso es la vida que llevó durante cuarenta y dos años después de haber resucitado de la muerte, lo que mostraba claramente que aquellos portentos venían de Dios. Las conversiones sorprendentes que realizó y los milagros que tuvieron lugar después de su muerte, demostraron manifiestamente el dedo de Dios y la verdad de lo que había revelado sobre la otra vida.

Así, comenta el cardenal Belarmino, "Dios quiso silenciar a aquellos libertinos que profesan abiertamente no creer en nada y que tienen la audacia de preguntar con desprecio: '¿Quién ha vuelto del otro mundo? ¿Quién ha visto los tormentos del infierno o del purgatorio?'. He aquí a dos testigos. Aseguran que los han visto y que son terribles. De ello se sigue que los incrédulos son inexcusables y que aquellos que creen, y sin embargo descuidan el hacer penitencia, son aún más condenables".

El hermano Antonio Pereyra. La venerable Ángela Tholomei

A los dos hechos anteriores añadiremos un tercero, tomado de los *Anales de la Compañía de Jesús*. Hablamos de un prodigio que se realizó en la persona de Antonio Pereyra, hermano coadjutor, que murió en olor de santidad en el Colegio de Évora, en Portugal, el 1 de agosto de 1645. Cuarenta y seis años antes, en 1599, cinco años después de su entrada en el noviciado, este hermano fue atacado por una enfermedad mortal en la isla de San Miguel, una de las Azores. Unos momentos después de recibir los últimos sacramentos, en presencia de toda la comunidad, que le asistía en su agonía, pareció exhalar su alma y pronto se volvió tan frío como un cadáver. Solo la aparición, aunque casi imperceptible, de un ligero latido del corazón, impidió que lo enterraran inmediatamente. Así pues, se le dejó durante tres días en su lecho; su cuerpo ya daba evidentes signos de descomposición, cuando, de repente, al cuarto día, abrió los ojos, respiró y habló.

Por obediencia se vio obligado a relatar a su superior, el padre Louis Pinheyro, todo lo que había pasado desde los últimos momentos de su agonía. Este es un relato abreviado, como si estuviera escrito por su propia mano:

"En primer lugar, vi en mi lecho de muerte a nuestro padre, san Ignacio, acompañado por varios de nuestros padres ya en el

Cielo, que venían a visitar a sus hijos enfermos, buscando a aquellos que él consideraba dignos de ser ofrecidos por él y sus compañeros a Nuestro Señor. Cuando se acercó a mí, creí por un momento que me llevaría consigo, y mi corazón se estremeció de alegría; pero pronto me señaló aquello de lo que debía corregirme antes de obtener una felicidad tan grande".

Sin embargo, por disposición de la divina providencia, el alma del hermano Pereyra se separó momentáneamente de su cuerpo, y enseguida una tropa horrible de demonios que se precipitaba hacia él lo llenó de terror. En ese mismo momento, su ángel de la guarda y san Antonio de Padua, su compatriota y patrón, bajaron del cielo, pusieron en fuga a sus enemigos y le invitaron a acompañarlos para vislumbrar y saborear por un momento las alegrías y los sufrimientos de la eternidad.

"Me condujeron por turno hacia un lugar lleno de delicias, donde me mostraron una corona de gloria incomparable, pero que aún no había merecido; luego nos acercamos al borde de un abismo, donde vi a las almas réprobas caer en el fuego eterno, aplastadas como los granos de trigo echados sobre una muela que gira sin descanso. El abismo infernal era como uno de esos hornos de cal donde, a veces, las llamas son, por así decirlo, sofocadas por la masa de materiales que se lanza, pero que alimenta el fuego para que pueda estallar más violentamente".

De allí, le llevaron al tribunal del Juez Soberano, donde el hermano Pereyra escuchó cómo era condenado al fuego del purgatorio; nada puede dar una idea de lo que allí se sufre, ni del estado de agonía al que se ven reducidas las almas por el deseo y el retraso del goce de Dios y de su sagrada presencia.

Cuando, por orden de Dios, su alma volvió a reunirse con su cuerpo, las renovadas torturas de su enfermedad durante seis meses enteros, junto al suplicio adicional del fuego y del hierro, hicieron que su carne (ya marchita de modo incurable, por la corrupción de su primera muerte) se cayera en pedazos; pero ni esto, ni las terribles penitencias a las que se entregaba incesantemente, en la medida en que la obediencia lo permitía, durante los cuarenta y seis años de su nueva vida, pudieron aplacar su sed de sufrimiento y de expiación. "Todo esto", decía, "no es nada en comparación con lo que la justicia y la infinita misericordia de Dios me ha hecho no solo presenciar, sino también soportar".

Al fin, como un sello de autenticidad después de tantas maravillas, el hermano Pereyra descubrió a su superior en detalle los designios secretos de la Providencia sobre la futura restauración del reino de Portugal, más de medio siglo antes de que ocurriera. Pero podemos añadir, sin temor a equivocarnos, que la mayor garantía de la veracidad de su relato fue el asombroso grado de santidad al que no dejó de elevarse día a día.

Vamos a relatar un caso parecido que confirma en cada punto lo que acabamos de leer. Lo encontramos en la vida de la venerable sierva de Dios, Ángela Tholomei, una monja dominica. Relata Rossignoli que fue resucitada de los muertos por su propio hermano, y dio un testimonio del rigor del juicio de Dios con toda exactitud.

El beato Juan Bautista Tholomei (cfr. Marchese, *Sagro Diario Dominicano,* Nápoles, 1672, tomo 3, p. 483, y tomo 6, p. 22)2 tuvo una hermana, Ángela Tholomei, cuyo heroísmo también ha sido reconocido por la Iglesia. Cayó muy enferma y su santo hermano suplicó fervientemente por su curación. Nuestro Señor respondió, como hizo anteriormente con la hermana de Lázaro, que no curaría a Ángela, sino que haría más; la resucitaría de la muerte, para gloria de Dios y bien de las almas. Murió, encomendándose a las oraciones de su santo hermano.

Mientras la llevaban a la tumba, el beato Juan Bautista, obedientemente y sin dudar, por inspiración del Espíritu Santo, se acercó al ataúd y, en nombre de nuestro Señor Jesucristo, ordenó a su hermana que saliera. Inmediatamente despertó como de un profundo sueño, y volvió a la vida.

Esa alma santa parecía aterrorizada, y relató cosas sobre la severidad de los juicios de Dios que hacen estremecer. Comenzó, al mismo tiempo, a llevar una vida que demostraba con hechos la verdad de sus palabras. Su penitencia fue espantosa. No contenta con las prácticas ordinarias de los santos, como el ayuno, la vigilancia, las camisas de pelo y las disciplinas, llegó a lanzarse a las llamas y a rodar sobre ellas hasta que su carne se quemó por completo. Su cuerpo macerado se convirtió en un objeto de lástima y horror. Se le censuró y se le acusó de destruir, por sus excesos, la idea de la verdadera penitencia cristiana. Ella continuó, sin embargo, contentándose con responder: "Si conocierais el rigor del juicio de Dios no hablaríais así. ¿Qué son mis insignificantes penitencias comparadas con los tormentos reservados en la otra vida a las infidelidades que tan fácilmente nos permitimos en este mundo? ¿Qué son? ¡Ojalá pudiera hacer cien veces más!".

No se trata aquí, como vemos, de los sufrimientos que tienen reservados los grandes pecadores que se convierten poco antes de la muerte, sino de los castigos que Dios inflige a una religiosa fervorosa a causa de las faltas más leves.

Aparición de Foligno. Los dominicos de Zamora

Podemos contemplar un rigor similar en una aparición más reciente: en ella, una religiosa, fallecida tras una vida ejemplar, dio a conocer sus sufrimientos de manera que inspiraran terror a quienes lo escucharan. El evento tuvo lugar el 16 de noviembre de 1859, en Foligno, cerca de Asís, en Italia. Provocó una gran conmoción en el país y, además de la señal visible que se vio, la autoridad realizó una investigación de forma que estableció lo ocurrido como un hecho incontestable.

Había en el convento de las terciarias franciscanas de Foligno, una hermana llamada Teresa Gesta, que había sido durante muchos años maestra de novicias, y que al mismo tiempo tenía a su cargo la sacristía de la comunidad. Nació en Bastia, en Córcega, en 1797, y entró en el monasterio en 1826.

Sor Teresa fue un modelo de fervor y caridad. No habría que asombrarse, decía su director, si Dios la glorificara mediante algún prodigio después de su muerte.

Murió repentinamente, el 4 de noviembre de 1859, de un ataque de apoplejía.

Doce días después, el 16 de noviembre, la hermana que le sucedió en el cargo, llamada Anna Félicia, fue a la sacristía y cuando estaba a punto de entrar oyó unos gemidos que parecían venir del interior de la habitación. Un poco asustada, se apresuró a abrir la puerta; no había nadie. De nuevo oyó gemidos, y tan claramente que, a pesar del valor que solía tener, se sintió dominada por el miedo. "¡Jesús! ¡María!", gritó, "¿qué puede ser eso?". No había terminado de hablar cuando oyó una voz quejumbrosa, acompañada de un doloroso suspiro: "¡Oh, Dios mío, cómo sufro!". La hermana, estupefacta, reconoció inmediatamente la voz de la pobre sor Teresa. Entonces la habitación se llenó de un humo espeso, y apareció el espíritu de la hermana Teresa, moviéndose hacia la puerta, y deslizándose por la pared. Al llegar a la puerta, gritó en voz alta: "He aquí una prueba de la misericordia de Dios". Al decir estas palabras, golpeó el panel superior de la puerta y dejó la huella de su mano derecha, quemada en la madera como con un hierro al rojo vivo. Luego desapareció.

Sor Anna Félicia se quedó medio muerta de miedo y estalló pidiendo ayuda con grandes gritos. Llegó corriendo una de las religiosas, luego otra y, finalmente, toda la comunidad. Se apretujaron alrededor, sorprendidas por el fuerte olor a madera quemada. Sor Anna Félicia contó lo que había ocurrido, y les mostró la terrible impresión en la puerta. Inmediatamente reconocieron la mano de la hermana Teresa, que era notablemente pequeña. Aterrorizadas, huyeron y corrieron al coro, donde se pasaron la noche entera rezando y haciendo penitencia por los difuntos; a la mañana siguiente, todas recibieron la santa Comunión por el descanso de su alma.

La noticia se difundió fuera de los muros del convento, y muchas otras comunidades de religiosas que había en la ciudad unieron sus oraciones a las de las franciscanas. El tercer día, el 18 de noviembre, sor Anna Félicia, al volver por la tarde a su celda, oyó que la llamaban por su nombre y reconoció perfectamente la voz de sor Teresa. En el mismo instante, apareció ante ella como un globo terráqueo o una luz brillante, iluminando su celda con el brillo de la luz del día. Entonces oyó a sor Teresa pronunciar estas palabras con una voz alegre y triunfante: "¡Morí un viernes, el día de la Pasión, y he aquí que un viernes entro en la gloria eterna! Sé fuerte para llevar la cruz, sé valiente para sufrir, ama la pobreza". Luego, añadiendo cariñosamente: *"Adieu, adieu, adieu!"*, se transfiguró y, como una nube ligera, blanca y deslumbrante, se elevó hacia el Cielo y desapareció.

Durante la investigación de este hecho, que se llevó a cabo inmediatamente, el 23 de noviembre, en presencia de un gran número de testigos, se abrió la tumba de sor Teresa, y se encontró que la impresión de la puerta correspondía exactamente a la mano de la difunta. Monseñor Ségur añade: "La puerta, con la huella quemada de la mano, se conserva con gran veneración en el convento. La Madre Abadesa, testigo del hecho, tuvo el placer de mostrármela ella misma".

Deseando asegurarme de la perfecta exactitud de estos detalles relatados por Monseñor Ségur, escribí al obispo de Foligno. Me respondió dándome un relato de las circunstancias del hecho, perfectamente acorde con lo anterior, y acompañado de un facsímil de la marca milagrosa. En el relato se explica la causa de la terrible expiación a la que fue sometida sor Teresa. Después de decir: "¡Oh, Dios mío, cómo sufro!", sor Teresa añadió que era por haber transgredido la estricta pobreza prescrita por la Regla en algunos puntos.

Así vemos que la justicia divina castiga severamente las faltas más leves. Cabe preguntarse aquí el porqué de la aparición, y por qué llamó "prueba de la misericordia de Dios" a la misteriosa marca en la puerta. Es porque, al darnos una advertencia de este tipo, Dios nos muestra una gran misericordia. Nos insta, de la manera más eficaz, a ayudar a las pobres almas que sufren, y a estar vigilantes en nuestra propia vida.

Hablando de este tema, podemos relatar un caso similar que ocurrió en España, y que también se difundió por todo el país. Fernando de Castilla lo relata así en su *Historia de Santo Domingo* (Malvenda, *Annal. Ord. Praedic.).* Un religioso dominico llevaba una vida santa en su convento de Zamora, ciudad del reino de León. Tenía una gran amistad con un franciscano, hombre de gran virtud. Un día, al conversar juntos sobre la eternidad, se prometieron mutuamente que, si le agradaba a Dios, el primero que muriera se le aparecería al otro para darle algún consejo saludable. El franciscano murió primero; y un día, mientras su amigo preparaba el refectorio, se le apareció. Después de saludarlo con respeto y afecto, le dijo que estaba entre los elegidos, pero que antes de que pudiera ser admitido al goce de la felicidad eterna, le quedaba mucho por sufrir a causa de una infinidad de pequeñas faltas de las que no se había arrepentido suficientemente durante su vida. Le dijo: "Nada en la tierra puede dar una idea de los tormentos que soporto; de ellos, Dios me permite dar una prueba visible". Al decir estas palabras, colocó su mano derecha sobre la mesa del refectorio y la marca quedó impresa en la madera carbonizada como si hubiera sido aplicada con un hierro candente.

Esa fue la lección que el difunto franciscano dio a su amigo vivo. No solo le sirvió a él, sino a todos los que vinieron a ver la marca quemada, tan profundamente significativa; pues esta mesa se convirtió en un objeto de piedad que la gente venía a ver de todas partes. "Todavía puede verse en Zamora", dice el padre Rossignoli (*Merveilles du Purgatoire,* 28), "en la época en que escribo; para protegerla se ha cubierto la marca con una lámina de cobre". Fue preservado hasta el final del siglo XIX, cuando fue destruido, durante las revoluciones, como tantos otros monumentos religiosos.

El hermano de santa Magdalena de Pazzi. Estanislao Chocosca. La beata Catalina de Racconigi

Santa Magdalena de Pazzi, en la célebre visión en la que se le mostraron las diferentes prisiones del purgatorio, vio el alma de su hermano, que había muerto después de haber llevado una vida cristiana llena de fervor. Sin embargo, su alma se había quedado en aquel lugar de sufrimiento por ciertas faltas que no había expiado suficientemente en la tierra. "Estos", dice la santa, "son los sufrimientos más intolerables y sin embargo se soportan con alegría. ¡Ah! ¿Cómo es posible que no lo comprendan aquellos que no tienen el valor de llevar su cruz aquí abajo?". Golpeada por el espectáculo espantoso que acababa de contemplar, corrió hacia su priora y, arrodillándose, gritó: "¡Oh, querida madre, qué terribles son los dolores del purgatorio! Nunca lo hubiera creído, si Dios no me lo hubiera manifestado... Y, sin embargo, no puedo decir que sean crueles; más bien son algo provechoso, ya que conducen a la inefable dicha del Paraíso". Para grabar esto cada vez más en nuestras mentes, Dios ha permitido que ciertas personas santas participen, en una medida pequeña, de esos sufrimientos; que prueben una gota del cáliz amargo que han de beber las benditas ánimas del purgatorio, una chispa del fuego que las consume.

El historiador Bzovius, en su *Historia de Polonia,* relata un hecho milagroso que le sucedió al venerable Estanislao Chocosca, una de las luminarias de la Orden de Santo Domingo en Polonia, en el año 1598 (cfr. Rossignoli, *Merveilles du Purgatoire,* 67). Un día, mientras este religioso recitaba el rosario ofreciéndolo por los difuntos, vio aparecer cerca de él un alma envuelta en llamas que le rogaba que se apiadara de ella y que aliviara los sufrimientos intolerables que el fuego de la justicia divina le hacía soportar. El venerable Estanislao le preguntó si ese fuego era más doloroso que el de la tierra. "¡Ah!", gritó la bendita ánima, "todos los fuegos de la tierra comparados con el del purgatorio son como una brisa refrescante". Estanislao no podía creérselo y le dijo: "Deseo tener una prueba de ello. Si Dios lo permite, para tu alivio y para el bien de mi alma, consiento en sufrir una parte de tus dolores". "¡Ay! No puede ser. Ningún ser humano puede soportar un tormento de este tipo y seguir viviendo. Sin embargo, Dios te permitirá sentirlos ligeramente; extiende tu mano". Estanislao le ofreció la mano y el difunto dejó caer una gota de sudor, o al menos de un líquido que se parecía a sudor. En ese mismo instante, el religioso lanzó un grito tremendo y cayó desmayado al suelo, tan intenso fue el dolor. Sus hermanos corrieron hacia allí y trataron de aliviarle. Cuando recobró la conciencia, contó lo que le había ocurrido. "Queridos hermanos, si conociéramos la dureza de los castigos divinos, no cometeríamos nunca un pecado, ni dejaríamos de hacer penitencia en esta vida, para evitar la expiación en la siguiente".

Estanislao quedó confinado en su lecho desde ese día. Vivió solo un año más, a causa del cruel sufrimiento que le causó aquella herida; luego, exhortando a sus hermanos a recordar los rigores de la justicia divina, se durmió pacíficamente en el Señor. El historiador añade que el ejemplo de este religioso reanimó el fervor en todos los monasterios de esa provincia.

Leemos un hecho similar en la *Vida de la beata Catalina de Racconigi* (cfr. Rossignoli, *Merveilles du Purgatoire,* 63). Un día, cuando sufría con intensidad y necesitaba la ayuda de otras religiosas, pensó en las almas del purgatorio y ofreció por ellas el ardor de su fiebre, para que de alguna manera se templara el calor de las llamas que ellas sufrían. En ese momento entró en éxtasis y fue conducida en espíritu al lugar de expiación, donde vio las llamas y los braseros en los que las almas se purifican con muchos sufrimientos. Contemplando, llena de compasión, este espectáculo digno de lástima, oyó una voz que le dijo: "Catalina, para que puedas ayudar con más eficacia a la liberación de estas almas, participarás, de alguna manera, en sus tormentos". En ese mismo momento, se desprendió del fuego una chispa y se posó sobre su mejilla izquierda. Las hermanas que estaban en la habitación con ella vieron la chispa claramente, y vieron también con horror que su rostro se hinchó terriblemente. Vivió varios días en este estado y, como dijo la beata Catalina a sus hermanas, el sufrimiento causado por esa simple chispa superó con creces todo lo que había soportado en su vida a causa de sus enfermedades. Si hasta entonces Catalina se había propuesto aliviar las penas de las benditas ánimas del purgatorio, desde aquel día redobló su fervor y la práctica de la penitencia para acelerar su liberación, porque sabía por experiencia la gran necesidad que tenían de su ayuda.

San Antonino y el religioso enfermo. El padre Rossignoli en Un cuarto de hora en el purgatorio. El hermano Angelicus

Hay algo que nos da idea de la dureza de los sufrimientos del purgatorio, pues allí un breve período de tiempo parece ser de muy larga duración. Todo el mundo sabe que los días en los que disfrutamos pasan rápidamente y siempre nos parecen muy cortos, pero que, cuando sufrimos, el tiempo se hace muy largo. ¡Qué despacio pasan las horas de la noche para los pobres enfermos, que las pasan entre el insomnio y el dolor! Se podría decir que cuanto más intenso es el dolor, más lentamente parece pasar el tiempo. Largo parece el tiempo más corto. Esto nos da otra perspectiva para hacernos a la idea de cómo son los sufrimientos del purgatorio.

En los *Anales* de los Frailes Menores, encontramos un hecho del año 1285 que también relata san Antonino en su *Summa* (parte 4, § 4). Un religioso que llevaba sufriendo durante mucho tiempo una dolorosa enfermedad, se dejó vencer por el desánimo y rogó a Dios que le permitiera morir para liberarse de sus dolores. Este religioso no era consciente de que su larga enfermedad era en realidad una misericordia de Dios, que deseaba evitarle un sufrimiento más severo en la otra vida. En respuesta a su oración, Dios encargó a su ángel de la guarda que le ofreciera dos posibilidades: o bien morir inmediatamente y someterse a los dolores del purgatorio durante tres días, o bien soportar su enfermedad durante otro año e ir directamente al Cielo. El enfermo, entre elegir tres días en el purgatorio o un año más de sufrimiento en la tierra, no lo dudó, y optó por sufrir durante tres días en el purgatorio.

Así las cosas, después del lapso de una hora, su ángel fue a visitarlo al purgatorio, en medio de sus sufrimientos. Al verlo, el religioso se quejó del largo tiempo que le había dejado en medio de esos tormentos. "Me prometiste", le dijo, "que me quedaría aquí sólo tres días". "¿Cuánto tiempo crees que llevas sufriendo?", le preguntó su ángel custodio. "Por lo menos, varios años", respondió, "y yo solo tenía que sufrir durante tres días". El ángel le respondió: "Llevas aquí solo una hora. La intensidad del dolor te engaña y hace que un instante te parezca un día, y una hora, años". "¡Ay! Entonces", dijo con un suspiro, "he sido muy ciego y desconsiderado en la elección que he hecho. Reza a Dios, mi buen ángel, para que me perdone y me permita volver a la tierra. Estoy dispuesto a someterme a los males más crueles, no solo durante dos años, sino mientras le plazca. Valen más seis años de horrible sufrimiento en la tierra que una sola hora en este abismo de indecibles agonías".

La siguiente narración está tomada de un autor citado por el padre Rossignoli. Dos religiosos muy virtuosos compitieron entre sí por llevar una vida santa. Uno de ellos cayó enfermo y supo por una visión que iba a morir pronto, y que se salvaría, pero debía permanecer en el purgatorio solo hasta que se celebrara la primera misa por el descanso de su alma. Lleno de alegría por estas noticias, se apresuró a comunicárselas a su amigo y le rogó que no retrasara la celebración de la misa que le abriría el Cielo.

Murió a la mañana siguiente, y su santo compañero no perdió el tiempo para celebrar cuanto antes el santo sacrificio. Después de la Misa, mientras daba gracias y seguía rezando por su difunto amigo, este se le apareció radiante de gloria, y en un tono dulcemente quejumbroso le preguntó por qué había retrasado tanto esa misa que tanto necesitaba. "Querido hermano", le respondió, "¿dices que me retrasé tanto? No te entiendo". "¿Cómo? ¿Es que no me dejaste sufrir durante más de un año antes de ofrecer la misa por el descanso de mi alma?". "Querido hermano, has de saber que empecé la misa inmediatamente después de tu muerte; no había transcurrido ni un cuarto de hora". Entonces, mirándole con emoción, aquella alma bendita gritó: "¡Qué terribles son esos dolores de expiación, ya que me han hecho confundir unos minutos en un año! Sirve a Dios, querido hermano, con gran fidelidad, para que puedas evitar esos castigos. ¡Adiós! Vuelo al cielo, donde pronto te reunirás conmigo".

Esta severidad de la justicia divina con las almas más piadosas se explica por la infinita santidad de Dios, que descubre manchas en lo que nos parece más puro. Los *Anales de la Orden de San Francisco* hablan de un religioso tan santo que le llamaban Angelicus. Murió en olor de santidad en el monasterio de los Hermanos Menores de París, y uno de sus hermanos, doctor en teología, persuadido de que, después de una vida tan perfecta, habría ido directamente al Cielo y que no tenía necesidad de oraciones, dejó de celebrar por él las tres misas que tenía obligación de ofrecer por cada miembro difunto, según la costumbre del Instituto.

Después de unos días, mientras caminaba y meditaba en un lugar retirado, el difunto se apareció ante él envuelto en llamas y le dijo con voz lúgubre: "Querido maestro, le ruego que se apiade de mí". "¡Hermano Angelicus!, ¿cómo es que necesitas mi ayuda?". "Estoy detenido en el fuego del purgatorio, esperando el fruto del santo sacrificio que deberías haber ofrecido tres veces por mí". "Querido hermano, pensé que ya estabas en posesión de la gloria eterna. Después de una vida tan fervorosa y ejemplar, no podía imaginar que te quedara algún dolor por sufrir". "¡Ay! ¡Ay!", respondió el difunto, "nadie puede creer con qué severidad Dios juzga y castiga a sus criaturas. Su infinita santidad descubre en nuestras mejores acciones manchas defectuosas, imperfecciones que le desagradan. Nos exige que demos cuenta hasta del último penique".

Beata Quinziani. El emperador Mauricio

En la *Vida de la beata Stephana Quinziani,* monja dominica, de Franc. Seghizzo (cfr. *Merveilles du Purgatoire,* 42), se menciona a una hermana llamada Paula, que murió en el convento de Mantua, después de una larga vida muy virtuosa. Llevaron su cuerpo a la iglesia y lo colocaron, descubierto, en el coro entre las religiosas. Durante el rezo del Oficio, la beata Quinziani se arrodilló cerca del féretro, pidiendo a Dios por la religiosa fallecida, que había sido muy querida por ella. De repente, la difunta dejó caer el crucifijo que tenía entre las manos, extendió el brazo izquierdo, agarró la mano derecha de la hermana Quinziani y la apretó con fuerza, como si un pobre paciente, en medio del calor abrasador de la fiebre, estuviera pidiendo la ayuda de un amigo. La sostuvo durante un tiempo considerable y luego, retirando el brazo, se hundió sin vida en el ataúd. El resto de religiosas, asombradas por este prodigio, le pidieron una explicación a la hermana Quinziani quien respondió que, mientras le apretaba la mano, una voz inarticulada le había hablado en el fondo del corazón, diciendo: "Ayúdame, querida hermana, ayúdame en la espantosa tortura que soporto. ¡Si supieras la severidad del juez que desea todo nuestro amor, qué expiación exige por las menores faltas antes de admitirnos a la recompensa que nos tiene preparada! ¡Si supieras lo puros que debemos ser para ver el rostro de Dios! ¡Reza! Reza y haz penitencia por mí, que ya no puedo evitarlo".

La beata Quinziani, conmovida por la oración de su amiga, ofreció por ella muchas penitencias y buenas obras, hasta que supo, por una nueva revelación, que la hermana Paula se había liberado de sus sufrimientos y había entrado en la gloria eterna.

La conclusión natural que se desprende de estas manifestaciones de la justicia divina es que debemos apresurarnos a satisfacer nuestros pecados en esta vida. Seguramente un criminal condenado a ser quemado vivo no rechazaría un dolor más ligero, si se le dejara la elección. Supongamos que se le dijera: Puedes librarte de ese terrible castigo a condición de que durante tres días ayunes a pan y agua. ¿Lo rechazaría? Aquel que prefiriera la tortura del fuego a la de una ligera penitencia, ¿no sería considerado como alguien que ha perdido la razón? Ahora bien, preferir el fuego del purgatorio a la penitencia cristiana es una locura infinitamente mayor. El emperador Mauricio lo entendió y actuó con sabiduría. Se cuenta (Berault, *Histoire de l'Eglise,* año 602) que este príncipe, a pesar de sus buenas cualidades, que le habían hecho tan apreciado de san Gregorio Magno, hacia el final de su reinado cometió una grave falta, y la expió con un arrepentimiento ejemplar.

Habiendo perdido una batalla contra el Khan, o rey, de los Avari, se negó a pagar el rescate de los prisioneros, aunque se le pidió solo la sexta parte de una moneda de oro, es decir, una insignificancia. Esta negativa tan mezquina enrabietó de tal modo al bárbaro conquistador que ordenó la inmediata masacre de todos los soldados romanos, hasta el número de doce mil. Entonces el emperador reconoció su culpa, y la sintió tan profundamente, que envió dinero y velas a las principales iglesias y monasterios para rogar que Dios se complaciera en castigarlo en esta vida y no en la siguiente. Estas oraciones fueron escuchadas. En el año 602, deseando obligar a sus tropas a pasar el invierno en la orilla opuesta del Danubio, se produjo un motín entre ellos; expulsaron a su general y proclamaron como emperador a Phocas, un simple centurión. La ciudad imperial siguió el ejemplo del ejército. Mauricio se vio obligado a huir en la noche, después de haberse despojado de todas las marcas de la realeza, lo que no hizo más que aumentar sus temores. A pesar de todo, le reconocieron y le encarcelaron, junto a su esposa, cinco de sus hijos y tres hijas, es decir, toda su familia, a excepción de su hijo mayor, a quien ya había hecho coronar emperador y que, hasta entonces, había escapado del tirano. Mauricio y sus cinco hijos fueron masacrados sin piedad cerca de Calcedonia. La carnicería comenzó con el más joven de los príncipes, que fue asesinado ante los ojos de su desafortunado padre, sin pronunciar una palabra de queja. Recordando los dolores del otro mundo, se estimó feliz de sufrir en la vida presente, y durante toda la masacre no dijo más que las palabras del salmista: "Tú eres justo, Señor, y tu juicio es justo" (Sal 118).

Santa Perpetua. Santa Gertrudis. Santa Catalina de Génova. Hermano John de Via

Como ya hemos dicho, el dolor de sentido tiene diferentes grados de intensidad. Es menos terrible para aquellos que no tienen pecados graves que expiar, o que, habiendo ya completado la parte más rigurosa de su expiación, se acercan al momento de su liberación. Muchas de esas almas no sufren entonces más que el dolor de pérdida, y hasta empiezan a percibir los primeros rayos de la gloria celestial, y a tener un anticipo de la beatitud.

Cuando santa Perpetua vio a su joven hermano Dinócrates en el purgatorio, no parecía que el niño estuviera sometido a ninguna tortura cruel. Esta ilustre mártir escribió ella misma el relato de esta visión en su prisión de Cartago, donde fue confinada por la fe de Cristo durante la persecución de Septimio Severo en el año 205. El purgatorio se le apareció bajo la figura de un árido desierto, donde vio a su hermano Dinócrates, que había muerto a la edad de siete años. El niño tenía una úlcera en la cara y, atormentado por la sed, intentaba en vano beber de las aguas de una fuente que estaba delante de él, pero cuyo borde era demasiado alto para que pudiera alcanzarlo. La santa mártir comprendió que su hermano estaba en el lugar de la expiación y que suplicaba la ayuda de sus oraciones. Entonces rezó por él y, tres días después, en otra visión, vio al mismo Dinócrates en medio de hermosos jardines. Su rostro era hermoso, como el de un ángel; estaba vestido con una túnica brillante; el borde de la fuente se encontraba debajo de él y bebía copiosamente de esas aguas refrescantes en una copa dorada. La santa supo entonces que el alma de su joven hermano disfrutaba ahora de la dicha del Paraíso.

Leemos en las *Revelaciones de santa Gertrudis* que una joven religiosa de su convento, a la que quería especialmente por sus grandes virtudes, murió de la manera más cristiana. Mientras rezaba fervientemente por ella, entró en éxtasis y tuvo una visión. La difunta hermana se le mostró de pie ante el trono de Dios, rodeada de una brillante aureola y con ricas vestiduras. Sin embargo, parecía triste y preocupada; sus ojos estaban abatidos, como si se avergonzara de presentarse ante el rostro de Dios; parecía como si se escondiera y se retirara. Gertrudis, muy sorprendida, preguntó al Divino Esposo de las vírgenes la causa de esta tristeza y vergüenza en un alma tan santa. "Dulcísimo Jesús", gritó, "¿por qué tu infinita bondad no invita a tu esposa a acercarse a ti y a entrar en el gozo de su Señor? ¿Por qué la dejas a un lado, triste y tímida?". Entonces, Nuestro Señor, con una cariñosa sonrisa, hizo una señal a esa santa alma para que se acercara; pero ella, cada vez más preocupada, después de vacilar un poco, toda temblorosa, se retiró.

Al ver esto, la santa se dirigió directamente al alma. "¡Hija mía", le dijo, "¿te retiras cuando nuestro Señor te llama? Tú, que has deseado a Jesús durante toda tu vida, ¡te retiras ahora que abre sus brazos para recibirte!". "Querida madre", respondió la joven, "no soy digna de presentarme ante el Cordero Inmaculado. Todavía tengo algunas manchas que contraje en la tierra. Para acercarse al sol de justicia, uno debe ser tan puro como un rayo de luz. No tengo todavía ese grado de pureza que Él requiere de sus santos. Si se me abriera la puerta del Cielo, no me atrevería a cruzar el umbral antes de estar completamente purificada de toda mancha. Me parece que el coro de vírgenes que siguen al Cordero me repugnaría con horror". "Y, sin embargo", continuó la abadesa, "te veo rodeada de luz y gloria". "Lo que ves", respondió, "no es más que el borde del vestido de gloria. Para llevar este manto celestial no debemos retener ni siquiera la sombra del pecado".

Esta visión muestra a un alma muy cerca de la gloria del Cielo; pero su conocimiento sobre la infinita santidad de Dios es de un orden diferente al que se nos ha dado a nosotros. Y una comprensión tan clara le lleva a buscar, como una bendición, la expiación para hacerle digna de la visión del Dios tres veces santo. Esta es precisamente la enseñanza de santa Catalina de Génova. Sabemos que recibió una luz particular de Dios sobre el estado de las almas del purgatorio y escribió una obra titulada *Tratado del Purgatorio,* que tiene una autoridad igual a la de santa Teresa. En el capítulo 8 se expresa del siguiente modo:

"El Señor es todopoderoso. Está de pie ante nosotros, con los brazos extendidos para recibirnos en su gloria. Pero veo también que la esencia divina es de tal pureza que el alma, a menos que sea absolutamente inmaculada, no puede soportar la vista de tal grandeza. Si encuentra en sí misma el más mínimo átomo de imperfección, en lugar de morar con una mancha en presencia de la divina majestad, se sumergiría en las profundidades del infierno. Encontrando en el purgatorio un medio para borrar sus manchas, se arroja en él. Se considera feliz de que, por efecto de una gran misericordia, se le conceda un lugar donde pueda liberarse de los obstáculos que le impiden acceder a la felicidad suprema".

En la *Historia de la Orden Seráfica* (Parte 4, n. 73), se menciona a un religioso santo llamado hermano Juan de Vía, que murió piadosamente en un monasterio de las Islas Canarias. Su enfermero, el hermano Ascensión, estaba en su celda rezando por el alma del difunto, cuando de repente vio ante él a un religioso de su Orden, pero que parecía estar transfigurado. Estaba tan radiante que la celda se llenó de una hermosa luz. El hermano, casi fuera de sí por el asombro, no lo reconoció, pero se aventuró a preguntar quién era y cuál era el objeto de su visita. "Soy", respondió la aparición, "el espíritu del hermano Juan de Vía. Vengo para agradecerte las oraciones que has derramado al Cielo en mi nombre, y vengo a pedirte un acto de caridad más. Gracias a la misericordia divina, estoy en el lugar de la salvación, entre los predestinados para el Cielo; la luz que me rodea es una prueba de ello. Sin embargo, no soy digno de ver el rostro de Dios por una omisión que aún no ha sido expiada. Durante mi vida mortal dejé de recitar el Oficio de difuntos varias veces cuando estaba prescrito por la Regla. Te ruego, querido hermano, por el amor que tienes a Jesucristo, que reces esos oficios de tal manera que mi deuda sea pagada y pueda ir a gozar de la visión de mi Dios".

El hermano Ascensión corrió al superior y le relató lo que había sucedido, y se apresuró a rezar los oficios requeridos. Entonces, el alma del hermano Juan apareció de nuevo, pero esta vez más brillante que antes: se encontraba en posesión de la felicidad eterna.

Santa Magdalena de Pazzi y la hermana Benedicta. Santa Gertrudis. Santa Margarita María y la Madre de Montoux

Leemos en la *Vida de santa Magdalena de Pazzi* que una de sus hermanas, llamada María-Benedicta, religiosa con muchas virtudes, murió en sus brazos. Durante su agonía vio una multitud de ángeles que la rodeaban con un aire de alegría, esperando que exhalara su alma para llevarla a la Jerusalén celestial; y en el momento de su muerte, la santa vio cómo recibían su alma bajo la forma de una paloma, cuya cabeza era de un tono dorado, y desaparecían con ella. Tres horas más tarde, rezando cerca de los restos de la religiosa, santa Magdalena supo que el alma de la difunta no estaba ni en el Paraíso ni en el purgatorio, sino en un lugar particular donde, sin sufrir ningún dolor sensible, se veía privada de la vista de Dios.

Al día siguiente, mientras se celebraba la misa por el alma de María-Benedicta, al llegar al *Sanctus,* Magdalena entró de nuevo en éxtasis, y Dios le mostró esa alma bendita en la gloria a la que acababa de ser admitida. Magdalena se aventuró a preguntar a nuestro Salvador por qué no había permitido que esta querida religiosa entrara antes en su santa presencia. Recibió como respuesta que en su última enfermedad la hermana Benedicta se había mostrado demasiado sensible a los cuidados que se le habían dispensado, lo que interrumpió su habitual unión con Dios y su perfecta conformidad con su divina voluntad.

Volvamos a las revelaciones de santa Gertrudis, a las que acabamos de aludir. Allí encontramos otro ejemplo que muestra cómo, al menos para ciertas almas, el sol de la gloria está precedido por un amanecer gradual. Una religiosa, que había destacado por su tierna devoción al Santísimo Sacramento, murió en la flor de su edad. Después de su muerte, santa Gertrudis la vio, brillando con una luz celestial, arrodillada ante el Divino Maestro, cuyas heridas glorificadas se le mostraron como antorchas encendidas, de las que salieron cinco rayos de fuego que atravesaron los cinco sentidos de la difunta. Pero su semblante, sin embargo, estaba nublado por una expresión de profunda tristeza. "Señor Jesús", gritó la santa, "¿cómo es que mientras iluminas así a tu sierva, ella no experimenta una perfecta alegría?".

"Hasta ahora", respondió el buen Maestro, "esta hermana ha sido digna de contemplar solo mi humanidad glorificada y de gozar de la vista de mis cinco heridas, en recompensa por su tierna devoción al misterio de la Sagrada Eucaristía; pero si no se ofrecen numerosos sufragios en su favor, no puede ser admitida todavía a la visión beatífica, a causa de algunos leves defectos en la observación de sus santas reglas".

Concluyamos lo que hemos dicho sobre la naturaleza de los sufrimientos del purgatorio con algunos detalles de la vida de santa Margarita María, de la orden de la Visitación. Están tomados, en parte, de las memorias de la Madre Greffier, quien, poco crédula de las gracias extraordinarias concedidas a la hermana Margarita María, reconoció la verdad solo después de mil pruebas. La Madre Philiberte Emmanuel de Montoux, superiora de Annecy, murió el 2 de febrero de 1683, después de una vida que había edificado a toda la Orden. La madre Greffier pidió especialmente a la hermana Margarita María que rezara por ella. Después de algún tiempo, esta le dijo a su superiora que nuestro Señor le había hecho saber que la Madre Philiberte le era muy querida por su amor y por la fidelidad a su servicio, y que le esperaba una gran recompensa en el Cielo cuando terminara su purificación en el purgatorio.

Santa Margarita María vio a la difunta en el lugar de la expiación. Nuestro Señor le había mostrado los sufrimientos que tenía que soportar y lo mucho que le aliviaban los sufragios y las buenas obras que se ofrecían diariamente por ella en toda la Orden de la Visitación. Durante la noche del Jueves al Viernes Santo, mientras sor Margarita seguía rezando por ella, nuestro Señor le mostró el alma de la difunta como colocada bajo el cáliz con el Santísimo Sacramento en el altar del monumento. Allí participaba en los méritos de su agonía en el huerto de los olivos. El domingo de Pascua, que ese año cayó en el 18 de abril, sor Margarita vio su alma disfrutando del comienzo, por así decirlo, de la felicidad eterna, deseando y esperando ser pronto admitida a la visión y posesión de Dios.

Finalmente, quince días después, el 2 de mayo, domingo, fiesta del Buen Pastor, vio el alma de la difunta elevarse dulcemente a la gloria eterna, cantando melodiosamente el cántico del amor divino.

Veamos cómo la propia santa Margarita María da cuenta de esta última aparición en una carta dirigida ese mismo día, 2 de mayo de 1623, a la Madre de Saumaise en Dijon:

"¡Jesús para siempre! Mi alma está llena de una alegría tan grande que apenas puedo contenerme. Permítame, querida madre, comunicárselo a su corazón, que es uno con el mío en el de nuestro Señor. Esta mañana, domingo del Buen Pastor, al despertarme, dos de mis buenas amigas sufrientes vinieron a decirme adiós. Hoy el Supremo Pastor los recibe en su redil eterno con un millón de otras almas. Ambos se unieron a esta multitud de almas benditas, y se fueron cantando cánticos de alegría. Una es la buena Madre Philiberte Emmanuel de Montoux; la otra, la hermana Jeanne Catherine Gâcon. Una repetía incesantemente estas palabras: *El amor triunfa, el amor se regocija en Dios;* la otra: *Bienaventurados los muertos que mueren en el Señor, y los religiosos que viven y mueren en la exacta observancia de sus reglas.* Ambas deseaban que yo le dijera, de su parte, que la muerte puede separar a las almas, pero nunca puede desunirlas. ¡Si supieras cómo esta transportada mi alma por la alegría! Porque mientras hablaba con ellas, las vi hundirse gradualmente en la gloria, como quien va sumergiéndose en el vasto océano. Piden, en acción de gracias a la Santísima Trinidad, un *Laudate* y tres glorias. Como yo les pedía que se acordaran de nosotras, sus últimas palabras fueron que *la ingratitud es desconocida en el Cielo*".

6. *Diversidad de los sufrimientos*

El rey Sancho y la reina Guda. Santa Lidwina y el alma traspasada. La Bendición de santa Margarita María y la cama de fuego

Según los santos, hay una gran diversidad de sufrimientos corporales en el purgatorio. Aunque el fuego es el principal instrumento de tortura, también existe el tormento del frío, la tortura de los miembros y los dolores aplicados a los diferentes sentidos. Esta diversidad parece corresponder a la naturaleza de los pecados, cada uno de los cuales exige su propio castigo, según estas palabras: "En el pecado está el tormento" (Sb 11,16). Es justo que así sea en lo que respecta al castigo, ya que existe la misma diversidad en la distribución de la recompensa. En el Cielo cada uno recibe según sus obras y, como dice el venerable Beda, cada uno recibe su corona, su manto de gloria. Para el mártir esta túnica es de un rico color púrpura, mientras que la del confesor tiene el brillo de una blancura deslumbrante.

El historiador Juan Vásquez, en su crónica del año 940, relata cómo Sancho, rey de León, se apareció a la reina Guda, y gracias a los actos de piedad de esta princesa fue liberado del purgatorio. Sancho, que había llevado una vida verdaderamente cristiana, fue envenenado por uno de sus súbditos. Después de su muerte, la reina Guda pasó mucho tiempo rezando y haciendo rezar por el descanso de su alma. No contenta con que se ofrecieran un gran número de misas por él, para poder llorar y rezar cerca de sus queridos restos, tomó el velo en el convento de Castilla donde se había depositado el cuerpo de su marido. Un sábado, rezando a los pies de la santísima Virgen y encomendándole el alma de su difunto marido, se le apareció Sancho… ¡pero en qué condiciones! Estaba vestido de luto y llevaba una doble fila de cadenas al rojo vivo alrededor de la cintura. Después de haber agradecido a su piadosa viuda los sufragios que había hecho por él, la conjuró a continuar rezando. "Si supieras, Guda, lo que sufro", le dijo, "harías aún más. Por las entrañas de la divina misericordia, te suplico; ayúdame, querida Guda, ayúdame, porque me devoran estas llamas".

La Reina redobló sus oraciones y buenas obras; distribuyó limosnas entre los pobres, hizo que se celebraran misas en todas partes del país y dio al convento un magnífico ornamento para que se usara en el altar.

Al cabo de cuarenta días, el Rey volvió a aparecer. Había sido liberado del cíngulo ardiente y de todos sus otros sufrimientos. En lugar de una túnica de luto, llevaba un manto de una blancura deslumbrante, como el ornamento sagrado que Guda había dado al convento. "He aquí, querida Guda", le dijo, "que gracias a tus oraciones he sido liberado de todos mis sufrimientos. Que seas bendecida para siempre. Persevera en tu santo ejercicio; medita a menudo sobre la severidad de los dolores de la otra vida, y sobre las alegrías del Paraíso, donde voy a esperarte". Con estas palabras desapareció, dejando a la piadosa Guda desbordante de consuelo.

Un día, una mujer, bastante desconsolada, fue a decirle a santa Lidwina que había perdido a su hermano. "Mi hermano acaba de morir y vengo para que rece por su pobre alma. Ofrezca a Dios por él algunas oraciones y una parte de los sufrimientos ocasionados por su enfermedad". La santa le prometió que así haría y, algún tiempo después, en uno de sus frecuentes éxtasis, fue conducida por su ángel de la guarda a las mazmorras subterráneas, donde vio con extrema compasión los tormentos de las pobres almas sumergidas en llamas. Una en particular le llamó la atención. La vio traspasada por alfileres de hierro. Su ángel le dijo que era el hermano fallecido de esa mujer que le había pedido que rezara por él. "Si deseas", añadió, "pedir cualquier gracia en su favor, no te será negada". "Pido entonces", respondió ella, "que se le libere de esos horribles hierros que lo traspasan". Inmediatamente vio cómo eran sacados del pobre enfermo, y a continuación fue sacado de esa prisión especial y colocado en la ocupada por aquellas almas que no sufrían ningún tormento particular. La hermana del difunto regresó poco después para hablar con santa Lidwina, quien le hizo saber la condición de su hermano y le aconsejó que le ayudara multiplicando sus oraciones y limosnas por el descanso de su alma. Ella misma ofreció a Dios sus súplicas y sufrimientos, hasta que finalmente fue liberado.

Leemos en la vida de santa Margarita María que un alma del purgatorio era torturada en un lecho de tormentos a causa de la indolencia con la que había vivido en la tierra; al mismo tiempo sufría una tortura particular en su corazón, a causa de ciertos sentimientos malvados, y en su lengua, en castigo por sus palabras poco caritativas. Además, tenía que soportar un dolor espantoso de naturaleza completamente diferente, causado no por el fuego o el hierro, sino por la vista de un alma condenada. Veamos cómo lo describe santa Margarita María en sus escritos:

"Vi en un sueño a una de nuestras hermanas que había muerto tiempo atrás. Me dijo que sufría mucho en el purgatorio, pero que Dios le había infligido un sufrimiento que superaba todos los demás dolores, al mostrarle a uno de sus parientes cercanos precipitado al infierno".

"Con estas palabras me desperté y sentí como si mi cuerpo estuviera magullado de la cabeza a los pies, de modo que me era difícil moverme. Como no debemos creer en los sueños, presté poca atención a este, pero las religiosas me obligaron a hacerlo a pesar de mí. Desde ese momento no me daba descanso y me decía incesantemente: 'Reza a Dios por mí; ofrécele tus sufrimientos unidos a los de Jesucristo, para aliviar los míos; dame todo eso hasta el primer viernes de mayo, cuando por favor te comunicarás conmigo'. Así hice, con el permiso de mi superiora".

"Mientras tanto, los dolores que me causaba esta alma sufriente aumentaron en tal grado que no podía encontrar consuelo ni reposo. La obediencia me obligó a buscar un poco de descanso en mi lecho; pero apenas me había retirado cuando se aparecía y se acercaba a mí, diciendo: 'Te reclinas a gusto en tu lecho; mira en el que me acuesto, donde soporto sufrimientos intolerables'. Vi esa cama, y solo de pensarlo me estremezco. La parte de arriba y la de abajo eran de puntas afiladas de fuego que atravesaban la carne. Me dijo que esto se debía a su pereza y negligencia en la observancia de las reglas. 'Mi corazón está desgarrado', continuó, 'y me causa los más terribles sufrimientos por mis pensamientos de desaprobación y crítica a mis superiores. Las alimañas devoran mi lengua y, por así decirlo, la arrancan de mi boca continuamente, por las palabras que pronuncié contra la caridad y por mi poca consideración por la regla del silencio. ¡Ah! Quisiera que todas las almas consagradas a Dios me vieran en estos tormentos. Si pudiera mostrarles lo que está preparado para los que viven negligentemente en su vocación, su celo y fervor se renovarían por completo, y evitarían esas faltas que ahora me hacen sufrir tanto'".

"Al ver esto me derretí en lágrimas. 'Un día', dijo ella, 'que toda la comunidad pasara en exacta observancia curaría mi boca reseca; otro día que pasaran en la práctica de la caridad curaría mi lengua; y un tercero que pasara sin ninguna murmuración hacia las superioras curaría mi corazón magullado; pero nadie piensa en aliviarme'".

"Después de haber ofrecido la Comunión, como me había pedido, dijo que sus terribles tormentos habían disminuido mucho, pero que aún debía permanecer mucho tiempo en el purgatorio, condenada a sufrir los dolores debidos a aquellas almas que han sido tibias en el servicio de Dios. En cuanto a mí, me encontré liberada de mis sufrimientos, que me habían dicho que no disminuirían hasta que no se aliviaran los de esta alma".

Blasio resucitado de entre los muertos por san Bernardino. La venerable Francisca de Pamplona y la pluma de fuego. San Corpreus y el Rey Malaquías

El célebre Blasio Masseï, resucitado de entre los muertos por san Bernardino de Siena, vio una gran diversidad de sufrimientos en el purgatorio. El relato de este milagro se encuentra con amplitud en el *Acta Sanctorum* (apéndice, 20 de mayo).

Poco tiempo después de la canonización de san Bernardino de Siena, murió en Cascia, en el reino de Nápoles, un niño de once años, llamado Blasio Masseï. Sus padres le habían inculcado una gran devoción por este santo, la misma que ellos le tenían, y este no tardó en recompensarla. Al día siguiente de su muerte, cuando llevaban el cuerpo del niño a la tumba, Blasio se despertó como de un sueño profundo y dijo que san Bernardino le había devuelto la vida, para contar las maravillas que el santo le había mostrado en el otro mundo.

Podemos entender fácilmente la curiosidad que produjo este acontecimiento. Durante todo un mes, el joven Blasio no hizo otra cosa que hablar de lo que había visto y responder a las preguntas que le hacían los visitantes. Hablaba con la sencillez de un niño, pero al mismo tiempo con una precisión y un conocimiento de las cosas de la otra vida muy superior a sus años.

Contó que en el momento de su muerte, san Bernardino se le apareció y, tomándolo de la mano, le dijo: "No temas, pero presta mucha atención a lo que voy a mostrarte, para que puedas recordarlo y seas capaz de relatarlo después".

El santo condujo a su joven protegido a las regiones del infierno, al purgatorio, al limbo y, al fin, le permitió ver el Cielo.

En el Infierno, Blasio contempló horrores indescriptibles y las diversas torturas con las que se atormentan a los orgullosos, los avaros, los impuros y otros pecadores. Entre ellos reconoció a varios que había conocido en vida e, incluso, presenció la llegada de dos que acababan de morir: Buccerelli y Frascha. Este último fue condenado por haber obtenido bienes de mala manera. El hijo de Frascha, golpeado por esta revelación como por un rayo, y conociendo bien la verdad de lo que contaba el niño, se apresuró a hacer una restitución completa de lo robado; y no contento con este acto de justicia, para no exponerse a compartir un día la triste suerte de su padre, distribuyó el resto de su fortuna a los pobres y abrazó la vida monástica.

Desde allí, Blasio visitó el purgatorio, donde vio tormentos espantosos, distintos según los pecados cometidos. Reconoció a un gran número de almas, y varias le rogaron que informara a sus padres y parientes de que se encontraban sufriendo allí; incluso le indicaron los sufragios y las buenas obras que necesitaban. Cuando le preguntaban a Blasio sobre el estado de un alma difunta, respondía sin vacilar y daba detalles muy precisos. A uno de los que acudieron a visitarle le dijo: "Tu padre está en el purgatorio desde tal día; te encargó que pagaras esa suma en limosnas y tú no lo has hecho". A otro le dijo: "Tu hermano te pidió que celebraras tantas misas; aceptaste hacerlo y no has cumplido tu compromiso; quedan tantas misas por decir".

Blasio también habló del Cielo, el último lugar al que fue llevado; pero lo hizo casi como san Pablo, quien, habiendo sido arrebatado al tercer cielo, ya sea con su cuerpo o sin él, no lo sabía, y allí escuchó palabras misteriosas que ninguna lengua mortal podía repetir. Lo que más llamó la atención del niño fue la inmensa multitud de ángeles que rodeaban el trono de Dios, y la incomparable belleza de la santísima Virgen María, elevada por encima de todos los coros angélicos.

La vida de la venerable Madre Francisca del Santísimo Sacramento, religiosa de Pamplona (cfr. *Merveilles du Purgatoire,*

26), presenta varios hechos que demuestran que los sufrimientos del purgatorio se adecuan a las faltas que se deben expiar. Esta venerable sierva de Dios tenía una íntima comunicación con las almas del purgatorio, por lo que estas acudían en gran número y llenaban su celda, esperando humildemente, por turno, ser asistidas por sus oraciones. Con frecuencia, para excitar su compasión, aparecían con los instrumentos de sus pecados, que se habían convertido en los instrumentos de su tortura. Un día vio a una religiosa rodeada de muebles costosos, como cuadros, sillones, etc., todos en llamas. Ella había reunido todos esos enseres en su celda en contra del voto de pobreza religiosa, y después de su muerte se convirtieron en su tormento.

Un día se le apareció un notario con todas los elementos de su profesión sobre él, rodeándolo. De este modo, las llamas que salían le causaban un sufrimiento muy intenso. "He usado esta pluma, esta tinta, este papel", dijo, "para redactar escrituras ilegales. También me apasionaba el juego, y estas cartas que me veo obligado a tener continuamente en mis manos constituyen ahora mi castigo. Esta bolsa en llamas contiene mis ganancias ilegales, y me hace expiarlas".

De todo esto debemos sacar una gran lección. Todo lo creado se le da al hombre como un medio para servir a Dios; deben ser instrumentos para la virtud y las buenas obras. Si abusamos de ellos, los convertimos en instrumentos de pecado y, así, es justo que se vuelvan contra él y se conviertan en instrumentos de su castigo.

La vida de san Corpreus, obispo irlandés, nos proporciona otro ejemplo del mismo tipo. Un día, mientras este santo prelado estaba en oración, vio aparecer ante él un horrible espectro, con el rostro lívido, con un collar de fuego alrededor de su cuello y con un miserable manto lleno de jirones sobre los hombros. "¿Quién eres tú?", preguntó el santo, no muy perturbado. "Soy un alma de la otra vida". "¿Qué te ha llevado a esa triste condición en la que te veo?". "Mis faltas han atraído este castigo sobre mí. A pesar de la miseria a la que ahora me veo reducido, soy Malaquías, antes rey de Irlanda. Desde esa posición podría haber hecho mucho bien, y era mi deber hacerlo. Lo he descuidado, y por lo tanto soy castigado". "¿No hicisteis penitencia por vuestras faltas?". "No hice suficiente penitencia y esto se debe a la culpable debilidad de mi confesor, a quien hice que se plegara a mis caprichos ofreciéndole un anillo de oro. Por eso ahora llevo un collar de fuego alrededor del cuello". "Me gustaría saber", continuó el obispo, "¿por qué estás cubierto con estos trapos?". "Es otro castigo. No vestí al desnudo. No asistí a los pobres con la caridad, el respeto y la liberalidad propia de mi dignidad de rey y mi título de cristiano. Por eso me ves vestido como el pobre". La biografía añade que san Copreus, unido con su presbiterio en oración, obtuvo al cabo de seis meses el alivio del sufrimiento del rey Malaquías, y poco después su liberación completa.

7. Duración del purgatorio

Opiniones de los teólogos. El cardenal Belarmino. Cálculos del padre Mumford

No sabremos por fe la duración precisa de los sufrimientos del purgatorio. De manera general, sabemos que es la justicia divina quien establece su duración y que es proporcional para cada uno con respecto al número y a la gravedad de las faltas que no se han expiado. Dios puede, sin embargo, sin perjuicio de su justicia, abreviar estos sufrimientos aumentando su intensidad; la Iglesia militante también puede obtener su remisión mediante el santo sacrificio de la Misa y otros sufragios ofrecidos por los difuntos.

Según la opinión general de los teólogos, la duración de los sufrimientos expiatorios es grande. El cardenal Belarmino afirma (*De Gemitu*, lib. 2, c. 9): "No hay duda de que los sufrimientos del purgatorio no sobrepasan los diez o veinte años, pero en algunos casos duran siglos enteros. Pero, contando que sea cierta esa duración, ¿podemos considerar que no es nada soportar durante diez o veinte años los sufrimientos más insoportables sin el menor alivio? Si a un hombre se le dijera que iba a sufrir un gran dolor en los pies, o en la cabeza, o en los dientes por espacio de veinte años, que no iba a poder dormir nunca ni lograr el más mínimo descanso, ¿no preferiría mil veces morir antes que vivir en tal estado? Y si se le diera a elegir entre una vida tan miserable y la pérdida de todos sus bienes temporales, ¿dudaría en hacer el sacrificio de su fortuna para librarse de tal tormento? ¿Encontraremos entonces alguna dificultad en abrazar ahora el trabajo y la penitencia para liberarnos de los sufrimientos del purgatorio? ¿Nos van a dar temor entonces las vigilias, los ayunos, las limosnas, las largas oraciones y, sobre todo, la contrición, acompañada de suspiros y lágrimas?".

Estas palabras comprenden toda la doctrina de los santos y los teólogos.

El padre Mumford, jesuita, en su "Tratado sobre la caridad hacia los difuntos", basa la larga duración del purgatorio en un cálculo de probabilidades, que en sustancia es el siguiente. Parte del principio de que, según las palabras del Espíritu Santo, "siete veces cae el justo" (Pr 24,16), es decir, que incluso los que se aplican más perfectamente al servicio de Dios, a pesar de su buena voluntad, cometen un gran número de faltas a los ojos infinitamente puros de Dios. No tenemos más que entrar en nuestra propia conciencia y analizar ante Dios nuestros pensamientos, nuestras palabras y nuestras obras, para convencernos de este triste efecto de la miseria humana. ¡Qué fácil es faltar al respeto en la oración, preferir nuestra comodidad al cumplimiento del deber, pecar por vanidad, por impaciencia, por sensualidad, por pensamientos y palabras poco caritativas, por falta de conformidad con la voluntad de Dios! El día es largo; ¿es muy difícil para una persona virtuosa cometer, no digo siete, sino veinte o treinta de esta clase de faltas e imperfecciones?

Tomemos una estimación moderada y supongamos que cometemos unas diez faltas al día; al cabo de 365 días tendremos la suma de 3.650 faltas. Para facilitar el cálculo, redondeemos en 3.000 por año. Al cabo de diez años, esta cantidad ascenderá a 30.000, y al final de veinte años a 60.000. Supongamos que de estas 60.000 faltas, hemos expiado la mitad mediante la penitencia y las buenas obras, pero aún quedan 30.000 por expiar.

Continuemos con nuestra hipótesis: Después de estos veinte años de vida virtuosa, fallecemos y nos presentamos ante Dios con una deuda de 30.000 faltas, que debemos saldar en el purgatorio. ¿Cuánto tiempo necesitaremos para llevar a cabo esta expiación? Supongamos que, de promedio, cada falta requiere una hora de purgatorio. Es un tiempo muy moderado, a juzgar por las revelaciones de los santos; pero en cualquier caso esto nos da un purgatorio de 30.000 horas. Ahora, ¿cuántos años representan estas 30.000 horas? Tres años, tres meses y quince días. Así, un buen cristiano que vela por sí mismo, que se aplica a la penitencia y a las buenas obras, se encuentra sujeto a tres años, tres meses y quince días de purgatorio.

El cálculo precedente se basa en una estimación que es indulgente en extremo. Ahora bien, si se prolonga la duración de los sufrimientos y, en lugar de una hora, se toma un día para la expiación de una falta; si, en lugar de no tener más que pecados veniales, llevamos ante Dios una deuda resultante de los pecados mortales, más o menos numerosos, que se cometieron previamente; si se asigna, de promedio, como afirma santa Francesca Romana, siete años para la expiación de un pecado mortal, remitido en cuanto a la culpa, ¿quién no ve que llegamos a una duración espantosa y que la expiación puede prolongarse fácilmente durante muchos años e incluso siglos?

¡Años y siglos de tormentos! Si solo pensáramos en ello, ¡con cuánto cuidado trataríamos de evitar las más mínimas faltas! ¡Con qué fervor practicaríamos la penitencia para conseguir satisfacer nuestra culpa en este mundo!

El abad cisterciense y el papa Inocencio III. John de Lierre

En la *Vida de santa Lutgarda*, escrita por su contemporáneo, Tomás de Cantimpré, se menciona a un buen religioso que, por un exceso de celo, fue condenado a cuarenta años de purgatorio. Se trataba de un abad de la Orden del Císter llamado Simón, que veneraba mucho a santa Lutgarda. La santa seguía de buena gana sus consejos y, por tanto, se formó una especie de amistad espiritual entre ellos. Pero el abad no era tan amable con sus subordinados como lo era con Lutgarda. Severo consigo mismo, era también severo en su administración y llevaba sus exigencias en materia de disciplina hasta la dureza, olvidando la lección del divino maestro, que nos enseña a ser mansos y humildes de corazón. Al morir, y mientras Lutgarda rezaba fervientemente y ofrecía penitencias por el reposo de su alma, se le apareció y declaró que estaba condenado a cuarenta años de purgatorio. Afortunadamente tenía en Lutgarda una amiga generosa y poderosa. Ella redobló sus oraciones y sus mortificaciones, y, habiendo recibido de Dios la seguridad de que el alma del difunto sería pronto liberada, la santa respondió: "No dejaré de llorar; no dejaré de importunar a tu misericordia hasta que le vea liberado de sus dolores".

Ya que estoy mencionando a Santa Lutgarda, ¿debo hablar de la célebre aparición del papa Inocencio III? Reconozco que la lectura de este incidente me ha sorprendido, y me gustaría pasarla por alto. No quería ni imaginarme que un papa, y tal papa, hubiera sido condenado a un purgatorio tan largo y terrible. Sabemos que Inocencio III, quien presidió el célebre Concilio de Letrán en 1215, fue uno de los más grandes Pontífices que jamás ocupó la silla de san Pedro. Su piedad y celo lo llevaron a lograr grandes cosas para la Iglesia de Dios. ¿Cómo, entonces, admitir que tal hombre fue juzgado con tanta severidad en el Tribunal Supremo? ¿Cómo reconciliar esta revelación de santa Lutgarda con la divina misericordia? Deseaba, por lo tanto, pensar que se trataba de una ilusión, y busqué razones para apoyar esta idea. Pero encontré, al contrario, que la realidad de esta aparición es admitida por autores importantes y que nadie la rechaza. Además, el biógrafo, Tomás de Cantimpré, es muy explícito, y al mismo tiempo muy reservado. "Obsérvese, lector", escribe al final de su relato, "que fue de la boca de la propia piadosa Lutgarda de quien oí hablar de las faltas reveladas por el difunto, y que omito aquí por respeto a tan gran papa".

Así, considerando el hecho en sí mismo, ¿podemos encontrar alguna buena razón para cuestionarlo? ¿No sabemos que Dios no hace ninguna excepción con las personas, y que los papas comparecen ante su tribunal como el más humilde de los fieles, y que todos los grandes y los pequeños son iguales ante Él, y que cada uno recibe según sus obras? ¿No sabemos que los que gobiernan a los demás tienen una gran responsabilidad y tendrán que rendir cuentas severamente? "El inferior merece disculpa y misericordia, pero los poderosos poderosamente serán examinados" (Sb 6,6). Es el Espíritu Santo quien lo afirma. Ahora bien, Inocencio III reinó durante dieciocho años, la mayoría de ellos tiempos turbulentos; a lo que hay que añadir los bolandistas. ¿No está escrito que los juicios de Dios son inescrutables, y a menudo muy diferentes de los juicios de los hombres? "Tus juicios, como el profundo abismo" (Sal 35,7).

Por lo tanto no podemos cuestionar la realidad de esta aparición y no veo ninguna razón para omitirla, ya que si Dios revela misterios de esta naturaleza es para la edificación de su Iglesia.

El papa Inocencio III murió el 16 de julio de 1216. Ese mismo día se le apareció a santa Lutgarda en su monasterio de Aywieres, en Brabante. Sorprendida al ver un espectro envuelto en llamas, le preguntó quién era y qué quería. "Soy el papa Inocencio", respondió. "¿Es posible que usted, nuestro santo Padre, se encuentre en tal estado?". "Es muy cierto. Estoy expiando tres faltas que podrían haber causado mi eterna perdición. Gracias a la santísima Virgen María, he obtenido el perdón, pero tengo que cumplir lo que he de expiar. Desgraciadamente, es terrible y durará siglos si no me ayudas. En nombre de María, que me ha obtenido el favor de apelar a ti, ayúdame". Con estas palabras desapareció. Lutgarda anunció la muerte del papa a sus hermanas, y juntas se dedicaron a la oración y a las obras de penitencia ofreciéndolas por tal venerado y augusto Pontífice, cuya desaparición les fue comunicada unas semanas después por otra fuente.

Añadamos aquí otro relato más consolador, que encontramos en la vida de la misma santa. Un célebre predicador, llamado John de Lierre, era un hombre de gran piedad y amigo de Lutgarda. Habían llegado a un acuerdo: se prometieron mutuamente que el que muriera primero, con el permiso de Dios, se le aparecería al otro. Juan fue el primero en dejar esta vida. Habiendo emprendido un viaje a Roma para arreglar ciertos asuntos en interés de los religiosos, encontró su muerte al cruzar los Alpes. Fiel a su promesa, se apareció a Lutgarda en el célebre claustro de Aywieres. Al verlo, la santa no tenía la menor idea de que estaba muerto y le invitó, según las normas de la Regla, a entrar en el salón para que ella pudiera conversar con él. "Ya no soy de este mundo", respondió, "y solo vengo aquí para cumplir mi promesa". Ante estas palabras, Lutgarda cayó de rodillas y permaneció durante algún tiempo bastante confundida. Entonces, levantando los ojos hacia su amigo, dijo: "¿Por qué estás vestido con tanto esplendor? ¿Qué significa esta triple túnica con la que te veo adornado?". "La vestimenta blanca", respondió, "significa la pureza virginal, que siempre he conservado; la túnica roja implica las labores y sufrimientos que han agotado prematuramente mis fuerzas; y el manto azul, que lo cubre todo, denota la perfección de la vida espiritual". Habiendo dicho estas palabras, dejó repentinamente a Lutgarda, que quedó dividida entre el pesar por haber perdido a tan buen padre, y la alegría a causa de su felicidad.

San Vicente Ferrer, el célebre prodigio de la Orden de Santo Domingo, que predicaba con tanta elocuencia la gran verdad del juicio de Dios, tenía una hermana que permanecía impasible ante las palabras o el ejemplo de su santo hermano. Estaba llena del espíritu del mundo, embriagada con sus placeres, y caminaba a pasos agigantados hacia su ruina eterna. Mientras tanto, el santo rezaba por su conversión, y su oración fue finalmente respondida. La desafortunada pecadora cayó mortalmente enferma; y, en el momento de la muerte, entrando en sí misma, se confesó con sincero arrepentimiento.

Unos días después de su muerte, mientras su hermano celebraba el santo sacrificio, se le apareció en medio de las llamas y presa de los más intolerables tormentos. "¡Ay, querido hermano!", dijo ella, "estoy condenada a sufrir hasta el día del Juicio Final. Sin embargo, tú puedes ayudarme. La eficacia del santo sacrificio es tan grande... ofrece por mí una treintena de misas, y así puedo esperar el resultado más feliz". Vicente se apresuró a acceder a su petición. Celebró las treinta misas y al trigésimo día su hermana se le apareció de nuevo rodeada de ángeles y volando hacia el cielo. Gracias a la virtud del divino sacrificio, una expiación de varios siglos se redujo a treinta días.

Este ejemplo nos muestra tanto la duración de los sufrimientos en que puede incurrir un alma como el efecto poderoso del santo sacrificio de la Misa, cuando Dios se complace en aplicarlo a un alma. Pero esta aplicación, como todos los demás sufragios, no siempre tiene lugar, al menos no siempre en la misma plenitud.

Los duelistas. El padre Schoofs y la aparición en Amberes

El siguiente ejemplo muestra no solo la larga duración de los castigos que se infligen por ciertas faltas, sino también la dificultad de inclinar la justicia de Dios a favor de los que han cometido faltas de esta naturaleza.

En la historia de la Orden de la Visitación se menciona a la hermana Marie Denise, llamada en el mundo Marie Martignat, como una de las primeras religiosas. Pedía mucho por las almas del purgatorio y se sentía particularmente atraída a recomendar a Dios de manera especial a aquellos que habían ocupado altos cargos en el mundo, ya que conocía por experiencia los peligros a los que estaban expuestos. Cierto príncipe, cuyo nombre no se menciona, pero que se cree que pertenecía a la casa de Francia, fue asesinado en un duelo, y Dios le permitió aparecerse a la hermana Denise para pedirle la ayuda que tanto necesitaba. Le dijo que no estaba condenado, aunque lo merecía por su crimen.

Gracias a un acto de perfecta contrición en el momento de su muerte, se había salvado; pero, como castigo por la vida culpable que había llevado, fue condenado a los castigos más rigurosos del purgatorio hasta el día del Juicio Final.

La hermana Denise, profundamente conmovida, se ofreció generosamente como víctima por él. Pero es imposible decir lo que tuvo que sufrir durante muchos años como consecuencia de ese acto heroico. El pobre príncipe no la dejó descansar y la hizo participar de sus tormentos. Completó su sacrificio con la muerte; pero antes de expirar le confió a su superiora que, a cambio de tanta expiación, había obtenido para su protegido la remisión de solo unas horas de dolor. Cuando la superiora expresó su asombro por este resultado, que le pareció totalmente desproporcionado con respecto a lo que había sufrido, la hermana Denise respondió: "¡Ah! Querida Madre, las horas del purgatorio no se cuentan como las de la tierra; los años de dolor, de cansancio, de pobreza o de enfermedad en este mundo no son nada comparados con una hora de sufrimiento del purgatorio. Ya es mucho que la divina misericordia nos permita influir en su justicia. Estoy menos conmovida por el lamentable estado en que he visto languidecer esta alma, que por el extraordinario retorno de la gracia que ha consumado la obra de su salvación. El acto por el que murió mereció el infierno; otro millón de personas podrían haber encontrado su eterna perdición por el mismo motivo, pero él encontró su salvación. Recuperó la conciencia durante un instante, el tiempo justo para cooperar con ese precioso movimiento de gracia que lo dispuso a hacer un acto de perfecta contrición. Ese bendito momento me parece un exceso de la bondad, clemencia y amor infinito de Dios".

Así habló la hermana Denise; al mismo tiempo, admiró la severidad de la justicia de Dios y su infinita misericordia. Tanto una como otra brillan de manera sorprendente en este ejemplo.

Continuando con el tema de la larga duración del purgatorio, relataremos aquí un caso más reciente.

El padre Felipe Schoofs, de la Compañía de Jesús, que murió en Lovaina en 1878, relató el siguiente hecho, que tuvo lugar en Amberes durante los primeros años de su ministerio en esa ciudad. Acababa de predicar en una iglesia y, al regresar al Colegio de Notre Dame, entonces situado en la Rue l'Empereur, le dijeron que alguien preguntaba por él en el salón. Se dirigió allí inmediatamente y encontró a dos jóvenes en la flor de la edad, con un niño pálido y enfermizo de unos diez años. "Padre", le dijeron, "aquí hay un pobre niño que hemos adoptado, y que merece nuestra protección porque es bueno y piadoso. Lo alimentamos y educamos y, durante más de un año que ha formado parte de nuestra familia, ha sido feliz y ha gozado de buena salud. Solo en las últimas semanas ha empezado a adelgazar y a languidecer, como ahora se ve". "¿Cuál es la causa de este cambio?", preguntó el padre. "Es el miedo", respondieron; "el niño se despierta cada noche por las apariciones. Un hombre, asegura, se presenta ante él, y lo ve tan claramente como nos ve a plena luz del día. Esta es la causa de su continuo temor e inquietud. Venimos, padre, a pedirle algún remedio". "Amigos míos", respondió el padre Schoofs, "con Dios hay un remedio para todas las cosas. Comenzad, haciendo una buena confesión los dos y yendo a comulgar; rogad a Dios que os libre de todo mal; y no temáis nada. En cuanto a ti, hijo mío, reza bien tus oraciones y luego duerme tan profundamente que ningún fantasma pueda despertarte". A continuación los despidió, diciéndoles que regresaran si pasaba algo más. Pasaron dos semanas y volvieron de nuevo. "Padre", dijeron, "hemos seguido lo que nos ha mandado, y aún así las apariciones continúan como antes. El niño siempre ve aparecer al mismo hombre". "Desde esta tarde", dijo el padre Schoofs, "vigilad en la puerta de la habitación del niño, provistos de papel y tinta con la que escribir las respuestas. Cuando os advierta de la presencia de ese hombre, preguntad en nombre de Dios quién es, la hora de su muerte, dónde vivió y por qué regresa".

Al día siguiente volvieron, llevando el papel en el que estaban escritas las respuestas que habían recibido. "Hemos visto", dijeron, "al hombre que se le aparece al niño". Lo describieron como un anciano, del que solo podían ver el busto, y llevaba un disfraz de los viejos tiempos. Les dijo su nombre y la casa en la que había vivido en Amberes. Había muerto en 1636, había seguido la profesión de banquero en esa misma casa, que en su época comprendía las dos casas que podían verse situadas a la derecha y a la izquierda. Hay que señalar, que en los archivos de la ciudad de Amberes se han encontrado ciertos documentos que prueban la exactitud de estas indicaciones. Añadió que estaba en el purgatorio y que se habían dicho pocas oraciones por él. Luego rogó a las personas de la casa que ofrecieran la santa Comunión por él, y finalmente pidió que se hiciera una peregrinación por él a Notre Dame des Fièvres, y otra a Notre Dame de la Chapelle, en Bruselas. "Haréis bien en cumplir con todas estas peticiones", dijo el padre Schoofs, "y si el espíritu vuelve, antes de hablarle, exigidle que rece el padrenuestro, el avemaría y el Credo".

Realizaron las buenas obras indicadas con toda la piedad posible, y se realizaron muchas conversiones. Cuando todo terminó, los jóvenes regresaron. "Padre, el anciano rezó", le dijeron al padre Schoofs, "pero con una fe y piedad indescriptibles". Nunca hemos escuchado a nadie rezar de ese modo. ¡Qué reverencia en el padrenuestro! ¡Qué amor en el avemaría! ¡Qué fervor en el 'Yo creo'! Ahora sabemos lo que es rezar. Luego nos agradeció nuestras oraciones; se sintió muy aliviado, y se habría liberado por completo si un ayudante de nuestra tienda no hubiera hecho una comunión sacrílega. Ya le hemos informado de estas palabras a esa persona, que se puso pálida y reconoció su culpa; luego corrió a su confesor, se apresuró a reparar su crimen".

"Desde ese día", añade el padre Schoofs, "esa casa nunca ha tenido problemas. La familia que la habita ha prosperado rápidamente, y hoy son ricos. Los dos hermanos continúan comportándose de manera ejemplar, y su hermana se hizo religiosa en un convento, del que es actualmente superiora".

Todo nos lleva a creer que la prosperidad de esa familia fue el resultado del socorro dado al alma difunta. Después de dos siglos de castigo, solo le quedaba una pequeña parte de la expiación y la realización de algunas buenas obras que pedía. Cuando se cumplieron, fue liberado y quiso mostrar su gratitud obteniendo las bendiciones de Dios sobre sus benefactores.

La abadía de Latrobe. Cien años de sufrimiento por el retraso en la recepción de los últimos sacramentos

Del siguiente incidente tenemos una prueba auténtica en el diario *The Monde,* en el número de abril de 1860. Tuvo lugar en América, en la abadía benedictina, situada en el pueblo de Latrobe. Durante el año 1859 tuvieron lugar allí una serie de apariciones y la prensa se ocupó del asunto, tratando esas graves cuestiones con su habitual ligereza. Para poner fin al escándalo, el abad Wimmer, superior de la abadía, dirigió a los periódicos la siguiente carta:

"Lo siguiente es una declaración de la veracidad de los hechos: En nuestra abadía de misericordia Vicente, cerca de Latrobe, un novicio vio la aparición de un benedictino, vestido para el coro, el 10 de septiembre de 1859. Esta aparición se repitió todos los días desde el 18 de septiembre hasta el 19 de noviembre, ya a las once de la mañana, al mediodía o a las dos de la tarde. Solo el 19 de noviembre el novicio interrogó al espíritu, en presencia de otro miembro de la comunidad, y le preguntó el motivo de las apariciones. Respondió que llevaba sufriendo durante setenta y siete años por haber descuidado la celebración de siete misas a las que estaba obligado; que ya se había aparecido en diferentes momentos a otros siete benedictinos, pero sin haber sido escuchado; y que se vería obligado a aparecerse de nuevo once años más tarde si el novicio no acudía en su ayuda. Finalmente, el espíritu pidió que se celebraran estas siete misas por él; además, el novicio debía permanecer en retiro durante siete días, guardar un estricto silencio y recitar, durante treinta días, tres veces al día el salmo Miserere, con los pies desnudos y los brazos extendidos en forma de cruz. Todas esas condiciones se cumplieron entre el 20 de noviembre y el 25 de diciembre, y ese día, después de la celebración de la última misa, la aparición desapareció".

"Durante este período el espíritu se manifestó varias veces, exhortando al novicio con urgencia a rezar por las almas del purgatorio pues, decía, sufren espantosamente, y están sumamente agradecidos a los que cooperan a su liberación. Añadió con tristeza que de los cinco sacerdotes que habían muerto en nuestra abadía, ni uno solo había entrado aún en el cielo, todos sufrían en el purgatorio. No saco ninguna conclusión, pero esto es correcto".

Este relato, firmado por la mano del abad, es un documento histórico incontestable.

En cuanto a la conclusión que el venerable prelado deja que saquemos es evidente.

Ver que un religioso es condenado al purgatorio durante setenta y siete años, basta para entender qué necesario es reflexionar sobre la duración del castigo futuro, tanto para los sacerdotes y religiosos como para los fieles ordinarios que viven en medio del mundo.

Una causa demasiado frecuente de la larga permanencia en el purgatorio es que muchos se privan de un gran medio establecido por Jesucristo para acortarlo, retrasando, cuando están peligrosamente enfermos, la recepción de los últimos sacramentos. La Unción de los enfermos, destinada a preparar a las almas para su último viaje, a purificarlas de los restos del pecado y a ahorrarles los dolores de la otra vida, exige, para producir su efecto, que el enfermo la reciba con las disposiciones requeridas. Ahora bien, cuanto más se aplaza y más se debilitan las facultades del enfermo, peores disposiciones tiene. Y a menudo sucede que, como consecuencia de un retraso imprudente, el enfermo muere privado de esta ayuda absolutamente necesaria. El resultado es que, si el difunto no es condenado, se sumerge en los más profundos abismos del purgatorio, cargado con todo el peso de sus deudas.

Michael Alix (cfr. Rossignoli, *Merveilles du Purgatoire*, 86) habla de un eclesiástico que, en lugar de recibir prontamente la extremaunción, y con ello dar un buen ejemplo a los fieles, fue culpable de negligencia a este respecto, y fue castigado con cien años de purgatorio. Sabiendo que estaba gravemente enfermo y en peligro de muerte, este pobre sacerdote debería haber dado a conocer su estado y recurrir inmediatamente a la ayuda que la Iglesia reserva para sus hijos en esa hora suprema. No lo hizo; y, quizá por una ilusión común entre los enfermos, no quiso declarar la gravedad de su situación, o quizá tenía algún prejuicio, pero el caso es que ni los pidió ni pensó en recibirlos. Pero sabemos que la muerte llega a hurtadillas; el desgraciado los aplazó tanto que murió sin tiempo de recibir ni el viático ni la extremaunción. Ahora bien, Dios usó esta circunstancia para advertir a los demás. El propio difunto volvió e hizo saber a un hermano eclesiástico que estaba condenado al purgatorio durante cien años. "Soy castigado así", dijo, "por retrasar la recepción de la gracia de la última purificación. Si hubiera recibido los sacramentos como debía, habría escapado de la muerte por la virtud de la extremaunción y habría tenido tiempo de hacer penitencia".

La venerable Catalina Paluzzi y la hermana Bernardine. Los hermanos Finetti y Rudolfini. San Pedro Claver y las dos mujeres pobres

Citemos otros ejemplos para convencernos aún más de la larga duración de los sufrimientos del purgatorio. Veremos que la justicia divina es especialmente severa con las almas llamadas a la perfección y que han recibido muchas gracias. ¿No dice Jesucristo en el evangelio: "A todo el que se le ha dado mucho, mucho se le exigirá, y al que le encomendaron mucho, mucho le pedirán"? (Lc 12,48).

Leemos en la vida de la venerable Catalina Paluzzi que una religiosa, muerta en sus brazos, no fue admitida a la bienaventuranza eterna hasta después de haber pasado un año entero en el purgatorio. Catalina Paluzzi llevaba una vida santa en la diócesis de Nepi, en Italia, donde fundó un convento de dominicas. Vivía allí una religiosa llamada Bernardine, muy avanzada en los caminos de la vida espiritual. Estas dos almas santas se ayudaban mutuamente a progresar más y más en la perfección a la que Dios les había llamado.

El biógrafo de la venerable Catalina las compara con dos carbones vivos que se comunican calor entre sí; y también con dos arpas afinadas para sonar en armonía en un himno perpetuo de amor para la mayor gloria de Dios.

Bernardine murió; una dolorosa enfermedad, que soportó con paciencia cristiana, la llevó a la tumba. Cuando estaba a punto de expirar, le dijo a Catalina que no la olvidaría ante Dios y, si Dios lo permitía, volvería a conversar con ella sobre asuntos espirituales que contribuyeran a su santificación.

Catalina rezó mucho por el alma de su amiga, y al mismo tiempo suplicó a Dios que le permitiera aparecerse ante ella. Pasó un año entero y la difunta no regresó. Finalmente, en el aniversario de la muerte de Bernardine, Catalina, estando en oración, vio un pozo del que salía gran cantidad de humo y llamas; entonces percibió cómo salía también una forma rodeada de nubes oscuras. Poco a poco fueron dispersándose los vapores y la aparición se volvió radiante, con un brillo extraordinario. En este glorioso personaje Catalina reconoció a Bernardine y corrió hacia ella. "¿Eres tú, querida hermana?", dijo ella. "Pero, ¿de dónde vienes? ¿Qué significa este pozo, este humo ardiente? ¿Tu purgatorio termina hoy?". "Tienes razón", respondió Bernardine, "durante un año he estado detenida en ese lugar de expiación, y hoy, por primera vez, entraré en el Cielo. En cuanto a ti, persevera en tus prácticas de piedad, sigue siendo caritativa y misericordiosa, y obtendrás misericordia" (cfr. Rossignoli, *Merveilles du Purgatoire*, parte 2, 51).

El siguiente relato pertenece a la historia de la Compañía de Jesús. Dos jóvenes religiosos, los hermanos Finetti y Rudolfini, proseguían sus estudios en el Colegio Romano hacia finales del siglo XVI. Ambos eran modelos de piedad y ambos recibieron también una advertencia del Cielo, que revelaron, según la Regla, a su director espiritual. Dios les hizo saber que se acercaba la muerte y el sufrimiento que les esperaba en el purgatorio. Uno debía permanecer allí durante dos años; el otro, cuatro. Murieron, de hecho, uno tras otro. Sus hermanos en religión ofrecieron inmediatamente las más fervientes oraciones y toda clase de penitencias para el descanso de sus almas. Sabían que si la santidad de Dios impone largas expiaciones a sus elegidos, pueden ser abreviadas y enteramente remitidas por los sufragios de los vivos. Si Dios es severo con los que han recibido mucho conocimiento y gracias, en cambio es muy indulgente con los pobres y los sencillos, siempre que le sirvan con sinceridad y paciencia.

San Pedro Claver, de la Compañía de Jesús, apóstol de los indígenas de Cartagena de Indias, conoció el purgatorio de dos almas que habían llevado vidas pobres y humildes en la tierra; sus sufrimientos se redujeron a unas pocas horas. Encontramos el siguiente relato en la vida de este gran siervo de Dios (*Vie de S. Pierre Claver,* por el P. Fleurian). Había convencido a una indígena virtuosa, llamada Ángela, para que acogiera en su casa a otra llamada Úrsula, que había perdido el uso de sus miembros y estaba cubierta de llagas. Un día, cuando fue a visitarlas, como lo hacía de vez en cuando, para escuchar sus confesiones y llevarles algunas pequeñas provisiones, la caritativa anfitriona le dijo con pena que Úrsula estaba a punto de morir. No, no, respondió el padre, consolándola, le quedan aún cuatro días de vida, y no morirá hasta el sábado. Cuando llegó el sábado, dijo la misa por esa intención, y salió para prepararla para la muerte. Después de pasar un tiempo en oración, le dijo a la anfitriona en confianza: "Consuélate, Dios ama a Úrsula; ella morirá hoy, pero solo estará tres horas en el purgatorio. Que se acuerde de mí cuando esté con Dios, para que rece por mí y por la que hasta ahora ha sido su madre". Murió al mediodía, y el cumplimiento de una parte de la profecía dio una gran razón para creer en el cumplimiento de la otra.

Otro día, habiendo ido a escuchar la confesión de una pobre enferma a la que estaba acostumbrado a visitar, se enteró de que había muerto. Los padres estaban extremadamente afligidos, y él mismo, que no pensaba que estuviera tan cerca del final, se sentía inconsolable al pensar que no había sido capaz de ayudarla en sus últimos momentos. Se arrodilló para rezar junto al cadáver, y luego se levantó de repente, con un semblante sereno y dijo: "Tal muerte es más digna de envidia por nuestra parte que de lágrimas; esta alma está condenada al purgatorio, pero solo durante veinticuatro horas. Esforcémonos por acortar este tiempo con el fervor de nuestras oraciones".

Ya se ha dicho bastante sobre la duración de los sufrimientos. Vemos que pueden prolongarse durante un tiempo espantoso; incluso los más cortos, si consideramos su severidad, son largos. Intentemos acortarlos para los demás y mitigarlos para nosotros mismos, o mejor aún, prevenirlos por completo.

Y podemos prevenirlos eliminando las causas. ¿Cuáles son las causas? ¿Qué es lo que se debe expiar en el purgatorio?

8. Las causas del sufrimiento: lo que se debe expiar en el purgatorio

Doctrina de Suárez. Santa Catalina de Génova

¿Por qué hay que sufrir antes de ser admitidos en la presencia de Dios? ¿Qué es lo que se debe expiar? ¿Qué tiene el fuego del purgatorio que puede purificar y consumir aquello que ha de ser purificado? Se trata, según los teólogos, de las manchas que dejan los pecados.

Pero, ¿qué se entiende aquí por manchas? Según la mayoría de los teólogos, no se trata de la culpa del pecado, sino el dolor o la deuda de dolor que procede del pecado. Para comprenderlo bien, hay que recordar que el pecado produce un doble efecto en el alma, que llamamos la deuda de la culpa y la deuda del dolor; esto hace no solo que seamos culpables, sino que merezcamos el castigo. Ahora bien, una vez que se nos perdona la culpa, normalmente queda aún por sufrir, en todo o en parte, el castigo y esto hemos de soportarlo tanto en la vida presente como en la venidera.

Las almas del purgatorio no conservan la menor mancha de culpa; la culpa venial que tenían en el momento de su muerte ha desaparecido en el orden de la pura caridad, con la que se inflaman en la otra vida, pero siguen cargando con la deuda de los sufrimientos que no habían pagado antes de la muerte.

Se trata de una deuda que proviene de todas las faltas cometidas durante la vida, especialmente de los pecados mortales, remitidos en cuanto a la culpa, pero que no se han expiado con actos de penitencia.

Tal es la enseñanza común de los teólogos, que Suárez resume en su "Tratado sobre el sacramento de la penitencia" (vol. 19, *De Poenitentia,* Disputa. 11, sec. 4). Ahí afirma: "Concluimos, pues, que todos los pecados veniales con los que muere un justo son remitidos en cuanto a la culpa, en el momento en que el alma se separa del cuerpo, en virtud de un acto de amor a Dios, y la perfecta contrición que entonces suscita sobre todas sus faltas pasadas. En efecto, el alma en este momento conoce perfectamente su condición y los pecados de los que ha sido culpable ante Dios; al mismo tiempo, es dueña de sus facultades, para poder actuar. Por otro lado, Dios le concede las ayudas necesarias para que pueda actuar según la medida de la gracia santificante que posee. Se deduce, pues, que en esta perfecta disposición, el alma actúa sin la menor vacilación. Se vuelve directamente hacia su Dios, y se encuentra liberada de todos sus pecados veniales por un acto de soberana repugnancia al pecado. Este acto universal y eficaz es suficiente para la remisión de su culpa".

Por lo tanto, desaparece entonces toda mancha de culpa, pero aún queda el dolor, en todo su rigor y durante mucho tiempo, al menos para aquellos que no son asistidos por los vivos. No se puede obtener el menor alivio para sí mismo, porque el tiempo de mérito ya ha pasado; ya no se puede merecer, solo se puede sufrir, y así se paga a la terrible justicia de Dios todo lo que debemos, hasta la última moneda (Mt 5,26).

Estas deudas de dolor son los restos del pecado y una especie de mancha que se interpone a la visión de Dios y obstaculiza la unión del alma con su fin último. Puesto que las almas del purgatorio están liberadas de la culpa del pecado, escribe santa Catalina de Génova, no hay otra barrera entre ellas y su unión con Dios que los restos del pecado, de los que deben ser purificados *(Tratado del Purgatorio,* capítulo 3). Este obstáculo que sienten en su interior les hace sufrir los tormentos de los condenados y retrasa el momento en que la atracción hacia Dios alcanza su plena perfección. Ven claramente lo grave que es ante Dios el más mínimo obstáculo levantado por los restos del pecado y comprenden que a causa de la justicia divina es necesario que se retrase la plena satisfacción de su deseo de felicidad eterna.

Esta visión enciende en ellos una llama ardiente, como la del infierno, pero sin la culpa del pecado.

Los restos de los pecados mortales. Los pecados de lujuria no totalmente expiados en la Tierra. Santa Lidwina

Hemos explicado ya que el monto total de la deuda que hay que pagar en el purgatorio proviene de todas las faltas no expiadas sobre la tierra, y especialmente de la culpa que queda por los pecados mortales. Muchos hombres pasan toda su vida en un estado habitual de pecado mortal, y retrasan su conversión hasta la muerte... Suponiendo que Dios les conceda esa gracia, tendrán que sufrir un castigo espantoso. El ejemplo de Lord Stourton puede ayudarnos a reflexionar sobre ello. Lord Stourton, un noble inglés, era en el fondo católico, aunque, para mantener su posición en la corte, asistía regularmente al servicio protestante. Mantenía oculto en su casa a un sacerdote católico, con un gran riesgo por su parte, prometiéndose a sí mismo hacer buen uso del ministerio de ese sacerdote para reconciliarse con Dios en la hora de su muerte. Pero tuvo un accidente repentino y, como suele suceder en estos casos, no tuvo tiempo de realizar su deseo de conversión tardía. Sin embargo, la divina misericordia de Dios, teniendo en cuenta lo que había hecho por la Iglesia Católica perseguida en Inglaterra, le garantizó la gracia de la perfecta contrición, y aseguró su salvación. Pero tuvo que pagar muy cara su negligencia.

Los años pasaron. Su viuda se casó de nuevo y tuvo hijos. Una de sus hijas, Lady Arundel, relató este hecho como testigo ocular:

"Un día, mi madre pidió al padre Cornelio, un jesuita que más tarde murió como mártir (fue traicionado por un sirviente de la familia Arundel y ejecutado en Dorchester en 1594), que dijera la misa por el descanso del alma de John, Lord Stourton, su primer marido. Prometió hacerlo; y mientras se encontraba en el altar, entre la Consagración y el memento de difuntos, se detuvo durante mucho tiempo como si estuviera absorto en la oración. Después de la misa, les contó a los presentes una visión que acababa de tener durante el santo sacrificio. Había visto un inmenso bosque extendido ante él, formando una gran hoya, pero completamente en llamas. En medio se encontraba el noble fallecido, lanzando lamentables gritos, lamentando la vida culpable que llevó en el mundo y en la corte. Después de relatar todas sus faltas, el desafortunado terminó con una palabras, que la Sagrada Escritura pone en boca de Job: *¡Tened piedad de mí! Tened piedad de mí, al menos vosotros, amigos míos, porque la mano del Señor me ha tocado.* Luego desapareció".

"Mientras relataba esta visión, el padre Cornelio derramó abundantes lágrimas, y todos nosotros, los miembros de la familia, unas veinticuatro personas, también lloramos. De repente, mientras estaba todavía hablando el sacerdote, percibimos en la pared contra la que estaba el altar lo que parecía ser el reflejo de carbones encendidos".

Tal es el relato de Dorothy, Lady Arundel, que puede leerse en la *Historia de Inglaterra,* de Daniel.

Santa Lidwina vio también en el purgatorio a un alma que sufría por sus pecados mortales no suficientemente expiados en la tierra. Un hombre que había sido durante mucho tiempo esclavo del demonio de la impureza, tuvo finalmente la felicidad de convertirse. Confesó sus pecados con gran contrición, pero murió sin tiempo de expiar de un modo penitente sus numerosos pecados. Lidwina, que lo conocía bien, rezó mucho por él. Doce años después de su muerte, seguía rezando, cuando en uno de sus éxtasis, al ser llevada al purgatorio por su ángel de la guarda, oyó una voz triste que salía de un pozo profundo. "Es el alma de ese hombre", le dijo el ángel, "por la que has rezado con tanto fervor y constancia". Se sorprendió al encontrarlo tan profundamente en el purgatorio doce años después de su muerte. El ángel, al verla tan afectada, le preguntó si estaba dispuesta a sufrir algo por su liberación. "Con todo mi corazón", respondió la doncella. Desde ese momento sufrió nuevos dolores y tormentos espantosos, que parecían superar la fuerza de la resistencia humana. Sin embargo, los soportó con valentía, sostenida por una caridad más fuerte que la muerte, hasta que le agradó a Dios enviarle el alivio. Respiró entonces como una restaurada a una nueva vida y, al mismo tiempo, vio a esa alma por la que tanto había sufrido salir del abismo tan blanca como la nieve y emprender su vuelo hacia el cielo.

Santa Brígida y la joven mundana. El soldado. La beata María Villani y la joven mundana

Las almas que se dejen deslumbrar por las vanidades del mundo, aunque tengan la suerte de escapar a la condenación, tendrán que sufrir un terrible castigo.

Abramos las revelaciones de santa Brígida, a las que en tanta estima tiene la Iglesia. Leemos allí en el libro seis que la santa se vio transportada en espíritu al purgatorio y que, entre otros, vio allí a una joven de alta cuna que se había abandonado al lujo y a las vanidades del mundo. Esta desafortunada le contó la historia de su vida y el triste estado en que se encontraba. "Felizmente –dijo ella–, confesé mis pecados antes de morir y con la disposición adecuada para poder escapar del infierno, pero ahora sufro aquí para expiar la vida mundana que mi madre no me impidió llevar". "¡Ay!", añadió, con un suspiro, "esta cabeza, que tanto le gustaba adornarse y que buscaba llamar la atención de los demás, ahora la devoran las llamas por dentro y por fuera, tan violentas que a cada momento me parece que voy a morir. Estos hombros, estos brazos, que tanto me gustaba que los demás admiraran, ahora los tengo cruelmente atados con cadenas de hierro al rojo vivo. Estos pies, antes entrenados para el baile, ahora los tengo rodeados de víboras que los desgarran con sus colmillos y los ensucian con su viscosidad inmunda; todos estos miembros que he adornado con joyas y flores, ahora son torturados terriblemente. ¡Oh madre, madre!", gritó, "¡cuánta culpa tienes tú! Fuiste tú quien, por tu indulgencia, diste alas a mi gusto por la exhibición y por lo extravagante; fuiste tú quien me llevó a los teatros, fiestas y bailes, y a esas reuniones que son la ruina de las personas... Si no me he condenado ha sido porque una gracia especial de la misericordia de Dios tocó mi corazón con un arrepentimiento sincero. Hice una buena confesión, y así me he librado del infierno, pero solo para verme precipitada en los más horribles tormentos del purgatorio".

Ya hemos señalado que lo que se dice de los miembros torturados no debe tomarse al pie de la letra, porque el alma está separada del cuerpo; pero Dios, al suplir la falta de órganos corporales, hace que las almas experimenten las sensaciones que acaban de describirse.

La biógrafa de la santa nos dice que relacionaba esta visión con un primo de esa joven, que también se entregaba a las ilusiones de la vanidad mundana. Su primo quedó tan impresionado por la visión que renunció a los lujos y a las diversiones peligrosas del mundo, y dedicó el resto de su vida a la penitencia en una orden religiosa austera.

La misma santa Brígida contempló el juicio de un soldado que acababa de morir, durante otro éxtasis. Esta persona había caído en numerosos vicios y habría sido condenado al infierno si la santísima Virgen, a la que siempre había honrado, no le hubiera preservado de esa desgracia obteniéndole la gracia de un arrepentimiento sincero. La santa le vio presentarse ante el tribunal de Dios y cómo era condenado a un largo purgatorio por los pecados de toda clase que había cometido. "El castigo de los ojos –dijo el Juez– será contemplar los objetos más espantosos; el de la lengua consistirá en que la atraviesen agujas puntiagudas y que seas atormentado por la sed; el del tacto será que te sumergirán en un océano de fuego". Entonces la santa Virgen intercedió, y obtuvo que el rigor de la sentencia fuera mitigado.

Relatamos otro ejemplo de los castigos que se reservan a las personas mundanas en el purgatorio, cuando no han sido enterrados en el Infierno, como el rico glotón del Evangelio.

La beata María Villani, religiosa dominica, tenía mucha devoción por las benditas ánimas del purgatorio, y se le aparecían a menudo, ya sea para agradecerle sus oraciones o para pedirle ayuda y buenas obras. Un día, mientras rezaba por ellas con gran fervor, fue transportada en espíritu allí. Entre las almas que allí sufrían vio a una a la que se atormentaba más cruelmente que a las otras, en medio de llamas que la envolvían por completo. Compadecida, le preguntó. "Llevo aquí", respondió, "durante mucho tiempo, y sufro castigo por mi vanidad. Hasta ahora no he recibido el menor alivio. Mientras vivía en la tierra, ocupada por completo en mis baños, mis placeres y mis diversiones mundanas, pensaba muy poco en mis deberes como cristiana, y los cumplía solo con gran reticencia y de manera perezosa. Lo único que me importaba era pensar nuevos modos de diversión para toda la familia. Y así me castigan ahora: no piensa nadie en mí, ni mis padres, ni mis hijos, ni mis amigos más íntimos. Todos me han olvidado".

María Villani le rogó a esta alma que le permitiera sentir algo de lo que sufría, e inmediatamente pareció como si un dedo de fuego le tocara la frente, y el dolor que experimentó hizo que cesara su éxtasis al instante. Esa marca permaneció, tan profunda y dolorosa, que dos meses después aun podía verse y le dolía terriblemente. Soportó el dolor con espíritu de penitencia, ofreciéndolo por el alivio del alma que se le había aparecido, y algún tiempo después la misma alma vino a anunciar su liberación.

Pecados de juventud. Santa Catalina de Suecia y la princesa Gida

Suele ocurrir a menudo que los cristianos no reflexionan lo suficiente sobre la necesidad de hacer penitencia por los pecados de su juventud: esos pecados deberán expiarlos un día en el purgatorio con rigurosas penitencias. Tal fue el caso de la princesa Gida, nuera de santa Brígida, como leemos en el santoral, el 24 de marzo, sobre la vida de santa Catalina. Santa Brígida estaba en Roma con su hija, Catalina, cuando a esta se le apreció el alma de su cuñada, Gida, de cuya muerte no tenía ninguna noticia. Estando un día en oración en la antigua basílica de San Pedro, Catalina vio ante ella a una mujer vestida con una túnica blanca y un manto negro, que venía a pedirle oraciones por una persona que había muerto: "Es una de sus compatriotas que necesita su ayuda", añadió. "¿Cuál es su nombre?", preguntó Catalina. "Es la princesa Gida de Suecia, esposa de tu hermano Carlos". Catalina rogó a la extraña que la acompañara donde se encontraba su madre, Brígida, para darle la triste noticia. "Me han encargado un mensaje sólo para ti", dijo aquella persona, "y no se me permite hacer ninguna otra visita, porque debo partir inmediatamente. No hay ninguna razón para que dudes de lo que te he contado; dentro de unos días llegará otro mensajero de Suecia, trayendo la corona de oro de la princesa Gida. Te la ha legado en su testamento, para asegurarse la ayuda de tus oraciones; pero ya puedes hacerle llegar tu ayuda, pues necesita urgentemente tus sufragios". Con estas palabras se retiró.

Catalina la habría seguido; pero aunque llevaba un traje que permitía distinguirla fácilmente, no se la veía por ninguna parte.

Sorprendida por esta extraña aventura, se apresuró a volver con su madre y le contó todo lo que había pasado. Santa Brígida le respondió con una sonrisa: "Fue tu cuñada Gida la que se te apareció. Nuestro Señor se ha complacido en revelármelo. La querida Gida murió entre grandes sentimientos de piedad y por eso obtuvo el favor de aparecerse ante ti para pedirte oraciones. Todavía tiene que expiar los numerosos defectos de su juventud. Hagamos todo lo que esté en nuestra mano para aliviarla. La corona de oro que te envía te impone esta obligación".

Unas semanas más tarde, un oficial de la corte del Príncipe Carlos llegó a Roma, llevando la corona, y creyendo ser el primero en transmitir la noticia de la muerte de la princesa Gida. Vendieron aquella hermosa corona, y utilizaron el dinero para ofrecer misas y para hacer obras de caridad para el descanso del alma de la difunta princesa.

El escándalo. Pinturas inmodestas. El padre Zucchi y el novicio

Aquellos que han tenido la desgracia de dar mal ejemplo, y de herir o causar la perdición de almas por escándalo, deben cuidar de reparar todo en este mundo, si no quieren ser sometidos a la más terrible expiación en el otro. No en vano dijo Jesucristo: "¡Ay del mundo por los escándalos! (...). ¡Ay del hombre por cuya culpa se produce el escándalo!" (Mt 18,7).

Oigamos lo que el padre Rossignoli relata en sus *Merveilles du Purgatoire*. Un pintor, que era un gran artista y que llevaba una vida ejemplar, había hecho una vez un cuadro lejos de las reglas de la modestia cristiana. Era uno de esos cuadros que, con el pretexto de ser obras de arte, podemos encontrar en las casas de las mejores familias, y cuya vista causa la pérdida de muchas almas.

El verdadero arte es una inspiración del cielo, y eleva el alma a Dios; el arte profano, que solo apela a los sentidos, que no presenta más que las bellezas de la carne y de la sangre, viene inspirado por un espíritu maligno; esas obras, por muy brillantes que sean, no son obras de arte, y se les atribuye falsamente el nombre. Son las producciones infames de una imaginación corrupta.

El artista del que hablamos se había dejado engañar en este punto por el mal ejemplo. Pero en seguida renunció a ese estilo pernicioso y se limitó a producir cuadros religiosos, o al menos obras perfectamente irreprochables. Un día, estaba pintando un gran cuadro en el convento de los carmelitas descalzos, cuando fue atacado por una enfermedad mortal. Sintiéndose a punto de morir, pidió al prior que le permitiera ser enterrado en la iglesia del monasterio, y legó a la comunidad sus ganancias, que ascendían a una considerable suma de dinero, para que dijeran misas por el descanso de su alma. Murió de manera piadosa; y unos días después, un religioso que se había quedado en el coro después de los maitines, le vio aparecer en medio de las llamas y suspirando.

"¡Cómo!", dijo sorprendido el religioso, "¿tienes que soportar tanto dolor, cuando has llevado una vida tan buena y has muerto tan santamente?". "¡Ay!", respondió él, "esto se debe al cuadro inmodesto que pinté hace algunos años. Cuando comparecí ante el tribunal del juez soberano, una multitud de acusadores vinieron a testificar contra mí. Declararon que se habían excitado con pensamientos impropios y deseos malvados por un cuadro, obra de mi mano. Como consecuencia de esos malos pensamientos algunos estaban en el purgatorio, otros en el infierno. Estos últimos clamaron venganza, diciendo que, como yo había sido la causa de su eterna perdición, merecía, al menos, el mismo castigo. Entonces la santísima Virgen y los santos a los que había glorificado con mis cuadros me defendieron, declarando que aquel desgraciado cuadro había sido obra de la juventud, de la que me había arrepentido; que lo había reparado después con objetos religiosos que habían sido fuente de edificación para las almas".

"En consideración a estas y otras razones, el soberano juez estableció que, por mi arrepentimiento y mis buenas obras, quedara exento de condenación; pero al mismo tiempo, me condenó a estas llamas hasta que ese cuadro se quemara, para que no pudiera escandalizar a nadie".

Entonces aquel pobre le imploró que tomaran medidas para destruir el cuadro. "Te ruego", añadió, "que vayas en mi nombre a esa persona, propietaria del cuadro; dile en qué condiciones me encuentro por haber cedido a sus ruegos de pintarlo, y le conjuro a que haga un sacrificio y se desprenda de él. Si se niega, ¡ay de él! Para probar que no es una ilusión y para castigarlo por su propia culpa, dile que pronto perderá a sus dos hijos. Si se niega a obedecer a Aquel que nos ha creado a ambos, pagará por ello con una muerte prematura".

Aquel religioso no se demoró en hacer lo que le habían pedido y acudió al dueño del cuadro. Este, al oír todo aquello, agarró el cuadro y lo arrojó al fuego. Sin embargo, según las palabras del difunto, perdió a sus dos hijos en menos de un mes. El resto de sus días los pasó haciendo penitencia por haber ordenado y haber expuesto en su casa ese cuadro inmodesto.

Si tales son las consecuencias de una pintura así, ¿cuál será entonces el castigo de los escándalos aún más desastrosos que vienen a causa de libros y panfletos perniciosos, escuelas que deforman y malas conversaciones ? "¡Ay del mundo por los escándalos! (...). ¡Ay del hombre por cuya culpa se produce el escándalo!" (Mt 18,7).

El escándalo provoca grandes estragos en las almas por la seducción de la inocencia. ¡Ah! ¡Esos malditos seductores! Rendirán a Dios un terrible castigo por la sangre de sus víctimas. Leemos lo siguiente en la Vida del padre Nicolás Zucchi, escrita por el padre Daniel Bartoli, de la Compañía de Jesús.

El santo y celoso padre Zucchi, que falleció en Roma el 21 de mayo de 1670, había atraído a la vida de perfección a tres jóvenes que se consagraron a Dios en el claustro. Una de ellas, antes de dejar el mundo, había sido pretendida en matrimonio por un joven noble. Después de entrar en el noviciado, este caballero, en lugar de respetar su santa vocación, siguió dirigiéndole cartas a la que quería llamar su prometida, instándola a dejar, como él decía, el aburrido servicio de Dios, para abrazar de nuevo las alegrías de la vida. El padre Zucchi, al encontrarse con él un día en la calle, le rogó que abandonara esa conducta. "Te aseguro", dijo, "que dentro de poco te presentarás ante el tribunal de Dios, y ya es hora de que te prepares con una penitencia sincera".

De hecho, quince días después, este joven murió, y tuvo poco tiempo para poner en orden los asuntos de su conciencia, de modo que había que temer por su salvación.

Una tarde, mientras las tres novicias estaban juntas en conversación, avisaron a la más joven para que acudiera al locutorio. Allí encontró a un hombre envuelto en un pesado manto, y dando pasos alrededor de la habitación. "Señor", dijo la joven, "¿quién es usted?; ¿por qué me ha mandado llamar?". El desconocido, sin responder, se acercó y apartó a un lado el misterioso manto que lo cubría. La novicia reconoció entonces al desafortunado difunto y vio con horror que estaba completamente rodeado por cadenas de fuego que le sujetaban el cuello, las muñecas, las rodillas y los tobillos. "¡Reza por mí!", gritó, y desapareció. Esta milagrosa manifestación demostró que Dios había tenido misericordia de él en el último momento; que no había sido condenado, sino que pagó su intento de seducción con un terrible purgatorio.

Una vida llena de placeres. La búsqueda de la comodidad. La Venerable Francisca del Santísimo Sacramento, de Pamplona y el hombre de mundo. Santa Isabel y la reina, su madre

Hay cristianos que se muestran totalmente ajenos a la cruz y a la mortificación. Su vida hedonista y sensual se compone de una cadena de placeres; temen todo lo que supone un sacrificio; apenas observan las leyes del ayuno y la abstinencia de la Iglesia. Ya que en este mundo no se someten a ninguna penitencia, bueno sería que reflexionaran sobre lo que les espera en el próximo. Con su vida mundana no hacen más que acumular deudas. Como no hacen penitencia, no se paga ninguna parte de esa deuda, y el total al que se llega supera toda imaginación. La venerable sierva de Dios, Francisca del Santísimo Sacramento, de Pamplona, fue favorecida con varias visiones del purgatorio. Un día, vio a un hombre de mundo que, aunque había sido un cristiano tolerablemente bueno, se pasó cincuenta y nueve años en el purgatorio por buscar placeres y comodidades. Otro pasó treinta y cinco años allí por la misma razón; un tercero, que tenía una pasión demasiado fuerte por el juego, estuvo detenido allí durante sesenta y cuatro años. Desgraciadamente, estos cristianos imprudentes han dejado que sus deudas llegaran ante la presencia de Dios, cuando fácilmente podrían haberlas liquidado mediante obras de penitencia; así, han tenido que pagarlas después con años de tortura.

Si Dios es severo con los ricos y los que solo buscan los placeres del mundo, no lo será menos con los príncipes, los magistrados, los padres y, en general, con todos aquellos que tienen almas a su cargo y gozan de autoridad sobre los demás.

"Los poderosos, poderosamente serán examinados", dice Él mismo (Sb 6,6).

Laurence Surius relata cómo una reina ilustre dio testimonio de esta verdad, después de su muerte (cfr. Rossignoli, *Merveilles du Purgatoire,* 93). Se cuenta que santa Isabel, duquesa de Turingia, perdió a su madre, Gertrudis, reina de Hungría, hacia el año 1220. Como una buena hija cristiana, dio abundantes limosnas, redobló sus oraciones y mortificaciones y agotó los recursos de su caridad ofreciéndolos por el alma de su madre. Dios le reveló que no había hecho demasiado. Una noche se le apareció la difunta con un rostro triste y demacrado; se puso de rodillas junto a su lecho y le dijo llorando: "Hija mía, ves a tus pies a tu madre abrumada por el sufrimiento. Vengo a suplicarte que multipliques tus sufragios, para que la divina misericordia me libre de los espantosos tormentos que padezco. ¡Oh! ¡Cuánto hay que compadecerse de los que ejercen autoridad sobre los demás! Expío ahora las faltas que cometí cuando estaba en el trono. Hija mía, te ruego que por los dolores que sufrí al traerte al mundo, por los cuidados y ansiedades que me costó tu educación, te conjures para librarme de mis tormentos". Isabel, profundamente conmovida, se levantó inmediatamente del lecho y usó las disciplina hasta llegar a derramar sangre, e imploró a Dios, con lágrimas, que tuviera misericordia de su madre, Gertrudis, declarando que no dejaría de rezar hasta obtener su liberación. Sus oraciones fueron escuchadas.

Teniendo en cuenta este ejemplo, ¡con cuánta severidad se tratará a los reyes, a los magistrados y a todos los superiores que tienen tanta responsabilidad e influencia en los demás!

La tibieza. San Bernardo y las religiosas de Citeaux. La beata Inés de Jesús y la hermana de Haut Villars. El padre Surin y la religiosa de Loudun

Los buenos cristianos, los sacerdotes y los religiosos, que desean servir a Dios con todo su corazón, deben evitar el gran peligro de la tibieza y la negligencia. A Dios se le sirve con fervor, y los tibios y descuidados excitan su disgusto. Incluso llega a amenazar con su maldición a los que realizan acciones santas de manera descuidada, es decir, castigará severamente en el purgatorio toda negligencia en su servicio.

Entre los discípulos de san Bernardo –que perfumaron el célebre valle de Claraval con el olor de su santidad–, había uno cuya negligencia contrastaba con el fervor de sus hermanos. A pesar de su doble carácter de sacerdote y religioso, se dejó hundir en un deplorable estado de tibieza. Llegó el momento de la muerte, y fue convocado ante Dios sin haber dado ninguna señal de enmienda.

Mientras se celebraba la misa de réquiem, uno de los religiosos más ancianos, extremadamente virtuoso, tuvo una luz interior y entendió que, aunque el difunto no estaba eternamente perdido, su alma estaba en una condición muy miserable. A la noche siguiente se le apareció. "Ayer", le dijo, "entendiste mi deplorable destino; mira ahora las torturas a las que estoy condenado en castigo por mi culpable tibieza". Luego condujo al anciano al borde de un pozo muy grande y profundo, lleno de humo y de llamas. "Este es el lugar donde he de ser atormentado; no cesan de hundirme en este abismo, y solo me sacan para precipitarme de nuevo en él, sin darme ni un momento de respiro".

A la mañana siguiente, aquel religioso acudió a san Bernardo para darle a conocer la visión. El santo Abad, que había tenido una aparición similar, la recibió como una advertencia del Cielo para su comunidad. Convocó a la comunidad y, con ojos llorosos, relató la doble visión, exhortando a los religiosos a socorrer a su pobre hermano difunto con sufragios, y a aprovechar este triste ejemplo para preservar su fervor, y evitar la menor negligencia en el servicio de Dios.

El siguiente ejemplo de la vida de la beata Inés de Jesús, religiosa dominica del convento de Langeac, lo relata M. de Lantages. Mientras la beata Inés rezaba un día en el coro, una hermana a la que no conocía apareció de repente ante ella. Iba miserablemente vestida y con un rostro que expresaba un profundo dolor. La miró con asombro, preguntándose quién era, cuando oyó una voz que decía claramente: "Es la hermana de Haut Villars".

La hermana de Haut Villars había sido religiosa en el monasterio de Puy, y había muerto unos diez años antes. La aparición no dijo ni una palabra, pero mostró suficientemente con su triste semblante lo mucho que necesitaba ayuda.

La m adre Inés lo entendió perfectamente, y desde ese día comenzó a ofrecer oraciones para el alivio de esta alma. La difunta no se contentó con esa primera visita; siguió apareciéndose durante tres semanas, casi en todas partes y en todo momento, especialmente después de la santa Comunión y de la oración, manifestando sus sufrimientos con la expresión lastimera de su rostro.

Inés, por consejo de su confesor, sin hablar de la aparición, pidió a su Priora que permitiera a la comunidad ofrecer oraciones extras por los muertos, por su intención. Como, a pesar de sus oraciones, las apariciones continuaban, se llenó de temor de que estuviera siendo engañada. Dios, sin embargo, se dignó eliminar sus miedos y le hizo saber claramente, por la voz de su ángel de la guarda, que era realmente un alma del purgatorio, y que sufría de ese modo por su negligencia en el servicio de Dios. Desde el momento en que oyó esas palabras, las apariciones cesaron, sin saber cuánto tiempo esa desafortunada alma habrá tenido que permanecer en el purgatorio.

Otro ejemplo: una santa religiosa llamada María de la Encarnación, del convento de las Ursulinas, en Loudun, se apareció algún tiempo después de su muerte a su superiora, quien escribió los detalles de la aparición al padre Surin de la Compañía de Jesús. "El 6 de noviembre –escribió–, entre las tres y las cuatro de la mañana, la madre María de la Encarnación estuvo ante mí, con una expresión de dulzura en el rostro que se parecía más a la de la humildad que a la del sufrimiento; sin embargo, vi que sufría mucho. Cuando la percibí cerca de mí, me asusté mucho, pero como no había nada en ella que me inspirara temor, pronto me tranquilicé. Le pregunté en qué estado se encontraba y si podíamos prestarle algún servicio. Ella contestó: 'satisfago la justicia divina en el purgatorio'. Le rogué que me dijera por qué estaba detenida allí. Entonces, con un profundo suspiro, me contestó: 'Es por mi negligencia en varios ejercicios comunes; una cierta debilidad por la que me dejé llevar a causa del ejemplo de las religiosas imperfectas; por último, y, sobre todo, por mi costumbre de retener en mi poder cosas para las que no tenía permiso, y por hacer uso de ellas para satisfacer mis necesidades e inclinaciones naturales. ¡Ah! Si los religiosos supieran –prosiguió– el mal que hacen a sus almas cuando no se aplican a la perfección, y cuánto expiarán un día las satisfacciones que se dan a sí mismos contrarias a la luz de sus conciencias, sus esfuerzos por hacerse violencia a sí mismos durante la vida serían muy diferentes. El punto de vista de Dios es diferente al nuestro, sus juicios son diferentes'".

"Le pregunté de nuevo si podíamos hacer algo para aliviar sus sufrimientos. Ella respondió: 'Deseo ver y poseer a Dios, pero me conformo con satisfacer su justicia mientras le agrade'. Le pedí que me dijera si había sufrido mucho. 'Mis dolores', respondió, 'son incomprensibles para los que no los sienten'. Al decir estas palabras, se acercó a mi cara para despedirse de mí. Parecía como si me hubiera quemado con un carbón de fuego, aunque su cara no tocaba la mía; y mi brazo, que apenas había rozado su manto, se quemó y me causó un dolor considerable".

Un mes más tarde se presentó ante la misma superiora para anunciar su liberación.

Negligencia en la santa Comunión. Louis de Blois. Santa Magdalena de Pazzi y el alma difunta en adoración

A la tibieza puede unirse la preparación personal al participar del banquete eucarístico. La Iglesia llama con insistencia a sus hijos para que asistan a misa y participen de la santa mesa, desea que comulguen con frecuencia, y que lo hagan siempre con el fervor y la piedad que exige un misterio tan grande. Toda negligencia voluntaria en una acción tan santa es una ofensa a la santidad de Jesucristo, una ofensa que hay que reparar. El venerable Luis de Blois, en su *Le guide spirituel ou le miroir des âmes religieuses*, habla de un gran siervo de Dios que aprendió de manera sobrenatural cómo se castigan con severidad este tipo de faltas en la otra vida. Recibió la visita de un alma del purgatorio que imploraba su ayuda en nombre de la amistad que les había unido. Soportaba, le contó, horribles tormentos, por la negligencia con la que se había preparado para la santa Comunión durante los días terrenales. Solo sería liberada si se ofrecía una Comunión llena de fervor que compensara su tibieza anterior.

Su amigo se apresuró a cumplir su deseo y acudió a recibir la santa Comunión con gran pureza de conciencia y con toda la fe y devoción posibles; entonces vio aparecer el alma santa de su amigo, brillante y con un esplendor incomparable, que se elevaba hacia el Cielo.

En el año 1589, en el monasterio de Santa María de los Ángeles, en Florencia, murió una religiosa muy estimada por sus hermanas, pero que pronto se apareció a santa Magdalena de Pazzi para implorar sus oraciones a causa del riguroso purgatorio al que estaba condenada. La santa estaba rezando ante el Santísimo Sacramento cuando percibió a la difunta religiosa arrodillada en medio de la iglesia, en actitud de profunda adoración. Tenía a su alrededor un manto de llamas que parecía consumirla, pero una túnica blanca que cubría su cuerpo la protegía en parte de la acción del fuego. Muy asombrada, Magdalena deseaba saber el significado de aquello, y se le respondió que sufría así por haber tenido poca devoción hacia el Sacramento del altar. A pesar de las reglas y las costumbres de su orden, había comulgado con poca frecuencia y con indiferencia. Por eso la justicia divina la había condenado a venir todos los días a adorar el Santísimo Sacramento y a someterse al suplicio de fuego a los pies de Jesucristo. Sin embargo, como recompensa a su pureza virginal, representada por la túnica blanca, su divino esposo había mitigado enormemente sus sufrimientos.

Magdalena quedó profundamente conmovida, y se esforzó por ayudar a la pobre alma con todos los sufragios que tenía a su alcance. A menudo relataba esta aparición, y la utilizaba para exhortar a sus hijas espirituales en el celo por la santa Comunión.

Respeto en la oración. La madre Inés de Jesús y la hermana Angelique. San Severino de Colonia. La Venerable Francisca

del Santísimo Sacramento, de Pamplona y los sacerdotes. El padre Streit

Debemos tratar las cosas santas de una manera santa. A Dios le desagrada en extremo toda irreverencia en los ejercicios piadosos. Cuando la beata Inés de Jesús, de la que ya hemos hablado, fue priora de su convento, recomendó a sus religiosas respeto y fervor al tratar a Dios, recordándoles estas palabras de la Sagrada Escritura: "Maldito el que hace la obra del Señor con negligencia" (Jr 48,10).

Una hermana de la comunidad llamada Angelique murió. La superiora estaba rezando cerca de su tumba, cuando de repente vio a la fallecida delante de ella, vestida con el hábito religioso; sintió al mismo tiempo como si una llama de fuego tocara su rostro. La hermana Angelique le agradeció por haberla estimulado al fervor, y particularmente por haberle hecho repetir frecuentemente durante su vida estas palabras: "Maldito el que hace la obra del Señor con negligencia". "Continúe, madre", añadió, "instando a las hermanas al fervor; que sirvan a Dios con diligencia, que lo amen con todo su corazón y con toda la fuerza de su alma. Si pudieran entender lo rigurosos que son los tormentos del purgatorio, se esforzarían por no ser culpables de negligencia".

Esta advertencia se refiere de manera especial a los sacerdotes, cuyas relaciones con Dios son continuas y más sublimes. Que lo recuerden siempre, y nunca lo olviden, ya sea cuando ofrezcan a Dios el incienso de la oración, o cuando dispensen los sacramentos, o celebren el santo sacrificio de la misa. Vean lo que san Pedro Damián relata en su Carta a Desiderio, nº 14.

San Severino, arzobispo de Colonia, edificó su iglesia dando ejemplo en todas las virtudes. Su vida apostólica, sus grandes trabajos para la extensión del reino de Dios en las almas, le han hecho merecedor de los honores de la canonización. Sin embargo, después de su muerte se presentó a uno de los canónigos de su catedral para pedir oraciones. Como este digno sacerdote no podía comprender que un prelado tan santo como Severino tuviera necesidad de oraciones en la otra vida, el difunto obispo le aclaró: "Es verdad que Dios me dio la gracia de servirle de todo corazón y de trabajar en su viña, pero a menudo le ofendí por la prisa con que recé el oficio. Las ocupaciones de cada día absorbían tanto mi atención, que cuando llegaba la hora de la oración, me liberaba de ese gran deber sin ningún recogimiento, y a veces a una hora distinta de la señalada por la Iglesia. En este momento estoy expiando esas infidelidades, y Dios me permite venir a pedir tus oraciones". La biografía añade que Severino estuvo seis meses en el purgatorio por esa única falta.

La venerable Francisca del Santísimo Sacramento, de la que hemos hablado previamente, vio un día en el purgatorio a un pobre sacerdote cuyos dedos estaban corroídos por terribles úlceras. Se le castigaba así porque al celebrar misa hacía la señal de la cruz con demasiada ligereza y sin la gravedad necesaria. Le dijo que, en general, los sacerdotes permanecen en el purgatorio más tiempo que los laicos, y que la intensidad de sus tormentos es proporcional a su dignidad. Dios le reveló el destino de varios sacerdotes fallecidos. Uno de ellos tuvo que sufrir cuarenta años de sufrimientos por haber permitido, por su negligencia, que una persona muriera sin recibir los sacramentos; otro permaneció allí durante cuarenta y cinco años por haber desempeñado su ministerio con cierta ligereza. Un obispo, que por su buen hacer había sido nombrado limosnero, pasó allí cinco años por haber buscado esa dignidad; otro, no tan caritativo, fue condenado durante cuarenta años por la misma razón (cfr. Rossignoli, *Merveilles du Purgatoire*, 25).

Dios quiere que le sirvamos con todo nuestro corazón y que evitemos, en la medida en que la fragilidad humana lo permita, hasta las más mínimas imperfecciones; pero el cuidado por complacerle y el temor a desagradarle deben ir acompañados de una humilde confianza en su misericordia.

Jesucristo nos ha enseñado a escuchar a aquellos que ha designado en su lugar para que sean nuestros guías espirituales, como si fuera Él mismo, y a seguir confiadamente los consejos de nuestro superior o confesor. Por lo tanto, el miedo excesivo es una ofensa contra su misericordia.

El 12 de noviembre de 1643, el padre Philip Streit, de la Compañía de Jesús, religioso de gran santidad, murió en el noviciado de Brno, en Bohemia. Cada día hacía un cuidadoso examen de conciencia, y así adquiría una gran pureza de intención. Horas después de su muerte, se presentó radiante a uno de sus hermanos de la orden, el venerable Martin Stredonius. "Una sola falta –le dijo– me impide ir al cielo y me retiene ocho horas en el purgatorio: el no haber confiado suficientemente en las palabras de mi superior, que en los últimos momentos de mi vida se esforzó por calmar algún pequeño problema de conciencia. Debí considerar sus palabras como la voz de Dios mismo".

Falta de mortificación de los sentidos. El padre Francisco de Aix. Falta de mortificación de la lengua. Durand

El cristiano que quiera escapar del purgatorio debe amar la mortificación, al igual que nuestro Divino Maestro, y esforzarse por ser miembros del cuerpo de Cristo, cuya cabeza está coronada de espinas. El 10 de febrero de 1656, en la provincia de Lyon, el padre Francisco de Aix, jesuita, falleció. Practicó todas las virtudes de un religioso, con un alto grado de perfección. Sentía una veneración profunda hacia la Santísima Trinidad, y en todas sus oraciones y mortificaciones buscaba, como intención particular, honrar este misterio augusto; abrazaba especialmente los trabajos por los que otros se mostraban menos inclinados, pues en ellos encontraba un encanto particular. Visitaba a menudo el Santísimo Sacramento, incluso durante la noche, y nunca salía de la puerta de su habitación sin ir también a rezar al pie del altar. A causa de sus penitencias, que en cierto modo eran excesivas, le dieron el sobrenombre de: "hombre de sufrimientos". A una persona, que le aconsejó que moderara sus penitencias, le respondió: "El día que deje pasar sin derramar unas gotas de mi sangre para ofrecérselas a mi Dios será para mí la mortificación más dolorosa y más severa. Ya que no puedo esperar sufrir martirio por amor a Jesucristo, al menos tendré algo de participación en sus sufrimientos".

Otro religioso, el hermano coadjutor de la misma orden, no imitó el ejemplo de este buen padre. No le gustaba mucho la mortificación, por el contrario, buscaba la comodidad y lo fácil, todo lo que pudiera gratificar los sentidos. Algunos días después de su muerte, se apareció este hermano al padre Francisco de Aix vestido con una espantosa tela áspera, y sufriendo grandes tormentos, en castigo por las faltas de sensualidad que había cometido durante su vida. Imploró la ayuda de sus oraciones y desapareció inmediatamente.

Otra falta contra la que debemos protegernos, porque caemos fácilmente en ella, es la falta de mortificación en la lengua. ¡Con qué facilidad pecamos con nuestras palabras! Es muy raro hablar durante mucho tiempo sin ofender la mansedumbre, la humildad, la sinceridad o la caridad cristiana. Incluso hay personas piadosas sujetas a este defecto; cuando han escapado de todas las otras trampas del demonio, se dejan atrapar, dice san Jerónimo, en esta última trampa-calumnia. Escuchemos lo que relata Vincent de Beauvais (cfr. *Speculum Historiale*, XXVI, cap. 5).

Cuando el célebre Durand, monje dominico del siglo XI, era todavía un simple religioso, se mostraba ante todos como modelo de disciplina y fervor; sin embargo, tenía un defecto. Su carácter vivaz le llevaba a hablar demasiado; le gustaban excesivamente las expresiones ingeniosas, a menudo a costa de la caridad. Hugh, su abad, se dio cuenta de esto, incluso predijo que, si no corregía esta falta, tendría que expiarla en el purgatorio. Durand no dio suficiente importancia a este consejo, y continuó dándose a sí mismo, sin mucha restricción, a los desórdenes de la lengua. Después de su muerte, la predicción de su abad se cumplió. Durand se apareció a un religioso, uno de sus amigos, suplicándole que le ayudara con sus oraciones, ya que sufría un castigo terrible por la falta de mortificación de su lengua. Como consecuencia de esta aparición, los miembros de la comunidad acordaron unánimemente guardar un estricto silencio durante ocho días, y practicar otras buenas obras para el reposo del difunto. Estos ejercicios caritativos produjeron su efecto; algún tiempo después Durand volvió a aparecer, pero ahora para anunciar su liberación.

Intemperancia de la lengua. El padre dominico. Las hermanas Gertrude y Margaret. San Hugo de Cluny y el infractor de la regla del silencio

El padre Rossignoli habla de un religioso dominico que incurrió en los castigos del purgatorio por un defecto relacionada con el uso de las palabras. Este religioso, un predicador lleno de celo y una gloria para su orden, se apareció después de su muerte a uno de sus hermanos en Colonia. Iba vestido con magníficas vestiduras, llevaba una corona de oro en la cabeza, pero sufría terribles tormentos en su lengua. Los ornamentos que llevaba representaban la recompensa de su celo por las almas y su cumplimiento perfecto de todos los puntos de su regla. Sin embargo, sufría castigo en la lengua porque no había sido lo suficientemente cauteloso en sus palabras, y su lenguaje no siempre reflejaba lo que debía ser un sacerdote y religioso.

El siguiente ejemplo está extraído de Cesarius (cfr. *Dialogus Miraculorum).* En un monasterio de la orden de Citeaux, dice este autor, vivían dos jóvenes religiosas, que además eran hermanas de sangre: Gertrudis y Margarita. La primera, aunque en todo era virtuosa, no vigilaba suficientemente su lengua; con frecuencia se permitía transgredir la regla de silencio, a veces incluso en el coro, antes y después del oficio. En lugar de recogerse con la reverencia apropiada en un lugar santo, dirigía palabras inútiles a su hermana, colocándose a su lado, de modo que, además de no cumplir la regla de silencio y de su falta de piedad, también desedificaba a su compañera. Murió siendo aún joven, y muy poco tiempo después de su muerte, sor Margarita, al ir al oficio, la vio llegar y colocarse en el mismo puesto que había ocupado mientras vivía.

Al ver esto, la hermana estuvo a punto de desmayarse. Cuando se recuperó de su asombro, fue a contarle a la superiora lo que acababa de ver. La superiora le dijo que no se preocupara, pero que si aquella alma volvía a aparecer, le preguntara, en nombre de Dios, por qué había venido.

Reapareció al día siguiente de la misma manera, y Margarita le dijo: "Querida hermana Gertrudis, ¿de dónde vienes y qué quieres?". "Vengo", dijo, "a satisfacer la justicia de Dios en este lugar donde he pecado. Fue aquí, en este santo santuario, donde ofendí a Dios con palabras inútiles y contrarias al respeto religioso, con la desedificación a todos y con el escándalo que te he dado a ti en particular. ¡Si supierais lo que sufro! Me devoran las llamas, y sufro terribles tormentos especialmente en la lengua". Luego desapareció, después de haberle pedido oraciones.

Cuando san Hugo, que sucedió a san Odilo en el año 1049, comenzó a gobernar el monasterio de Cluny, uno de sus religiosos recién fallecidos, que había sido descuidado en la observancia de la regla de silencio, se apareció al santo abad para pedirle la ayuda de sus oraciones. Tenía la boca llena de terribles úlceras, en castigo, dijo, de sus palabras ociosas. Hugo impuso siete días de silencio a la comunidad, que pasaron en recogimiento y oración.

Luego el difunto reapareció, liberado de sus úlceras y con el rostro radiante, dando testimonio de su gratitud por el socorro que había recibido de sus hermanos. Si tal es el castigo de las palabras ociosas, ¿cuál será el de las palabras culpables?

Pecados contra la justicia. El padre d'Espinoza y los pagos. La beata Margarita de Cortona y los comerciantes asesinados

Múltiples revelaciones nos muestran que Dios castiga con un rigor implacable todos los pecados contra la justicia y la caridad; y en cuanto a la justicia, parece que se exige que la reparación se haga antes de que la pena sea remitida. Los sacerdotes para absolver la culpa, han de exigir la restitución, según el axioma: "Sin restitución no hay remisión".

El padre Rossignoli (cfr. *Merveilles du Purgatoire,* 92) habla de un religioso de su orden, llamado Augustin d'Espinoza, con una gran devoción a las almas del purgatorio. Se le apareció un hombre rico que se había confesado con él antes de morir, peor que murió sin haber regulado suficientemente sus asuntos. Le preguntó primero si lo conocía. "Ciertamente", respondió el padre, "te administré el sacramento de la penitencia unos días antes de tu muerte". "Debes saber, pues, que vengo a ti por una gracia especial de Dios, para pedirte ayuda para apaciguar su justicia, y para hacer por mí lo que yo mismo ya no puedo hacer. Sígueme".

El padre fue primero a ver a su superior, para decirle lo que se le pedía y para obtener permiso para seguir al extraño visitante. Obtenido el permiso, salió y siguió a la aparición, que, sin pronunciar una sola palabra, le condujo a uno de los puentes de la ciudad. Allí le rogó que esperara un poco y desapareció durante un momento; luego volvió con una bolsa de dinero, que le dio al padre para que la llevara; y ambos volvieron a la celda. Entonces el difunto le dio una nota escrita y le mostró el dinero. "Todo esto", dijo, "está a tu disposición. Úsalo, por favor, para satisfacer a mis acreedores, cuyos nombres están escritos en este papel, con la cantidad debida a cada uno. Y toma lo que queda para usarlo en las buenas obras que te parezcan oportunas, para el descanso de mi alma". Con estas palabras desapareció, y el padre se apresuró a llevar a cabo sus deseos.

Apenas habían pasado ocho días cuando el padre d'Espinoza recibió otra visita del mismo difunto. Le agradeció al padre de todo corazón lo que había hecho. "Gracias a la exactitud con la que se han pagado las deudas que dejé en la tierra, y gracias también a las misas que has celebrado por mí, quedo liberado de todos mis sufrimientos y admitido en la bienaventuranza eterna".

Encontramos un ejemplo del mismo tipo en la vida de la beata Margarita de Cortona quien también se distinguió por su amor hacia las benditas ánimas del purgatorio. Se le aparecieron en gran número para implorar su asistencia y sus sufragios. Un día, entre otros, vio ante sus ojos a dos viajeros que le rogaban que les ayudara a reparar las injusticias que habían dejado pendientes. "Somos dos comerciantes", le dijeron, "que hemos sido asesinados en el camino por unos bandidos. No pudimos confesarnos ni recibir la absolución; pero por la misericordia de nuestro divino Salvador y de su santa Madre, tuvimos tiempo de hacer un acto de perfecta contrición, y nos hemos salvado. Nuestros tormentos en el purgatorio son terribles, porque en el ejercicio de nuestra profesión hemos cometido muchos actos de injusticia. Hasta que estos actos no sean reparados no podemos tener ni reposo ni alivio. Por eso te rogamos, sierva de Dios, que vayas a buscar a tal o cual de nuestros parientes y herederos, para advertirles que restituyan lo antes posible todo el dinero que hemos adquirido injustamente". Le dieron a la santa la información necesaria y desaparecieron.

Pecados contra la caridad. Santa Margarita María. Dos personas de alto rango sufriendo en el purgatorio. Varias almas castigadas por la discordia

Ya hemos dicho que la justicia divina es extremadamente severa con respecto a los pecados contra la caridad. La caridad es, de hecho, la virtud más querida por el corazón de nuestro divino maestro. La recomienda a sus discípulos como lo que debe distinguirlos a los ojos de los hombres: "En esto conocerán todos que sois mis discípulos, si os tenéis amor unos a otros" (Jn 13,35). No es, pues, sorprendente que se castiguen con severidad en la otra vida la dureza hacia el prójimo y cualquier otra falta contra la caridad.

De esto tenemos varias pruebas, tomadas de la vida de santa Margarita María. "Aprendí de la hermana Margarita María", cuenta la madre Greffier en sus memorias, "que un día rezó por dos personas de alto rango que acababan de morir. Los vio a ambos en el purgatorio. Uno de ellos fue condenado durante varios años, a pesar del gran número de misas que se celebraron por él. Todas esas oraciones y sufragios se aplicaron, por la justicia divina, a las almas de algunas de las familias de sus súbditos, que habían sido arruinadas por su injusticia y falta de caridad. Como no se dejó nada a esas pobres personas para que se ofrecieran oraciones por ellas después de su muerte, Dios les compensó de esta forma. La otra estuvo en el purgatorio durante tantos días como años había vivido en la tierra. Nuestro Señor hizo saber a sor Margarita María que, entre las buenas obras que esta persona había realizado, había tenido en especial consideración la caridad con la que había soportado las faltas de su prójimo, y el esfuerzo que había puesto para superar el disgusto que le causaban".

En otra ocasión, nuestro Señor mostró a santa Margarita María un gran número de almas en el purgatorio, que, por no haber estado unidas a sus superiores durante su vida, y por haber tenido algún malentendido con ellos, habían sido severamente castigadas y privadas después de la muerte del auxilio de la santísima Virgen y de los santos, y también de las visitas de sus ángeles guardianes. Varias de esas almas estaban destinadas a permanecer durante mucho tiempo en horribles llamas. Incluso, algunos no tenían otra señal de su salvación que la de no odiar a Dios. Otras personas, que habían sido religiosas y que durante la vida mostraron poca caridad hacia sus hermanas, fueron privadas de sus sufragios y no recibieron ningún tipo de ayuda.

Añadamos un extracto más de las memorias de la madre Greffier: "Sucedió que mientras sor Margarita María rezaba por dos religiosas fallecidas, sus almas se le mostraron en las prisiones en las que se encontraban, pero una sufría incomparablemente más que la otra. La primera lamentaba mucho que por sus faltas de caridad y por el poco cariño con otras religiosas, se le hubiera privado (entre otros castigos) de los sufragios que la comunidad ofrecía por ella. Solo recibía alivio de las oraciones de tres o cuatro personas de la comunidad por las que había tenido menos afecto e inclinación. También se reprochaba la excesiva facilidad con la que se dispensaba de las reglas y ejercicios de la comunidad. Finalmente, deploraba el cuidado que había puesto para procurarse muchas comodidades y bienes. Al mismo tiempo, hizo saber a la hermana Margarita María que, como castigo por tres faltas, tuvo que sufrir tres furiosos asaltos del demonio durante su última agonía; y que cada vez que se creía perdida y estaba a punto de caer en la desesperación, gracias a la santísima Virgen, a la que había tenido gran devoción durante toda su vida, era arrebatada de las garras del enemigo".

Falta de caridad y de respeto hacia nuestros prójimos. San Luis Bertrán y el alma difunta que pedía perdón. El padre Nieremberg. Santa Margarita María y los benedictinos

La verdadera caridad es humilde e indulgente hacia los demás, respetándolos como si fueran sus superiores. Sus palabras son siempre amables y llenas de consideración hacia los demás, sin amargura ni frialdad, sin saborear el desprecio, porque nacen de un corazón manso y humilde como el de Jesús. También evita cuidadosamente todo lo que pueda perturbar la unidad; pone todos los medios, hace todos los sacrificios para llegar a la reconciliación, según las palabras del divino maestro: "Si al llevar tu ofrenda al altar recuerdas que tu hermano tiene algo contra ti, allí tu ofrenda delante del altar, vete primero a reconciliarte con tu hermano, y vuelve después para presentar tu ofrenda" (Mt 5,23-24).

Un religioso, habiendo faltado a la caridad a san Luis Bertrán, recibió un terrible castigo después de la muerte. Se sumergió en el fuego del purgatorio, que tuvo que soportar hasta que satisfizo a la justicia divina; además, no pudo ser admitido en la morada de los elegidos hasta no realizar un acto de reparación exterior, que debía servir de ejemplo a los vivos. El hecho se relata así en la vida del santo (cfr. *Acta Sanctorum*, del 10 de octubre):

Cuando san Luis Bertrán, dominico, residía en el convento de Valencia, había en la comunidad un joven religioso que daba demasiada importancia a la ciencia profana. Sin duda las letras y la erudición tienen su valor, pero, como dice la Escritura, deben ceder ante el temor de Dios y la ciencia de los santos: "Nadie supera a quien teme al Señor" (Si 25,13). Esta ciencia de los santos consiste en la humildad y la caridad. El joven religioso del que hablamos, aunque poco avanzado en la ciencia divina, se permitió reprochar al padre Bertrán sus escasos conocimientos y le dijo: "¡Se ve, padre, que usted no es muy erudito!". "Hermano", respondió el santo con mansa firmeza, "Lucifer era muy culto, y sin embargo fue condenado".

El hermano que había cometido esta falta no pensó en repararla. Sin embargo, no era un mal religioso, y algún tiempo después, al caer peligrosamente enfermo, recibió el último sacramento en muy buenas disposiciones, y expiró pacíficamente en el Señor. Pasó un tiempo considerable, y mientras tanto Luis fue nombrado prior. Un día, habiendo permanecido en el coro después de los maitines, el difunto se le apareció envuelto en llamas y, postrándose humildemente ante él, le dijo: "Padre, perdóneme las palabras ofensivas que le dirigí. Dios no me permitirá ver su rostro hasta que me perdone mi falta y ofrezca la santa Misa por mí". El santo lo perdonó de buena gana, y a la mañana siguiente celebró la misa por el descanso de su alma. La noche siguiente, estando de nuevo en el coro, vio al hermano fallecido reaparecer, pero radiante de gloria y subiendo al Cielo.

El padre Juan Eusebio Nieremberg, religioso jesuita, autor del hermoso libro *Diferencia entre lo temporal y lo eterno*, residió en el Colegio de Madrid, donde murió en olor de santidad en 1658. Este siervo de Dios, singularmente devoto de las almas del purgatorio, rezaba un día en la iglesia del colegio por un religioso que acababa de morir. El difunto, que durante mucho tiempo había sido profesor de teología, había demostrado ser tan buen religioso como teólogo erudito; se había distinguido por su gran devoción a la santísima Virgen, pero un vicio se había colado entre sus virtudes: era poco caritativo en sus palabras y hablaba frecuentemente de los defectos de su prójimo. Mientras el padre Nieremberg rezaba a Dios por su alma, este religioso se le apareció y le reveló el estado de su alma. Había sido condenado a terribles tormentos por haber hablado frecuentemente en contra de la caridad. Un fuego devorador torturaba el instrumento de su culpa, su lengua. La santísima Virgen, en recompensa por la tierna devoción que le tenía, había obtenido permiso para que viniera a pedirle oraciones; al mismo tiempo, debía servir de ejemplo a los demás, para que aprendieran a guardarse en todas sus palabras. El padre Nieremberg, después de haber ofrecido muchas oraciones y penitencias por él, finalmente obtuvo su liberación.

La religiosa de la que se hace mención en la vida de santa Margarita María, por la que sufrió tan terriblemente durante tres meses, también fue castigada, entre otras faltas, por sus pecados contra la caridad. Así se relata la revelación:

Santa Margarita María, estando un día ante el Santísimo Sacramento, vio de repente ante ella a un hombre totalmente envuelto en fuego, tan intenso que parecía que estaba a punto de consumirle. El estado miserable de esta pobre alma le hizo derramar muchas lágrimas. Era un religioso benedictino del monasterio de Cluny, con el que se había confesado anteriormente, y que había hecho un gran bien a su alma al ordenarle que recibiera la santa Comunión. Como recompensa por este servicio, Dios le había permitido dirigirse a ella, para encontrar un alivio a sus sufrimientos.

El pobre difunto pidió a Margarita María que aplicara por él todo lo que hiciera y sufriera durante tres meses. Ella se lo prometió, después de haber obtenido el permiso de su superiora. Luego le dijo que la causa principal de su intenso sufrimiento era haber buscado sus propios intereses antes que la gloria de Dios y el bien de las almas, dando demasiada importancia a su reputación. La segunda causa se debía a su deseo de caridad hacia sus hermanos. La tercera, su afecto natural hacia las criaturas ante quienes, por debilidad, se había rendido, expresando ese afecto en la relación espiritual con ellas. "Algo que es –añadió– muy desagradable a Dios".

Es difícil decir todo lo que Margarita María tuvo que sufrir durante los tres meses siguientes. El difunto nunca la dejó. Donde quiera que se encontrara, parecía estar en llamas, con un dolor tan insoportable que no podía dejar de llorar. Su superiora, conmovida, le ordenó que tomara sus penitencias y disciplinas, porque el dolor y el sufrimiento la aliviaban mucho. Los tormentos que le infligió Dios fueron insoportables. Era un ejemplo del sufrimiento que soportaban las benditas ánimas del purgatorio.

El abuso de las gracias. Santa Magdalena de Pazzi y los religiosos fallecidos. Santa Margarita María y las tres almas del purgatorio

Hay otro desorden que Dios castiga severamente en el purgatorio, a saber, el abuso de las gracias recibidas. Es decir, el descuido o la negligencia para no corresponder a las ayudas que Dios nos da y a las invitaciones que nos hace para avanzar hacia la santidad. Las gracias que nos ofrece son un don precioso que no podemos tirar por la ventana; son semilla de la salvación y de los mérito, que no podemos dejar improductivas. Esta falta se comete cuando no respondemos con generosidad a las invitaciones divinas. Recibo de Dios los medios suficientes para poder dar limosna; una voz interior me invita a hacerlo. Cierro mi corazón, o doy de manera miserable; esto es un abuso de la gracia. Puedo asistir a misa, escuchar la homilía, frecuentar los sacramentos...; una voz interior me insta a ello, pero no me tomo ninguna molestia para hacerlo. Esto es, de nuevo, un abuso de la gracia.

Una joven religiosa debe ser obediente, humilde, mortificada, entregada a sus deberes; Dios lo exige y le da las gracias necesarias en virtud de su vocación. Pero si no se aplica a ello, si no se esfuerza en superarse a sí misma, para cooperar con la ayuda que Dios le da, esto es un abuso de las gracias recibidas.

Como hemos dicho, en el purgatorio se castigará severamente este pecado. Santa Magdalena de Pazzi nos dice que una de sus hermanas en la religión tuvo que sufrir mucho después de la muerte por no haber correspondido en tres ocasiones a las gracias.

Sucedió que un cierto día de fiesta se sintió inclinada a hacer un pequeño trabajo; se trataba solo de un simple bordado, que no era en absoluto necesario, y podía ser convenientemente pospuesto para otro momento. La inspiración le decía que se abstuviera por respeto a la solemnidad del día, pero ella prefirió satisfacer la inclinación natural que sentía por ese trabajo, con el pretexto de que no era más que una nimiedad.

En otra ocasión, al notar que se había omitido la observancia de cierto punto de la Regla, y que si la daba a conocer a sus superioras, se habría producido algún bien para la comunidad, omitió hablar de ello. La inspiración de la gracia le dijo que realizara este acto de caridad, pero los respetos humanos se lo impidieron. Una tercera falta fue un apego mal regulado a sus parientes. Como esposa de Jesucristo, todos sus afectos pertenecían a su divino esposo; pero ella dividió su corazón al estar demasiado ocupada con los miembros de su familia. Aunque sabía que ese tipo de conducta era defectuosa, no obedeció al impulso de la gracia, ni se esforzó por corregirlo. Esta hermana, por lo demás muy edificante, murió algún tiempo después, y Magdalena rezó por ella con su habitual fervor. Pasaron 16 días, cuando se le apareció a la santa para anunciar su liberación. Magdalena, expresando su asombro por el largo tiempo de sufrimiento de la hermana, se le reveló que esta alma tenía que expiar su abuso de las gracias recibidas en los tres casos de los que acabamos de hablar, y que estas faltas la habrían detenido más tiempo en sus tormentos si Dios no hubiera tenido en cuenta la parte más satisfactoria de su conducta. Él había abreviado sus sufrimientos por su fiel observancia de la regla, por su pureza de intención y por su caridad hacia sus hermanas (cfr. Cepari, *Vie de Sainte Madeleine de Pazzi).*

Aquellos que reciben más gracias y más medios para satisfacer en esta vida sus deudas espirituales, serán tratados con menos consideración que aquellos que han tenido menos oportunidades.

Santa Margarita María, al enterarse de la muerte de tres personas que habían fallecido recientemente, dos religiosas y un seglar, comenzó inmediatamente a rezar por el descanso de sus almas.

Era el primer día del año. Nuestro Señor, conmovido por su caridad y tratándola con una familiaridad inefable, se dignó aparecerse a ella; y mostrándole las tres almas en la prisión ardiente del purgatorio, donde languidecían, le dijo: "Hija mía, como regalo de año nuevo, te doy la liberación de una de estas tres almas, y te dejo la elección a ti. ¿Cuál debo liberar?". "¿Quién soy yo, Señor", respondió ella, "para decir quién merece la liberación? Dígnate tú mismo hacer la elección".

Entonces, nuestro Señor liberó al seglar, diciendo que los religiosos contaban con más medios para expiar sus pecados durante la vida.

Segunda parte: El purgatorio, misterio de la misericordia de Dios

1. *Miedo y confianza: La misericordia de Dios*

Santa Lidwina y un sacerdote. San Claudio de la Colombière

Acabamos de considerar la justicia divina en la otra vida: será terrible, y es imposible pensar en ella sin temblar. El fuego que enciende la justicia de Dios, los dolores insoportables, no son nada si pensamos en la penitencia que hacen los santos y el sufrimiento de los mártires... ¿Hay alguien que no tiemble de miedo al pensar en todo ello?

Pero este miedo es salvador y conforme al espíritu de Jesús, pues desea que temamos, y no solo al infierno, sino también al purgatorio, que es una especie de infierno mitigado. Y nos muestra ese lugar, previsto por Dios, juez supremo, para inspirarnos este santo temor; de allí no saldremos hasta que hayamos pagado hasta la última moneda (Mt 5,26). Podríamos decir del fuego del purgatorio lo mismo que del infierno: "No tengáis miedo a los que matan el cuerpo pero no pueden matar el alma; temed ante todo al que puede hacer perder alma y cuerpo en el infierno" (Mt 10,28). Sin embargo, nuestro Señor no tiene la intención de que tengamos un miedo excesivo y estéril, un miedo que tortura y desalienta, sombrío y sin confianza. No; Él desea llenar nuestro temor con una gran confianza en su misericordia; desea que temamos el mal para prevenirlo y para que lo evitemos; desea que al pensar en esas llamas nos decidamos a servirle con fervor y a expiar nuestras faltas en este mundo y no en el otro. "Es mejor purificar nuestros pecados y cortar nuestros vicios ahora que guardarlos para la purificación en el futuro", dice el autor de la *Imitación de Cristo* (1,24). Además, si a pesar de nuestro esfuerzo por vivir bien y satisfacer nuestros pecados aquí abajo, aún pensamos que tendremos que pasar por el purgatorio, debemos tener una confianza ilimitada en Dios, que nunca deja de consolar a aquellos a quienes purifica con sus sufrimientos.

Ahora bien, para que nuestro temor tenga como contrapartida la confianza en Dios, deberíamos considerar el purgatorio bajo otro aspecto, el de la misericordia de Dios, tan importante como su justicia.

Dios reserva terribles castigos en la otra vida para las faltas más pequeñas pero los inflige con gran clemencia. No hay nada que muestre mejor la admirable armonía de la perfección divina que el purgatorio, donde se ejercerá la justicia más severa junto a la misericordia más inefable. Nuestro Señor castiga a las almas de los que quiere, según las palabras de la Escritura: "Yo, a cuantos amo, los reprendo y castigo" (Ap 3,19). Con una mano golpea, y con la otra sana. Ofrece misericordia y redención en abundancia: "En el Señor está la misericordia, en Él, la redención abundante" (Sal 130,7).

El fundamento firme de nuestra confianza se halla en la misericordia infinita de nuestro Padre celestial; y, siguiendo el ejemplo de los santos, deberíamos tenerla siempre ante nuestros ojos. Los santos nunca la perdieron de vista; y por eso el temor del purgatorio nunca les privó de la paz y la alegría del Espíritu Santo.

Santa Lidwina, que tan bien conocía la gravedad de los sufrimientos expiatorios, se animaba con ese espíritu de confianza en Dios, esforzándose por inspirar a los demás con él. Una vez recibió la visita de un sacerdote. Mientras estaban hablando con otras personas, la conversación giró en torno a los sufrimientos en la otra vida. Al ver en las manos de una mujer un tarro lleno de granos de mostaza, el sacerdote aprovechó la ocasión para comentar que temblaba al pensar en el fuego del purgatorio. "Sin embargo", añadió, "estaría satisfecho de pasar allí tantos años como semillas haya en este tarro; así, al menos, estaría seguro de mi salvación". "¿Qué dice, padre?", respondió la santa. "¿Por qué tiene tan poca confianza en la misericordia de Dios? Si conociera mejor lo que es el purgatorio y los terribles tormentos que allí se soportan...". "Sea lo que sea el purgatorio, me reafirmo en lo que digo", respondió el sacerdote.

Algún tiempo después, este sacerdote murió, y esas mismas personas que habían estado hablando interrogaron a santa Lidwina sobre su condición en el otro mundo. Les respondió: "El difunto está bien, gracias a su vida virtuosa; pero habría sido mejor para él si hubiera tenido más confianza en la Pasión de Jesucristo, y si hubiera considerado de otro modo lo que es el purgatorio".

¿En qué consistía esa falta de confianza? En la opinión del buen sacerdote sobre que es casi imposible salvarse, y que solo entraremos en el Cielo después de pasar innumerables años de tortura. Se trata de una idea errónea y contraria a la confianza cristiana. Nuestro Salvador vino a traer la paz a los hombres de buena voluntad y a imponernos, como condición para nuestra salvación, un yugo suave y una carga ligera. Por lo tanto, si tenemos buena voluntad, encontraremos la paz, y veremos cómo desaparecen todas las dificultades y terrores. *¡Buena voluntad!* Eso es todo. Ten buena voluntad, sométete a la voluntad de Dios, pon sus preceptos por encima de todo, sirve al Señor con todo tu corazón y Él te dará una ayuda tan poderosa que entrarás en el Paraíso con una facilidad asombrosa. ¡Nunca habría imaginado, dirás, que fuera tan fácil entrar en el Cielo! Para realizar en nosotros esta maravilla de la misericordia, repito, Dios pide de nuestra parte un corazón recto y *buena voluntad*.

La buena voluntad consiste, propiamente hablando, en someter y conformar nuestra voluntad a la de Dios, que es la regla de todo, incluso cuando impone grandes sacrificios; en ello alcanza su más alta perfección. El alma así dispuesta parece perder la sensación de dolor, y es porque está animada con el espíritu de amor; y, como dice san Agustín, *cuando amamos no sufrimos, o, si sufrimos, amamos el sufrimiento.*

San Claudio de la Colombière poseía un corazón lleno de amor y una voluntad perfecta. En su *Retiro espiritual* expresa así sus sentimientos: "No debemos dejar de expiar los desórdenes de nuestra vida pasada por medio de la penitencia; pero debemos hacerlo sin ansiedad, porque lo peor que puede ocurrirnos, cuando nuestra voluntad es buena y somos sumisos y obedientes, es pasar mucho tiempo en el purgatorio, y podemos decir con razón que se trata de un gran mal. Yo no temo al purgatorio. No hablaré del infierno, porque no entendería lo que es la misericordia de Dios si tuviera el menor temor del infierno, aunque lo he merecido más que todos los demonios juntos. Yo no temo al purgatorio. Desearía no haberlo merecido, ya que no podría hacerlo sin desagradar a Dios; pero, como he merecido ir allí, estoy encantado de ir y satisfacer su justicia de la manera más rigurosa que se pueda imaginar, y eso hasta el día del juicio final. Sé que allí se soportan tormentos horribles, pero sé que honran a Dios, y no puede probarse que hagan daño al alma; allí estamos seguros de no oponernos nunca a la voluntad de Dios; nunca nos resentiremos de su severidad e incluso amaremos los rigores de la justicia divina, esperando con paciencia que se apacigüe por completo. Por lo tanto, de todo corazón, he ofrecido todos mis méritos por las almas del purgatorio, e incluso he legado a otros todos los sufragios que se ofrecerán por mí después de mi muerte, para que Dios sea glorificado en el paraíso por las almas que hayan merecido ser elevadas a un grado de gloria más alto que yo".

Este es un gran ejemplo de caridad, de amor a Dios y al prójimo. "Cuando llegues tan lejos, la tribulación te será dulce y la disfrutarás por amor a Cristo; entonces piensa que es buena para ti, porque has encontrado un paraíso en la tierra" (*Imitación*

2,12). Tengamos, pues, un gran amor a Dios y no temamos al purgatorio. El Espíritu Santo da testimonio en lo más profundo de nuestros corazones de que, siendo hijos de Dios, no tenemos necesidad de temer los castigos de un Padre.

La misericordia de Dios con las benditas ánimas del purgatorio: cómo las consuela Dios. Santa Catalina de Génova. El hermano de santa Magdalena de Pazzi

No todos vivimos la caridad de la mejor manera posible, pero nadie puede dejar de confiar en la divina misericordia. La misericordia de Dios es infinita, imparte paz a todas las almas que la tienen constantemente ante sus ojos y confían en ella. Y, con respecto al purgatorio, la misericordia de Dios se ejerce de tres maneras: 1) para consolar a las ánimas del purgatorio; 2) para mitigar sus sufrimientos; y 3) para ofrecernos el modo de evitar el fuego de esas penas.

En primer lugar, Dios consuela a las almas del purgatorio, Él mismo las consuela; y también las consuela por medio de la santísima Virgen y de los santos ángeles. Consuela a las ánimas del purgatorio inspirando en ellas la fe, la esperanza y la caridad divina en gran medida, virtudes que producen la conformidad con la voluntad de Dios, la resignación y una paciencia perfecta. Santa Catalina de Génova afirma: "Dios inspira en las ánimas del purgatorio un movimiento ardiente de amor, que bastaría con aniquilarlas si no fueran inmortales. Iluminadas e inflamadas por esa caridad tan pura, cuanto más aman a Dios, más detestan la menor mancha que le desagrada, el menor obstáculo que impide su unión con Él. Así, si pudieran encontrar otro purgatorio más terrible que aquel en el que están condenadas, esas almas se sumergirían en él, impulsadas por la impetuosidad del amor que existe entre Dios y ellas, para poder liberarse cuanto antes de todo lo que las separa de su Dios soberano".

"Estas almas", continúa la santa, "están íntimamente unidas a la voluntad de Dios, y se han transformado de manera tan completa en ella, que siempre están satisfechas con sus santos designios. Las almas del purgatorio no tienen elección propia; ya no pueden querer otra cosa que lo que Dios quiere. Reciben con perfecta sumisión todo lo que Dios les da; y ni el placer, ni la satisfacción, ni el dolor pueden hacerles pensar de nuevo en sí mismas".

Santa Magdalena de Pazzi, después de la muerte de uno de sus hermanos, encontrándose en la iglesia para ofrecer oraciones por él, vio su alma presa de un intenso sufrimiento. Llena de compasión, se derretía en lágrimas y gritó con voz lastimera: "¡Hermano, miserable y bendito a la vez! ¡Afligido y sin embargo tan contento! Sufres unos dolores intolerables que sin embargo puedes soportar. ¿Por qué no lo comprenden los de aquí abajo, que no tienen el valor de llevar la cruz? Mientras vivías en este mundo, querido hermano, no escuchabas mis consejos, y ahora deseas ardientemente que te escuche yo. Oh, Dios, tan justo como lleno de misericordia, reconforta a mi hermano, que te ha servido desde su infancia. Ten en cuenta tu clemencia, te lo suplico, y haz uso de tu gran misericordia en su favor. ¡Oh, Dios, ¡tú eres el más justo! Aunque es cierto que no siempre ha buscado hacer tu voluntad, por lo menos no ha despreciado a los que han hecho profesión de servirte fielmente".

El día que tuvo ese maravilloso éxtasis, durante el que visitó las diferentes prisiones del purgatorio, vio de nuevo el alma de su hermano y le dijo: "Pobre alma, ¡cómo sufres!, y sin embargo te alegras. Te quemas y estás satisfecho porque sabes bien que estos sufrimientos te llevarán a una felicidad que no tiene nombre. ¡Qué feliz sería yo si no tuviera que soportar esos sufrimientos! Permanece aquí, querido hermano, y completa tu purificación en paz".

2. Consuelo de las benditas ánimas del purgatorio

San Estanislao de Cracovia y la resurrección de Pedro Miles

Esta alegría en medio de los sufrimientos solo puede explicarse por los consuelos que el Espíritu Santo infunde en las almas del purgatorio. El Espíritu Divino, por medio de la fe, la esperanza y la caridad, pone estas virtudes a disposición de un enfermo que debe someterse a un tratamiento muy doloroso, pero cuyo efecto es devolverle la salud perfecta. El enfermo sufre, pero ama su sufrimiento saludable. El Espíritu Santo, el Consolador, da un consuelo similar a las benditas ánimas. Tenemos un ejemplo sorprendente en Pedro Miles, resucitado por san Estanislao de Cracovia, que prefirió volver al purgatorio antes que vivir de nuevo en la tierra.

Este célebre milagro ocurrió en 1070. Así se relata en el *Acta Sanctorum* del 7 de mayo. San Estanislao era obispo de Cracovia cuando el duque Boleslao II gobernaba Polonia. No dejaba de recordarle sus deberes al príncipe, que los violaba escandalosamente delante de todo el pueblo.

El duque Boleslao estaba irritado con este prelado y para vengarse de él puso en su contra a los herederos de un tal Pedro Miles, que había muerto tres años antes, después de haber vendido un trozo de tierra a la iglesia de Cracovia. Los herederos acusaron al santo de haber usurpado la tierra, sin haberla pagado. Estanislao declaró que había pagado por el terreno, pero como los testigos que debían defenderlo habían sido sobornados o se encontraba intimidados, fue denunciado como usurpador de la propiedad de otro, y se le condenó a restituirla. Viendo que no podía esperar nada de la justicia humana, elevó su corazón a Dios y recibió una repentina inspiración. Pidió un aplazamiento de tres días, prometiendo hacer comparecer a Pedro Miles en persona, para que testificara la compra legal y el pago del lote de terreno.

Se le concedieron con desprecio. El santo ayunó y rezó a Dios para que asumiera la defensa de su causa. Al tercer día, después de haber celebrado la santa Misa, salió acompañado por su clero y muchos de los fieles, al lugar donde Pedro había sido enterrado. Por orden suya se abrió la tumba, que no contenía más que huesos. Los tocó con su báculo, y en nombre de Aquel que es la Resurrección y la Vida, ordenó al muerto que se levantara.

De repente los huesos se juntaron, se cubrieron de carne y, ante la estupefacción de todo el pueblo, vieron cómo el muerto tomaba al obispo de la mano y caminaba hacia el tribunal. Allí, el duque Boleslao, con los jueces y una inmensa multitud, esperaba el resultado lleno de expectación. "He aquí a Pedro", dijo el santo a Boleslao; "viene, príncipe, a dar testimonio ante ti. Interrógalo; él le responderá".

Es imposible describir la estupefacción del duque, de sus consejeros y de toda la gente. Pedro afirmó que le habían pagado por la tierra; luego, volviéndose hacia sus herederos, les reprochó haber acusado al piadoso prelado contra todos los derechos de la justicia; por último, les exhortó a hacer penitencia por tan grave pecado.

Fue así como se venció una iniquidad, que se creía ya segura de su éxito. En cuanto a lo que concierne a nuestro tema, Estanislao, deseando completar este gran milagro para la gloria de Dios, propuso al difunto que, si deseaba vivir unos años más, él le obtendría ese favor de Dios. Pedro respondió que no tenía tal deseo. Se encontraba en el purgatorio, pero prefería volver allí inmediatamente y soportar sus dolores, antes que exponerse a la condenación en esta vida terrestre. Le suplicó al santo que rogara a Dios que acortara el tiempo de sus sufrimientos, para que pudiera entrar más pronto en la morada de los bienaventurados. Después, acompañado por el obispo y una gran multitud, Pedro volvió a su tumba, se acostó, su cuerpo se hizo pedazos y sus huesos volvieron a estar en el mismo estado en que se habían encontrado. Tenemos razones para creer que el santo obtuvo la pronta liberación de su alma.

Lo más destacable de este ejemplo, y lo que llama la atención, es que un alma del purgatorio, después de haber experimentado los tormentos más insoportables, prefirió ese estado a volver a vivir en este mundo; y la razón que dio fue que en esta vida mortal estamos expuestos al peligro de perdernos y de incurrir en la condenación eterna.

Santa Catalina de Ricci y el alma de un príncipe

Contemos otro ejemplo del consuelo interior y la alegría misteriosa que experimentan las almas en medio de los sufrimientos. Lo encontramos en la vida de santa Catalina de Ricci, religiosa dominica, fallecida en el convento de Prato el 2 de febrero de 1590. Tenía una devoción tan grande por las almas del purgatorio que sufría por ellas en la tierra lo que tenían que soportar en el otro mundo. Entre otras cosas, libró de la expiación al alma de un príncipe, y sufrió espantosos tormentos en su lugar durante cuarenta días.

Este príncipe, cuyo nombre no se menciona en la historia, había llevado una vida mundana, y la santa ofreció muchas oraciones, ayunos y penitencias para que Dios le iluminara sobre la condición de su alma, y para que no fuera condenado. Dios la escuchó y el desafortunado príncipe dio pruebas evidentes de una sincera conversión antes de su muerte. Murió con buenos sentimientos y fue al purgatorio. Catalina lo supo por revelación divina mientras hacía oración, y se ofreció a satisfacer por esa alma. Nuestro Señor aceptó este intercambio, recibió el alma del príncipe en la gloria y sometió a Catalina a dolores, completamente extraños para ella, durante cuarenta días. Tuvo repentinamente una enfermedad que, según los médicos, no tenía causas naturales y no podía ni curarse ni hacer nada por aliviarla. Según el testimonio de los testigos, el cuerpo de la santa estaba cubierto de ampollas inflamadas llenas de pus, como el agua hirviendo en el fuego. Esto ocasionaba un calor tan grande que su celda era como un horno, como si estuviera llena de fuego; era imposible permanecer allí un momento sin tener que salir a respirar. Era evidente que su carne estaba hirviendo, y su lengua parecía un pedazo de metal al rojo vivo. A intervalos, la inflamación fue cesando, luego la carne pareció como asada; pero de nuevo volvían a surgir las ampollas, emitiendo el mismo calor.

Sin embargo, en medio de esta tortura la santa no perdió la serenidad de su rostro ni la paz de su alma; parecía alegrarse en sus tormentos. Sus sufrimientos la vencían a veces hasta tal punto que perdía el habla durante diez o doce minutos. Cuando la hermana religiosa que le atendía le dijo que parecía estar ardiendo, ella respondió simplemente:" Sí", sin añadir nada más. Cuando le echaron en cara que estaba llevando su celo demasiado lejos y que no debía pedir a Dios un sufrimiento tan excesivo, les contestó: "Perdonadme, queridas hermanas, pero Jesús tiene tanto amor por las almas, que todo lo que hacemos por su salvación le resulta infinitamente agradable; por eso soporto con gusto cualquier dolor, sea cual sea, tanto por la conversión de los pecadores como por la liberación de las almas detenidas en el purgatorio".

Al cabo de cuarenta días, Catalina volvió a su estado normal. Los parientes del príncipe le preguntaron dónde estaba su alma. "No temáis", respondió ella, "su alma goza de la gloria eterna". Así se supo que fue precisamente por este príncipe por quien había sufrido tanto.

Este ejemplo nos enseña sobre todo que los mayores sufrimientos no son incompatibles con la paz interior. Esta santa, mientras soportaba los dolores del purgatorio, disfrutaba de una paz admirable y una alegría sobrehumana.

La santísima Virgen. Revelaciones de santa Brígida. El padre Jerónimo Carvalho. El beato Renier de Citeaux

Las benditas ánimas del purgatorio reciben un gran consuelo de la santísima Virgen. ¿No es ella *consuelo de los afligidos*? Y, ¿qué aflicción es comparable a la de las benditas ánimas? ¿No es ella *Madre de la misericordia*? Y, ¿no debería mostrar toda la misericordia de su corazón a estas benditas almas que sufren? Por eso en las revelaciones de santa Brígida, se le da a la Reina del Cielo el hermoso nombre de Madre de las almas del purgatorio. La Virgen le dijo a esa santa: "Soy la Madre de todos los que se encuentran en el lugar de la expiación; mis oraciones ayudan a mitigar el castigo que sufren por sus faltas" *(Revelaciones de santa Brígida,* libro IV, c. 50).

El 25 de octubre de 1604, murió en olor de santidad el padre Jerónimo Carvalho en el colegio de la Compañía de Jesús de Coimbra, a la edad de cincuenta años. Este sacerdote sentía un gran temor por los sufrimientos del purgatorio. Ni las grandes penitencias que usaba varias veces al día, ni la contemplación de la Pasión, ni las horas que dedicaba mañana y tarde a meditar los textos sagrados le parecían suficientes, en su opinión, para protegerse del castigo que imaginaba que le esperaba después de la muerte. Pero un día, la Reina del Cielo, a quien tenía una tierna devoción, vino a consolar a su siervo, asegurándole simplemente que *ella era una madre de misericordia* tanto para sus queridos hijos del purgatorio, como para los de la tierra. Difundiendo esta doctrina consoladora, aquel sacerdote dejó caer sin querer, en el ardor de su discurso, estas palabras: *"Me lo dijo ella misma"*.

Se cuenta que un gran devoto de la Virgen, el beato Renier de Citeaux, temblaba al pensar en sus pecados y en la terrible justicia divina después de la muerte. En medio de sus temores, cuando se dirigía a su gran protectora –que se llama a sí misma Madre de misericordia–, quedó embelesado en espíritu y vio a la Madre de Dios suplicando a su Hijo en su favor: "Hijo mío, trátalo con misericordia en el purgatorio, porque se arrepiente humildemente de sus pecados". Jesús le respondió: "Madre mía, pongo su causa en tus manos", para que se cumpliera el deseo de la Virgen. Renier comprendió con mucha alegría que María había obtenido para él no pasar por el purgatorio.

La santísima Virgen María: el privilegio sabatino. La venerable Paula de Santa Teresa. San Pedro Damián y la difunta Marozi

Hay ciertos días en los que la Virgen María ejerce de modo especial su misericordia en el purgatorio. Estos días privilegiados son, en primer lugar, los sábados; luego, los días de fiestas de la santísima Virgen, que se convierten así en fiestas en el purgatorio. Vemos en las revelaciones hechas a los santos que el sábado, día consagrado a la Virgen, la Madre de misericordia desciende a las mazmorras del purgatorio para visitar y consolar a sus devotos. Luego, libera a las almas que, por llevar el escapulario, gozan de este privilegio sabatino. Y, después, alivia y consuela a otras almas que le habían sido particularmente devotas. Contamos como testigo a la venerable sor Paula de Santa Teresa, religiosa dominica del convento de Santa Catalina, en Nápoles, según cuenta Rossignoli.

Un día de sábado entró en éxtasis y fue transportada en espíritu al purgatorio, donde quedo muy sorprendida al ver que aquel lugar se transformaba en un paraíso de delicias, iluminado por una luz brillante, en lugar de las tinieblas de las que estaba lleno en otras ocasiones. Mientras se preguntaba por la causa de este cambio, percibió a la Reina del Cielo rodeada de una multitud de ángeles, a los que daba órdenes para liberar a las almas que le habían honrado de manera especial y llevarlas al Cielo.

Si esto ocurre en un sábado ordinario, no hay duda de que ocurre lo mismo en las fiestas consagradas a la Madre de Dios. De entre todas ellas, la de su gloriosa Asunción parece ser el día que más almas se liberan. San Pedro Damián afirma que cada año, en el día de la Asunción, la santísima Virgen libera varios miles de almas.

El siguiente relato ilustra este tema: "El pueblo de Roma tiene la piadosa costumbre de visitar iglesias, llevando una vela en la mano, durante la noche anterior a la fiesta de la Asunción de Nuestra Señora. Sucedió que una mujer de alto rango, mientras rezaba de rodillas en la basílica de Santa María de Aracoeli en el Capitolio, vio ante ella, postrada en oración, a otra dama, su madrina, que había muerto varios meses antes. Sorprendida y sin poder creer a sus ojos, quiso resolver el misterio, y se colocó cerca de la puerta de la iglesia. En cuanto vio salir a aquella mujer, la tomó de la mano y la apartó a un lado, diciéndole: '¿No eres tú mi madrina, quien me sostuvo en la pila bautismal?'. 'Sí', respondió la aparición inmediatamente, 'soy yo'. '¿Y cómo es que te encuentro entre los vivos, si llevas muerta más de un año?'. 'Hasta hoy estaba sumergida en un fuego espantoso, por los muchos pecados de vanidad que cometí en mi juventud, pero durante esta gran solemnidad la Reina del Cielo ha descendido en medio de las llamas del purgatorio y me liberó, junto con un gran número de otras almas, para poder entrar en el Cielo en la fiesta de su Asunción. Ella ejerce este gran acto de clemencia cada año; y, solo en esta ocasión, el número de los que ha liberado es igual a la población de Roma'. Viendo que su ahijada se había quedado estupefacta y parecía dudar, incluso de lo que estaba viendo, la aparición añadió: 'Como prueba de la verdad de mis palabras, tú misma morirás dentro de un año, en la fiesta de la Asunción; si sobrevives a esa fecha, puedes pensar que esto ha sido una ilusión'".

San Pedro Damián concluye este relato diciendo que aquella mujer se pasó todo el año haciendo buenas obras, para estar preparada cuando le llegase el momento de presentarse ante Dios. Al año siguiente, en la vigilia de la Asunción, cayó enferma; murió el mismo día de la fiesta, como se le había predicho.

La fiesta de la Asunción es, pues, el gran día de la misericordia de María hacia las benditas ánimas del purgatorio; le complace introducir a sus hijos en la gloria del Cielo en el aniversario del día en que ella misma entró por primera vez allí. Esta creencia se funda en un gran número de revelaciones particulares.

Los ángeles. Santa Brígida. La venerable Paula de Santa Teresa. El hermano Pedro de Basto

Además de los consuelos que las almas del purgatorio reciben de la santísima Virgen, también los ángeles las asisten y las consuelan, especialmente sus ángeles de la guarda. Diversos autores nos enseñan que la misión de nuestros ángeles de la guarda termina únicamente cuando llegamos al Paraíso. Si, en el momento de la muerte, una persona, en estado de gracia, aún no es digna de ver el rostro del Altísimo, su ángel custodio le conduce al lugar de expiación, y permanece allí con ella para procurarle toda la asistencia y los consuelos que estén a su alcance.

Es opinión común entre los autores, dice el padre Rossignoli, que Dios, que un día enviará a sus ángeles para reunir a los elegidos, también los envía de vez en cuando al purgatorio para visitar y consolar a las almas que sufren. En el purgatorio no pueden tener un alivio mejor que ver a los habitantes del Cielo, esa bendita morada a la que un día irán para disfrutar de su gloriosa y eterna felicidad. Las revelaciones de santa Brígida están llenas de ejemplos de esta naturaleza, y las vidas de varios santos también proporcionan un gran número. La venerable hermana Paula de Santa Teresa, de la que hemos hablado anteriormente, tenía una extraordinaria devoción hacia la Iglesia purgante, por lo que fue recompensada en vida con visiones milagrosas.

Un día, mientras rezaba fervientemente por esta intención, fue transportada en espíritu al purgatorio, donde vio un gran número de almas sumergidas en llamas. Cerca de ellas estaba nuestro Salvador, asistido por sus ángeles, que iba señalando, una detrás de otra, a varias almas que deseaba llevar al cielo, a donde ascendieron con gran alegría. Al ver esto, la sierva de Dios, dirigiéndose a Jesús, le dijo: "¿Por qué solo has elegido a estos con todos los que hay?". "He liberado", le contestó, "a aquellos que durante su vida realizaron grandes actos de caridad y misericordia, y que han merecido que yo cumpla mi promesa con respecto a ellos: *Bienaventurados los misericordiosos, porque ellos obtendrán misericordia*".

En la vida del siervo de Dios, Pedro de Basto, encontramos un ejemplo de cómo los ángeles, incluso mientras nos vigilan en la tierra, se interesan por las almas del purgatorio. La historia de este religioso es tan interesante como edificante.

Pedro de Basto, hermano jesuita, a quien su biógrafo llama Alfonso Rodríguez de Malabar, murió en olor de santidad en Cochin, el 1 de marzo de 1645. Nació en Portugal, de la ilustre familia de Machado, unida por sangre a toda la nobleza de la provincia entre el Duero y el Miño. Los duques de Pastrano y Hixar eran sus parientes, tenía por delante una carrera llena de brillantes perspectivas. Pero Dios se lo había reservado para sí mismo, y le había dado dones espirituales maravillosos. Siendo aún un niño muy pequeño, cuando le llevaban a la iglesia, rezaba ante el Santísimo Sacramento con el fervor de un ángel. Se creía que todos los demás veían como él, con los ojos del cuerpo, las legiones de espíritus celestiales en adoración cerca del altar y del sagrario. Desde entonces, la Eucaristía se convirtió por excelencia en el centro de todos sus afectos y de los innumerables prodigios que caracterizaron su larga y santa vida.

Hacia los diecisiete años, gracias a su pureza de corazón y a la fuerza que recibía del sacramento de la Eucaristía, Pedro hizo en Lisboa un voto de castidad perpetua a los pies de Nuestra Señora del Perpetuo Socorro. Sin embargo, no pensaba aún en entregarse a Dios totalmente, y unos días después se embarcó para las Indias, siguiendo durante dos años la profesión militar.

Al acabar ese tiempo, estuvo a punto de perecer en un naufragio, quedando a la merced de las olas durante cinco días enteros. Fue salvado por la Reina del Cielo y su Divino Hijo, quienes se le aparecieron, y entonces prometió consagrarse enteramente a su servicio en el estado religioso durante el resto de su vida. Apenas regresó a Goa, a la edad de diecinueve años, se ofreció en calidad de hermano laico a los superiores de la Compañía de Jesús. Temiendo que sus apellidos le procuraran algún privilegio, adoptó desde entonces el nombre de la humilde aldea donde había recibido el bautismo, y se llamó simplemente Pedro de Basto.

Poco tiempo después, durante una de las pruebas de su noviciado, se produjo este maravilloso incidente que se registra en los anales de la Compañía y que tanto consuela a todos los hijos de san Ignacio. El maestro de novicios del hermano Pedro le envió en peregrinación con dos jóvenes compañeros a la isla de Salsette, ordenándoles que no aceptaran la hospitalidad de ninguno de los misioneros, sino que pidieran de pueblo en pueblo el pan de cada día y el alojamiento de la noche. Un día, fatigados por el largo viaje, se encontraron con una familia humilde, formada por un anciano, una mujer y un niño pequeño, quienes los recibieron con mucha amabilidad y compartieron con ellos su frugal comida. Al llegar el momento de irse, después de haberles dado mil veces las gracias, Pedro de Basto rogó a sus anfitriones que le dijeran sus nombres, deseando, sin duda, rezar por ellos a Dios. La mujer respondió: "Somos los tres fundadores de la Compañía de Jesús", y desaparecieron al instante.

Toda la vida religiosa de este santo hombre, hasta el día de su muerte, es decir, casi cincuenta y seis años, se encuentra tejida de maravillas y de gracias extraordinarias; pero hay que añadir que las mereció y que las compró, por decirlo de alguna manera, al precio de una gran virtud y de sacrificios y trabajos heroicos. Le encargaban, por turnos, los trabajos de la lavandería, la cocina o la puerta, en los colegios de Goa, de Tuticurin, de Coulao y de Cochin, y Pedro nunca rechazó las labores más duras, ni se reservó un poco de tiempo de sus trabajos para poder disfrutar de las delicias de la oración. Las enfermedades graves, que se debían únicamente al exceso de trabajo, eran, decía sonriendo, sus distracciones más agradables. Además, apenas disfrutaba de reposo, debido a la furia del demonio con él. Estos espíritus de las tinieblas se le aparecían bajo formas horribles. A menudo le golpeaban duramente, sobre todo a la hora de la noche, en la que, como era su costumbre, interrumpía su sueño para ir a rezar ante el Santísimo Sacramento.

Un día, mientras se encontraban de viaje, sus compañeros huyeron al sonido de una tropa de hombres, caballos y elefantes de aspecto formidable, que parecían acercarse a ellos con gestos furiosos. Solo él permaneció tranquilo; y cuando sus compañeros expresaron su asombro por no haber manifestado el menor signo de temor, él respondió: "Si Dios no permite que los demonios ejerzan su furia contra nosotros, ¿qué debemos temer? Y si les da el permiso, ¿por qué entonces esforzarse por escapar de sus golpes?". Solo tuvo que invocar a la Reina del Cielo, cuando apareció la tropa infernal para ponerla en fuga inmediatamente.

A menudo parecía que todo era confusión, incluso en lo más profundo de su alma, y solo encontraba calma, paz y victoria cerca de su refugio habitual: Jesús presente en la Sagrada Eucaristía. Un día, que había tenido varios incidentes que le habían causado un poco de perturbación, se postró al pie del altar y pidió al Señor el don de la paciencia. Entonces nuestro Señor se le apareció cubierto de heridas, con un manto de púrpura alrededor de los hombros, una cuerda alrededor del cuello, una caña en las manos y una corona de espinas en la cabeza; luego, dirigiéndose a Pedro, le dijo: "Mira lo que ha sufrido el verdadero Hijo de Dios para enseñar a los hombres a sufrir".

Pero lo más bonito de la devoción de Pedro de Basto a las almas del purgatorio es que estaba animada y secundada por su ángel custodio. A pesar de sus numerosos trabajos, recitaba diariamente el rosario por los difuntos. Un día, habiéndose olvidado de rezarlo, se acostó, pero apenas se había dormido cuando su ángel de la guarda le despertó. "Hijo mío", le dijo, "las almas del purgatorio esperan el beneficio de tu limosna diaria". Pedro se levantó al instante para cumplir con ese deber de piedad.

La beata Emilia de Vercelli. Los santos del Cielo

Si sabemos que los ángeles se interesan por las almas del purgatorio en general, es fácil comprender que tienen un celo particular por las de aquellos que se encuentran bajo su cuidado. En el convento de Vercelli, donde era priora la beata Emilia, religiosa dominica, un punto de la Regla consistía en no beber nunca entre las comidas, a menos que fuera con el permiso expreso de la superiora. La priora no solía conceder este permiso; aconsejaba a sus hermanas que hicieran ese pequeño sacrificio con alegría, recordando la sed ardiente que el Señor había soportado en la cruz por nuestra salvación. Y para animarlas, les sugirió que confiaran esas pocas gotas de agua a sus ángeles de la guarda, para que se las conservaran hasta la otra vida, y templaran el calor del purgatorio. El siguiente incidente muestra lo agradable que era para Dios esta piadosa práctica.

Una hermana, Cecilia Avogadra, vino un día a pedir permiso para refrescarse con un poco de agua, ya que estaba sedienta. "Hija mía", le dijo la priora, "haz este pequeño sacrificio por amor de Dios y pensando en el purgatorio". "Madre, este sacrificio no es pequeño; me muero de sed", respondió la buena hermana; sin embargo, aunque algo apenada, obedeció el consejo de su superiora. Este doble acto de obediencia y mortificación fue precioso a los ojos de Dios, y la hermana Cecilia pronto recibió su recompensa. Pocas semanas después murió, y a los tres días se apareció, resplandeciente de gloria, a la madre Emilia. "¡Oh Madre!", le dijo, "¡qué agradecida estoy contigo! Fui condenada a un largo purgatorio por haber tenido un afecto demasiado grande por mi familia, y he aquí que, después de dos días, vi a mi ángel guardián entrar en mi prisión, llevando en su mano el vaso de agua que me hicisteis ofrecer como sacrificio a mi Divino Esposo; derramó esa agua sobre las llamas que me devoraban y se apagaron inmediatamente, quedando liberada. Me voy al cielo, donde mi gratitud nunca te olvidará".

Así es como los ángeles de Dios consuelan a las almas en el purgatorio. Y podemos preguntarnos como pueden ayudarlas también los santos del Cielo. Es cierto, dice el padre Rossignoli, y tal es la enseñanza de todos los maestros de teología, san Agustín y santo Tomás, que los santos son muy poderosos en este sentido por medio de la *súplica,* pero no por la *satisfacción.* En otras palabras, los santos del cielo pueden rezar por las almas, y así *obtener* de la divina misericordia una disminución de sus sufrimientos; pero no pueden *satisfacer* por ellos, ni pagar sus deudas; ese es un privilegio que Dios reserva a la Iglesia militante.

3. *Las ayudas que se dan a las benditas ánimas del purgatorio: Sufragios. Obras de mérito, de súplica y de satisfacción*

La misericordia de Dios. Santa Gertrudis. Judas Macabeo

Si Dios consuela a las almas del purgatorio con tanta bondad, su misericordia es mayor al considerar el poder que da a su Iglesia para acortar la duración de sus sufrimientos. Desea ejecutar con clemencia su sentencia, y así acuerda la disminución y el alivio del dolor, pero lo hace de manera indirecta, a través de la intervención de los vivos. A nosotros nos da todo el poder para socorrer a nuestros hermanos afligidos por medio de los *sufragios,* de la *súplica* y la *satisfacción.*

La palabra *sufragio* es sinónimo de *oración* en el lenguaje eclesiástico; sin embargo, cuando el Concilio de Trento afirma que *los sufragios de los fieles* pueden ayudar a las almas del purgatorio, se le da un sentido más amplio a esa palabra, incluyendo todo lo que podemos ofrecer a favor de los difuntos: podemos ofrecer por ellos no solo nuestras oraciones, sino también nuestras buenas obras, en la medida en que sean *impetratorias* o *salvadoras.*

Hay que recordar que cada una de nuestras buenas obras, cuando las realizamos en estado de gracia, posee normalmente un triple valor a los ojos de Dios.

1. Por una parte, la obra es *meritoria*, es decir, aumenta nuestro mérito; nos da derecho a un nuevo grado de gloria en el cielo.

2. Por otra parte, la obra es *impetratoria*, es decir, que, como la oración, tiene la virtud de obtener alguna gracia de Dios.

3. Por último, es *salvadora*, es decir, que tienen un valor y con ellas puede decirse que se satisface la justicia divina y se pagan nuestras deudas ante Dios.

El *mérito* es inalienable: es propiedad de la persona que realiza la acción. Pero, el valor *impetratorio* y el *salvador* pueden beneficiar a otras personas en virtud de la comunión de los santos.

Dicho esto, se puede responder la siguiente pregunta: ¿Qué son, entonces, los *sufragios* con los que, según la doctrina de la Iglesia, podemos ayudar a las almas del purgatorio? Consisten en oraciones, limosnas, ayunos y penitencias de cualquier clase, indulgencias y, sobre todo, el santo sacrificio de la Misa. Podemos ofrecer todas las obras que realizamos en gracia para aliviar a nuestros hermanos del purgatorio; Dios las aplica según su justicia y su misericordia: es justo y a la vez multiplica los efectos de su misericordia, a favor tanto de la Iglesia purgante y de la Iglesia militante. La ayuda misericordiosa que Él nos permite dar a nuestros hermanos que sufren es muy beneficiosa para nosotros mismos. *Es una obra ventajosa para los difuntos y santa y saludable para los vivos.*

Leemos en las *Revelaciones de Santa Gertrudis* como una humilde religiosa de su comunidad, habiendo tenido una vida ejemplar murió de manera muy piadosa. Dios se dignó mostrar el estado de su alma en la otra vida a la santa. Gertrudis vio su alma adornada con una gran belleza, y querida por Jesús, que la miraba con amor. Sin embargo, debido a una ligera negligencia aún no expiada, no pudo entrar en el Cielo, sino que se vio obligada a descender a la lúgubre morada del sufrimiento. Apenas había desaparecido en las profundidades, la santa la vio salir y elevarse hacia el Cielo, transportada allí por los sufragios de la Iglesia.

Incluso en la antigua ley, se ofrecían oraciones y sacrificios por los difuntos. La Sagrada Escritura califica de loable la piadosa acción de Judas Macabeo después de su victoria sobre Gorgias, general del rey Antíoco. Los soldados habían cometido una falta al tomar del botín algunos objetos ofrecidos a los ídolos, algo prohibido por la ley. Entonces Judas, jefe del ejército de Israel, mandó oraciones y sacrificios para la remisión de sus pecados, y para el descanso de sus almas. Veamos cómo se relata este hecho en las Escrituras. (2 M 12, 39).

"Al día siguiente, cuanto el tiempo ya urgía, fueron los compañeros de Judas a trasladar los cuerpos de los que habían caído y, acompañados de sus familiares, a colocarlos en los sepulcros de la familia. Pero debajo de las túnicas de cada uno de los muertos encontraron objetos sagrados pertenecientes a los ídolos de Yamnia que la Ley prohíbe a los judíos. Se hizo evidente a todos que aquellos habían muerto por esta causa".

"Entonces, todos, después de alabar los designios del Señor juez justo que hace manifiestas las cosas ocultas, recurrieron a la oración pidiendo que el pecado cometido fuese completamente perdonado. El valeroso Judas exhortó a la multitud a mantenerse sin pecado, tras haber contemplado con sus ojos lo sucedido por el pecado de los que habían caído. Y, haciendo una colecta entre sus hombres de hasta dos mil dracmas de plata, los envió a Jerusalén para que se ofreciera un sacrificio por el pecado, obrando recta y noblemente al pensar en la resurrección. Porque si no hubiese estado convencido de que los caídos resucitarían, habría sido superfluo e inútil rezar por los difuntos. Pero si pensaba en la bellísima recompensa reservada a los que duermen piadosamente, su pensamiento era santo y devoto. Por eso hizo el sacrificio expiatorio por los difuntos, para que fueran perdonados sus pecados".

4. *La asistencia a las benditas ánimas del purgatorio: la santa Misa*

San Agustín y Santa Mónica

Tras la venida de Jesús contamos con el santo sacrificio de la Misa, incomparable a los sacrificios de la Ley de Moisés. El Hijo de Dios lo instituyó, no solo como un digno homenaje de la criatura a la divina majestad, sino también como una *propiciación* para los vivos y los muertos; es decir, como un medio eficaz para apaciguar la justicia de Dios, provocada por nuestros pecados.

El santo sacrificio de la Misa se celebra por los difuntos, incluso desde la fundación de la Iglesia. "Celebramos el aniversario del triunfo de los mártires", escribe Tertuliano en el siglo III, "y, según la tradición de nuestros padres, ofrecemos el santo sacrificio por los difuntos en el aniversario de su muerte" *(De Corona,* c. 5).

"No se puede dudar", escribe misericordia Agustín, "de que las oraciones de la Iglesia, el santo sacrificio y las limosnas distribuidas por los difuntos, reviven a esas almas santas y mueven a Dios a tratarlas con más clemencia de la que sus pecados merecen. Esta es la práctica universal de la Iglesia, una práctica recibida de sus antepasados, es decir, de los santos apóstoles" *(Sermón 34).*

Santa Mónica, madre de san Agustín, cuando estaba a punto de expirar, solo pidió una cosa a su hijo: que se acordara de ella en el altar de Dios; y, al relatar esa conmovedora circunstancia en sus *Confesiones*, ruega a todos sus lectores que se unan a él para pedir por ella a Dios durante la Misa. Deseando volver a África, santa Mónica fue con su hijo Agustín a Ostia, para embarcarse; pero cayó enferma, y pronto sintió que su fin se acercaba. "Es aquí", dijo a su hijo, "donde darás sepultura a tu madre. Lo único que te pido es que te acuerdes de mí en el altar del Señor".

San Agustín continúa: "Que me perdonen las lágrimas que derramé entonces, porque no se debe lamentar esa muerte que fue solo la entrada a la verdadera vida. Sin embargo, considerando con los ojos de la fe las miserias de nuestra naturaleza caída, podría derramar ante ti, oh Señor, otras lágrimas que las de la carne, lágrimas que fluyen al pensar en el peligro al que está expuesta toda alma que haya pecado en Adán".

"Es cierto que mi madre vivió de tal manera que dio gloria a tu nombre, por la actividad de su fe y la pureza de su moral; sin embargo, ¿me atrevo a afirmar que ninguna palabra contraria a tu ley se ha escapado de sus labios? ¡Ay! ¿Qué será de la vida más santa si la examinas con todos los rigores de tu justicia? Por eso, oh Dios de mi corazón, dejo de lado las buenas obras que mi madre ha hecho para pedirte solo el perdón de sus pecados. Escúchame, por las heridas de Aquel que murió por nosotros en la Cruz, y que, ahora sentado a tu derecha, es nuestro Mediador".

"Sé que mi madre siempre mostró misericordia, que perdonó de corazón todas las ofensas y perdonó todas las deudas que le debían. Cancela entonces sus deudas, si en el curso de su larga vida hay alguna deuda contigo. Perdónala, oh Señor, perdónala, y no entres en juicio contra ella; porque tus palabras son verdaderas; Tú has prometido misericordia a los misericordiosos".

"Esta misericordia, creo, ya se la has mostrado, oh Dios mío; pero acepta el homenaje de mi oración. Recuerda que en su paso a la otra vida, tu sierva no deseaba para su cuerpo ni pomposos funerales ni perfumes preciosos, no pedía una tumba magnífica, ni que la llevaran a la que ella había hecho construir en Tagaste, su lugar natal; sino solo que la recordáramos en tu altar, cuyos misterios ella apreciaba".

"Tú sabes, Señor, que todos los días de su vida participó en esos Divinos Misterios que contienen a la santa víctima cuya sangre ha borrado la sentencia de nuestra condena. Que descanse entonces en paz con mi padre, su esposo, con el cónyuge al que fue fiel durante todos los días de su unión, y en las penas de su viudez con aquel cuyo humilde servidor se hizo ella misma, para ganarlo para ti con su mansedumbre y paciencia. Y Tú, Dios mío, inspira a tus siervos, que son mis hermanos, inspira a todos los que leen estas líneas a recordar en tu altar a Mónica, tu sierva, y a Patricio, que fue su esposo; para que todos los que aún viven en la falsa luz de este mundo recuerden piadosamente a mis padres, para que la última oración de mi madre moribunda sea escuchada más allá de sus expectativas".

Este hermoso pasaje de misericordia Agustín nos muestra la opinión de este gran Doctor sobre el tema de los sufragios por los difuntos, y nos hace ver claramente que el mayor de todos los sufragios es el santo sacrificio de la Misa.

Jubileo de León XIII. Solemne Conmemoración de los Difuntos el último domingo de septiembre

En 1888 la Iglesia celebró con gran entusiasmo el jubileo sacerdotal del santo Padre en aquellos días: el Papa León XIII. Los fieles de todas partes del mundo fueron a Roma, en persona o de corazón, para ofrecer su homenaje y regalos a los pies del Vicario de Jesucristo. Toda la Iglesia militante se llenó de alegría. La Iglesia triunfante en el Cielo compartió esta alegría con la canonización y beatificación de un gran número de personas. ¿No era apropiado que la Iglesia sufriente también participara en ella? ¿Podrían nuestros queridos hermanos del purgatorio ser olvidados? ¿No deberían esas almas tan queridas por el corazón de Jesús experimentar también los felices efectos de esa fiesta tan gloriosa?

León XIII lo entendía de esa manera. Guiado por el Espíritu Santo, por una Carta Encíclica fechada el 1 de abril de 1888, decretó que, en todo el mundo cristiano, debería haber una solemne *Conmemoración de los Difuntos* en el último domingo del mes de septiembre. Para coronar, en cierto sentido, la alegría general, el Papa afirma que desea cumplir, "lo más perfectamente posible, el deber de nuestra caridad apostólica extendiendo la plenitud de infinitos tesoros espirituales a aquellos amados hijos de la Iglesia que, habiendo muerto con la muerte de los justos, han abandonado esta vida de combate con el signo de la fe, y se han convertido en vástagos de la vid mística, aunque no se les permite entrar en la paz eterna hasta que hayan pagado el último centavo de la deuda que tienen con la justicia vengadora de Dios".

"Nos conmueven tanto los piadosos deseos de los católicos, a los que sabemos que nuestra resolución será particularmente querida, como la intensidad agonizante de los dolores sufridos por las almas difuntas; pero nos inspira especialmente la costumbre de la Iglesia, que, en medio de las más alegres solemnidades del año, no olvida la santa y saludable conmemoración de los difuntos para que sean liberados de sus pecados".

"Por esta razón, como es cierto, según la doctrina católica, que las almas detenidas en el purgatorio son aliviadas por los sufragios de los fieles, y especialmente por el augusto sacrificio del altar, pensamos que no podemos dar una prenda más útil ni más deseable de nuestro amor que multiplicando por todas partes, para el alivio de sus dolores, la pura oblación del santo sacrificio de nuestro divino mediador".

"Nombramos, pues, con todas las dispensas y derogaciones necesarias, *el último domingo del mes de septiembre próximo* como día de amplia expiación; día en el que se celebrará por nosotros, y también por nuestros hermanos los patriarcas, arzobispos, obispos, y por todos los demás prelados que ejerzan su jurisdicción en una diócesis, cada uno en su iglesia patriarcal, metropolitana o catedral, una Misa especial por los difuntos, con toda la solemnidad posible, y según el rito indicado por el misal para la *Conmemoración de todos los Fieles Difuntos*. Aprobamos que se haga lo mismo en las iglesias parroquiales y colegiales, tanto seculares como regulares, siempre que no se omita el oficio propio de la Misa del día en todos los lugares donde exista tal obligación".

"En cuanto a los fieles, les exhortamos encarecidamente, después de haber recibido el sacramento de la Penitencia, a alimentarse devotamente con el pan de los ángeles por medio del sufragio de las almas del purgatorio".

"Por nuestra autoridad apostólica, a los fieles que lo hagan les concedemos una indulgencia plenaria, que se aplicará a las almas difuntas, y el favor del altar privilegiado a todos aquellos que, como hemos dicho antes, celebren la Misa".

"Así, las almas santas que expían los restos de sus faltas por esos agudos dolores recibirán un alivio especial y eficaz, gracias a la Hostia salvadora que la Iglesia Universal, unida a su Cabeza visible y animada con el mismo espíritu de caridad, ofrecerá a Dios, para que les admita en la morada del consuelo, de la luz y de la paz eterna".

"Mientras tanto, venerables hermanos, os concedemos afectuosamente en el Señor, como prenda de estos dones celestiales, la bendición apostólica para vosotros, para todo el clero y para todo el pueblo confiado a vuestro cuidado".

"Dado en Roma, bajo el sello del Pescador, en la solemnidad de la Pascua, en el año 1888, el undécimo de nuestro Pontificado".

El beato Suso de Colonia

De todo lo que podemos hacer en favor de las almas del purgatorio, no hay nada más valioso que la inmolación de nuestro Salvador sobre el altar: la santa Misa. Además de ser la doctrina expresa de la Iglesia, manifestada en los diversos Concilios, muchos hechos milagrosos, debidamente autentificados, no dejan lugar a dudas sobre esto. Ya hemos hablado del religioso que fue liberado del purgatorio por las oraciones de san Bernardo y su comunidad. Este religioso, cuya constancia no era como se podía desear, se había presentado después de su muerte para pedir la ayuda de san Bernardo. Según recoge Rossignoli, el santo abad, con todos sus fervientes discípulos, se apresuró a ofrecer oraciones, ayunos y Misas por el pobre hermano difunto. Este último fue liberado rápidamente y se presentó, lleno de gratitud, a un anciano religioso de la comunidad que se había interesado especialmente por él. Interrogado sobre el sufragio que le había sido más provechoso, en lugar de responder, tomó de la mano al anciano y, conduciéndolo a la iglesia donde se celebraba la Misa, dijo, señalando el altar: "He aquí", dijo, "el gran poder redentor que ha roto mis cadenas; he aquí el precio de mi rescate: es la Hostia salvadora, que quita los pecados del mundo".

He aquí otro incidente, relatado por el historiador Fernando de Castilla, y citado también por el padre Rossignoli. Había en Colonia, entre los estudiantes de las clases superiores de la universidad, dos religiosos dominicos de distinguido talento, uno de los cuales era el beato Enrique Suso. Los mismos estudios, el mismo tipo de vida y, sobre todo, la misma lucha por la santidad, les había hecho contraer una íntima amistad, y se contaban mutuamente los favores que recibían del Cielo.

Cuando terminaron sus estudios, viendo que estaban a punto de separarse, para volver cada uno a su convento, se pusieron de acuerdo y se prometieron mutuamente que el primero de los dos que muriera sería asistido por el otro durante todo un año por la celebración de dos Misas cada semana (el lunes una Misa de réquiem, como era costumbre, y el viernes la de la Pasión, en la medida en que las rúbricas lo permitieran). Se comprometieron a hacerlo, se dieron el beso de paz y dejaron Colonia.

Durante varios años ambos continuaron sirviendo a Dios con gran fervor. El hermano cuyo nombre no se menciona fue el primero en fallecer, y Suso recibió la noticia con resignación a la voluntad divina. En cuanto al trato que habían hecho, el tiempo le había hecho olvidarlo. Rezaba mucho por su amigo, imponiéndose nuevas penitencias y muchas otras buenas obras, pero no se acordaba de ofrecer las Misas que le había prometido.

Una mañana, mientras meditaba en la capilla, vio aparecer ante él el alma de su amigo difunto, quien, mirándolo con ternura, le reprochó haber sido infiel a su palabra dada y aceptada, y en la que él había confiado. Suso, sorprendido, excusó su olvido enumerando las oraciones y mortificaciones que había ofrecido y seguía ofreciendo por su amigo, cuya salvación quería tanto como la suya. "¿Es posible, querido hermano, que tantas oraciones y buenas obras que he ofrecido a Dios no sean suficientes para tu salvación?". "¡Oh!, no", respondió el alma sufriente, "eso no es suficiente. Es la Sangre de Jesucristo la que se necesita para apagar las llamas que me consumen; es el santo sacrificio el que me librará de estos espantosos tormentos, te imploro que cumplas tu palabra, y no me niegues lo que en justicia me debes".

El beato Suso se apresuró a responder al llamamiento de su amigo; y, para reparar su falta, celebró, e hizo celebrar, más Misas de las que había prometido.

Al día siguiente, varios sacerdotes, a petición de Suso, se unieron a él para ofrecer el santo sacrificio por los difuntos, y continuaron haciéndolo durante varios días.

Al cabo de algún tiempo, el amigo de Suso se le apareció de nuevo, pero ahora en una condición muy diferente; su rostro estaba alegre y rodeado de una hermosa luz. "Gracias, fiel amigo", dijo, "por la sangre de mi Salvador he sido liberado de mis sufrimientos. Ahora voy al cielo a contemplar a Aquel a quien tantas veces adoramos juntos bajo el velo eucarístico". Suso se postró para agradecer al Dios de toda misericordia, y comprendió más que nunca el inestimable valor del santo sacrificio del altar.

Santa Isabel y la reina Constanza. San Nicolás de Tolentino y Pellegrino d'Osimo

Leemos en la vida de santa Isabel de Portugal que, después de la muerte de su hija Constanza, supo del lamentable estado de los fallecidos en el purgatorio y el precio que Dios exige por su rescate. La joven princesa se había casado poco antes con el rey de Castilla, y falleció por una muerte súbita, lo que supuso un gran dolor de su familia y sus súbditos. Isabel, al recibir esta noticia, fue con el rey, su esposo, hacia la ciudad de Santarém, cuando un ermitaño, saliendo de su soledad, corrió tras el cortejo real, gritando que deseaba hablar con la reina. Los guardias le apartaban, pero la santa, al ver que insistía, ordenó que le trajeran a aquel ermitaño.

Tan pronto como llegó a su presencia, le contó que más de una vez, mientras rezaba en su ermita, se le había aparecido la reina Constanza, rogándole urgentemente que le hiciera saber a su madre que estaba languideciendo en las profundidades del purgatorio, que estaba condenada a largos y terribles sufrimientos, pero que sería liberada si durante un año se celebraba cada día el santo sacrificio de la Misa por ella. Los cortesanos que escucharon su mensaje le ridiculizaron en voz alta, y trataron al ermitaño como un visionario impostor o un tonto.

En cuanto a Isabel, se volvió hacia el rey y le preguntó qué pensaba de aquello. "Creo", respondió el príncipe, "que es prudente hacer lo que te ha señalado de manera tan extraordinaria. Después de todo, celebrar misas por nuestros queridos parientes fallecidos no es más que un deber paternal y cristiano". Se designó al sacerdote Ferdinand Méndez para decir las misas.

A finales de año, Constanza se le apareció a santa Isabel, vestida con una brillante túnica blanca. "Hoy, querida madre", dijo ella, "he sido liberada de los dolores del purgatorio, y estoy a punto de entrar en el Cielo". Llena de consuelo y alegría, la santa fue a la iglesia para dar gracias a Dios. Allí encontró al sacerdote Méndez, quien le aseguró que el día anterior había terminado la celebración de las trescientas sesenta y cinco Misas que le habían sido encomendadas. La reina comprendió entonces que Dios había cumplido la promesa que le había hecho al piadoso ermitaño, y dio testimonio de su gratitud distribuyendo abundantes limosnas a los pobres.

"Tú nos salvas de nuestros adversarios y avergüenzas a los que nos odian" (Sal 44). Esas fueron las palabras dirigidas al ilustre san Nicolás de Tolentino por las almas por las que ofreció el santo sacrificio de la Misa. Una de las mayores virtudes de ese admirable siervo de Dios, dice el padre Rossignoli, era su caridad, su devoción por la Iglesia purgante. Por ella ayunaba frecuentemente a base pan y agua, se imponía grandes disciplinas y llevaba en sus lomos una cadena de hierro de punta afilada. Cuando ingresó en el convento de la Orden de San Agustín y sus superiores quisieron conferirle el sacerdocio, dudó mucho tiempo ante esa sublime dignidad, y nada hacía que se decidiera a recibir las órdenes sagradas, excepto el pensamiento de que celebrando diariamente el santo sacrificio podría ayudar más eficazmente a las almas que sufrían en el purgatorio. Por su parte, las almas a las que aliviaba con tantos sufragios se le aparecieron en alguna ocasión para agradecerle o para encomendarse a sus oraciones.

Vivía cerca de Pisa, enteramente ocupado con sus ejercicios espirituales, cuando un sábado por la noche vio en un sueño a un alma en pena, que le suplicó que celebrara la santa Misa a la mañana siguiente por ella y por varias otras almas que sufrían más terriblemente en el purgatorio. Nicolás reconoció la voz, pero no pudo recordar quien era la persona que le hablaba. "Soy", dijo la aparición, "tu difunto amigo Pellegrino d'Osimo. Por la divina misericordia he escapado al castigo eterno por el arrepentimiento; pero no al castigo temporal debido a mis pecados. Vengo en nombre de muchas almas, tan desafortunadas como yo, a rogarte que ofrezcas la santa Misa por nosotros mañana; de ella esperamos nuestra liberación, o al menos un gran alivio". El santo respondió, con su habitual amabilidad: "¡Que Nuestro Señor se digne aliviaros por los méritos de su preciosa sangre! Pero esta Misa por los difuntos no puedo decirla mañana pues debo cantar la misa conventual en el coro". "¡Ah! Pues al menos ven conmigo ahora", gritó el alma difunta, entre suspiros y lágrimas; "te pido, por amor de Dios, que vengas y veas nuestros sufrimientos, y ya no te negarás; eres demasiado bueno para dejarnos en una agonía tan espantosa".

Entonces le pareció que le llevaban al purgatorio. Vio una inmensa llanura, donde una gran multitud de almas, de todas las edades y condiciones, eran presa de las diversas torturas más horribles que él había visto jamás. Con gestos y palabras imploraban su ayuda con gran misericordia. "Mira", dijo Pellegrino, "el estado de los que me enviaron a ti. Ya que eres agradable a los ojos de Dios, confiamos en que no rechazará nada del sacrificio ofrecido por ti, y que su divina misericordia nos liberará".

Ante esta lamentable visión, el santo no pudo reprimir sus lágrimas. Inmediatamente se puso a rezar, para consolarles en su dolor, y a la mañana siguiente se dirigió al prior, contándole la visión que había tenido y la petición que le habían hecho. El padre prior, compartiendo su emoción, le dispensó para ese día, y para el resto de la semana, de decir la misa conventual, para que pudiera ofrecer el santo sacrificio por los difuntos, y dedicarse enteramente al alivio de las almas que sufrían. Encantado con este permiso, Nicolás fue a la iglesia y celebró la santa Misa con un fervor extraordinario. Durante toda la semana continuó celebrando el santo sacrificio por la misma intención, además de ofrecer oraciones diurnas y nocturnas, disciplinas y toda clase de buenas obras.

Al final de la semana se le apareció de nuevo Pellegrino, pero ya no en estado de sufrimiento, sino vestido con una vestimenta blanca y rodeado de una luz celestial, y señalaba un gran número de almas felices. Todos le dieron las gracias, llamándole su libertador; luego, elevándose hacia el Cielo, cantaron estas palabras del salmista: "Tú nos salvas de nuestros adversarios y avergüenzas a los que nos odian" (Sal 44). Los enemigos de los que se habla aquí son los pecados y los demonios que son sus instigadores.

Padre Gerardo. Las treinta Misas de san Gregorio

Consideremos ahora los efectos sobrenaturales de otro tipo, pero que prueban igualmente la eficacia del santo sacrificio de la Misa ofrecida por los difuntos. Los encontramos en las Memorias del padre Gerardo, jesuita inglés y confesor de la fe durante las persecuciones en Inglaterra en el siglo XVI. Después de relatar cómo había acogido a un caballero protestante convertido al catolicismo, casado con una de sus primas, el padre Gerardo añade: "Esta conversión llevó a otra en las circunstancias más extraordinarias. Mi nuevo converso fue a ver a uno de sus amigos que estaba peligrosamente enfermo. Era un hombre recto, que seguía siendo protestante más por razones sin fundamento que por otra cosa. El visitante le exhortó urgentemente a que se convirtiera, y a que pensara en su alma; y obtuvo de él la promesa de que haría su confesión de fe. Le instruyó en todo, le enseñó a sentir la contrición por sus pecados y fue a buscar un sacerdote. Tuvo grandes dificultades para encontrar uno, y mientras tanto el enfermo murió. Cuando estaba a punto de expirar, el pobre moribundo preguntó con frecuencia si su amigo no había regresado aún con el médico que había prometido traer; así fue como llamó al sacerdote católico".

"Lo que siguió mostró que Dios había aceptado la buena voluntad del difunto. Las noches siguientes a su muerte, su esposa, una protestante, vio una luz que se movía en su habitación, y que llegaba hasta las cortinas de su cama. Temerosa, deseaba que una de sus criadas durmiera en su habitación; pero ésta no vio nada, aunque la luz seguía siendo visible a los ojos de su ama. La pobre señora mandó llamar al amigo cuyo regreso su marido había estado esperando con tanta ansia, le contó lo que había sucedido y le preguntó qué debía hacer".

"Este amigo, el caballero converso, antes de dar una respuesta consultó a un sacerdote católico. El sacerdote le dijo que la luz era, para la esposa del difunto, un signo sobrenatural por el cual Dios la invitaba a volver a la fe verdadera. La señora quedó profundamente impresionada por estas palabras; abrió su corazón a la gracia, y se convirtió".

"Una vez católica, hizo que se celebrara la Misa en su habitación durante algún tiempo; pero la luz siempre volvía. El sacerdote, considerando estas circunstancias ante Dios, pensó que el difunto, aunque salvado por su arrepentimiento acompañado del deseo de confesarse, estaba en el purgatorio, y tenía necesidad de oraciones. Aconsejó a la señora que hiciera decir la Misa por él durante treinta días, según una antigua costumbre de los católicos ingleses. La buena viuda siguió este consejo, y al trigésimo día, en lugar de una luz, vio tres, dos de las cuales parecían apoyar a otra. Las tres luces se cernieron sobre su cama, luego se elevaron hacia el cielo, para no volver nunca más. Estas tres luces podrían significar las tres conversiones, y la eficacia del santo sacrificio de la Misa para abrir el cielo a las almas difuntas".

Las treinta Misas que se celebran durante treinta días consecutivos no es una costumbre solo inglesa, como la llama el padre Gérard, sino que está muy difundida en Italia y en otros países cristianos. Estas Misas se llaman las *Treinta Misas gregorianas,* pues la piadosa costumbre parece remontarse a este gran Papa. Así se relata en sus *Diálogos* (Libro 4, cap. 40): Un religioso, llamado Justo, había recibido y guardado para él mismo tres piezas de oro. Se trataba de una falta grave contra su voto de pobreza. Fue descubierto y excomulgado. Esta pena fue en cierta medida beneficiosa para él, pues le hizo entrar en sí mismo, y algún tiempo después murió verdaderamente arrepentimiento. Sin embargo, san Gregorio, para inspirar a los hermanos a un auténtico rechazo del pecado de la avaricia en un religioso, no retiró la sentencia de excomunión: Justo fue enterrado aparte de los otros monjes, y las tres monedas fueron arrojadas a la tumba, mientras que los demás religiosos repetían las palabras de san Pedro a Simón el Mago: "Que tu plata perezca contigo" (Hch 8).

Algún tiempo después, el santo Abad, juzgando que el escándalo había sido suficientemente reparado, y movido por la compasión por el alma de Justo, llamó al procurador y le dijo con tristeza: "Desde el momento de su muerte, nuestro hermano ha sido torturado en las llamas del purgatorio; debemos por caridad hacer un esfuerzo para liberarlo. Ve y procura que desde ahora se ofrezca el santo sacrificio durante treinta días; no dejes pasar una mañana sin que se haga para su liberación".

El procurador obedeció puntualmente. Las treinta Misas se celebraron en el curso de treinta días. Cuando llegó el trigésimo día y terminó la trigésima Misa, el difunto se le apareció a un hermano llamado Copio, diciendo: "Bendito sea Dios, hermano, hoy soy liberado y admitido en la sociedad de los santos".

Desde entonces se ha establecido la piadosa costumbre de celebrar treinta Misas por los fieles difuntos.

Eugenia Wybo. Lacordaire y el príncipe Polaco

Nada está más ligado al espíritu cristiano que ofrecer el santo sacrificio por el alivio de las almas de los difuntos, y sería una desgracia si los que vivimos en la tierra lo descuidáramos. Y a veces parece que Dios multiplica los prodigios para evitar que nos olvidemos. El siguiente incidente es atestiguado por un buen sacerdote de la diócesis de Brujas, que lo recibió de su fuente original, y cuyo testimonio tiene la certeza de un testigo ocular con respecto al hecho: el 13 de octubre de 1849, murió a la edad de cincuenta y dos años, en la parroquia de Ardoye, en Flandes, una mujer llamada Eugenia Van de Kerckove, cuyo marido, John Wybo, era agricultor. Era una mujer piadosa y caritativa, que daba limosna con una generosidad proporcional a sus medios. Tuvo, hasta el final de su vida, una gran devoción a la santísima Virgen, y en su honor el viernes y sábado de cada semana hacía abstinencia. Aunque su conducta no era intachable, llevaba una vida bastante ejemplar.

Una sirvienta, llamada Bárbara Vennecke, de veintiocho años, una muchacha virtuosa y devota, y que había cuidado a su señora en su última enfermedad, continuó sirviendo a su amo, Juan Wybo, el viudo de Eugenia.

Alrededor de tres semanas después de su muerte, la difunta se apareció a su sirvienta. Fue en medio de la noche; Bárbara dormía profundamente cuando se oyó llamar claramente tres veces por su nombre. Se despertó con un sobresalto, y vio ante ella a su señora, sentada al lado de su cama, vestida con un vestido de trabajo: una falda y una chaqueta corta. Al ver esto, aunque asombrada, Bárbara no se asustó en absoluto, y mantuvo la serenidad. La aparición le habló: "Bárbara", dijo, simplemente pronunciando su nombre. "¿Qué deseas, Eugenia?", respondió la sirvienta. "Toma", dijo la señora, "el pequeño rastrillo que te he dicho a menudo que pongas en su lugar; remueve el montón de arena de la pequeña habitación; ya sabes a cuál me refiero. Allí encontrarás una suma de dinero; úsala para que se digan Misas, dos francos por cada una, por mi salvación, porque todavía estoy sufriendo". "Lo haré, Eugenia", respondió Bárbara, y en ese mismo momento la aparición desapareció. La sirvienta, bastante tranquila, se durmió de nuevo, y se acostó hasta la mañana siguiente.

Al despertarse, Bárbara dudó de si todo había sido un sueño, pero estaba profundamente impresionada, pues parecía todo muy real. Había visto a su vieja señora en una forma tan distinta, tan llena de vida, había recibido de sus labios indicaciones tan precisas, que no pudo evitar pensar: "No es así como soñamos. Vi a mi señora en persona; se presentó ante mis ojos y me habló. No es un sueño, sino una realidad".

Por lo tanto, fue y tomó el rastrillo como se le indicó, removió la arena y sacó un bolso que contenía la suma de quinientos francos.

En tan extrañas y extraordinarias circunstancias, la buena muchacha pensó que era su deber buscar el consejo de su pastor, y fue a contarle todo lo que había sucedido. El venerable sacerdote, párroco de Ardoye, respondió que las Misas pedidas por el alma difunta debían celebrarse, pero que para disponer de la suma de dinero era necesario el consentimiento del granjero, John Wybo. Este último consintió de buena gana en que el dinero se empleara para un fin tan santo, y las Misas se celebraron, recibiendo dos francos por cada una.

Llamamos la atención sobre la circunstancia del honorario, porque correspondía a la piadosa costumbre de honrar a los difuntos. El honorario de una Misa fijado por la tarifa diocesana era de un franco y medio, pero la esposa de Wybo, por consideración al clero, obligado en aquella época de escasez a socorrer a un gran número de pobres, daba dos francos por cada Misa que estaba acostumbrada a encargar.

Dos meses después de la primera aparición, Bárbara se despertó de nuevo durante la noche. Esta vez su habitación se iluminó con una luz brillante, y su ama, bella como cuando era joven, vestida con una túnica de una blancura deslumbrante, se presentó ante ella, mirándola con una sonrisa amable. "Bárbara", dijo con una voz clara y audible, "te doy las gracias, me he liberado". Al decir estas palabras, desapareció, y la habitación se volvió oscura como antes. La sirvienta, sorprendida por lo que había visto, se sintió llena de alegría. Esta aparición causó una impresión muy viva en su mente, y conservó toda su vida ese buen recuerdo de su señora. Es de ella de quien tenemos estos detalles, gracias al venerable párroco de Ardoye.

El célebre padre Lacordaire, en el inicio de las conferencias sobre la inmortalidad del alma, que dirigió unos años antes de su muerte a los alumnos de Sorèze, les relató el siguiente incidente:

Un príncipe polaco, ateo y materialista declarado, acababa de componer una obra contra la inmortalidad del alma. Estaba a punto de enviarla a la imprenta, cuando un día, paseando por su parque, una mujer bañada en lágrimas se arrojó a sus pies y con profundo dolor le dijo: "Mi buen príncipe, mi marido acaba de morir... En este momento su alma está quizás sufriendo en el purgatorio... Estoy en tal pobreza que no tengo ni siquiera la pequeña suma necesaria para celebrar una Misa por los difuntos. En tu bondad ven a ayudarme en nombre de mi pobre marido".

Aunque el caballero estaba convencido de que la mujer estaba equivocada con esas creencias, no tuvo el valor de rechazarla. Le puso una pieza de oro en la mano, y la feliz mujer se apresuró a la iglesia, y le rogó al sacerdote que ofreciera algunas Misas para el descanso del alma de su marido. Cinco días más tarde, hacia la noche, el príncipe, apartado en su estudio, estaba leyendo su manuscrito y retocando algunos detalles, cuando, levantando los ojos, vio, cerca de él, a un hombre vestido con el traje de los campesinos del país. "Príncipe", dijo el visitante desconocido, "vengo a darle las gracias, soy el marido de esa pobre mujer que le rogó el otro día que le diera una limosna, para que le ofreciera el santo sacrificio de la Misa por el descanso de mi alma. Su caridad fue agradable a Dios: fue Él quien me permitió venir a darle las gracias".

Tras estas palabras, el campesino polaco desapareció como una sombra. La emoción del príncipe era indescriptible, inmediatamente echó su trabajo a las llamas, y se entregó a la búsqueda de la verdad hasta que finalmente se convirtió. Fue un buen cristiano hasta la muerte.

Liturgia de la Iglesia. Conmemoración de los Fieles Difuntos. San Odilo

La Iglesia posee una liturgia especial para los difuntos: está compuesta del oficio de difuntos (laudes, vísperas, etc.) y de la Misa comúnmente llamada Misa de réquiem. Se trata de una liturgia conmovedora, elevada y que muestra a los fieles, a través del duelo y del llanto, la luz consoladora de la eternidad. Se usa en los funerales de los fieles y particularmente en el día solemne de la Conmemoración de los Fieles Difuntos. La santa Misa ocupa el primer lugar; es como el centro divino alrededor del cual se agrupan todas las demás oraciones y ceremonias. El día siguiente al día de Todos los Santos, la gran solemnidad de los Fieles Difuntos, todos los sacerdotes deben ofrecer el santo sacrificio por los difuntos; al cual los demás fieles tienen el deber de asistir, e incluso ofrecer la Sagrada Comunión, oraciones y limosnas, para el alivio de sus hermanos en el purgatorio. Esta fiesta de los difuntos no es de origen muy antiguo. Desde el principio, la Iglesia siempre ha rezado por sus hijos difuntos: cantaba salmos, recitaba oraciones, ofrecía la santa Misa por el descanso de las almas. Sin embargo, no vemos que haya habido ninguna fiesta en particular en la que se recomienden a Dios todos los difuntos. Siempre guiada por el Espíritu Santo, la Iglesia no instituyó hasta el siglo X la *Conmemoración de todos los Fieles Difuntos*, para animar a los cristianos a cumplir el gran deber de rezar por los ya fallecidos.

La cuna de esta fiesta fue la Abadía de Cluny. San Odilo, que fue abad allí a finales del siglo X, edificó toda Francia con su caridad hacia el prójimo. Y extendió su compasión incluso a los ya fallecidos, no dejando de rezar por las almas del purgatorio. Esto le inspiró a establecer en su monasterio, así como en sus dependencias, una conmemoración por todas las almas difuntas. Según el historiador Bérault, se cree que habría recibido una revelación en este sentido, ya que Dios manifestó de manera milagrosa lo agradable que le era la devoción de su siervo. Así lo relatan sus biógrafos. Mientras el santo abad gobernaba su monasterio en Francia, un piadoso ermitaño vivía en una pequeña isla de la costa de Sicilia. Un peregrino francés fue arrojado a la orilla de esta pequeña isla por una tempestad. Acudió a visitar al ermitaño y este le preguntó si conocía al abad Odilo. "Ciertamente", respondió el peregrino, "lo conozco y estoy orgulloso de conocerlo; pero, ¿cómo lo conoces tú y por qué me haces esta pregunta?". "A menudo oigo", respondió el ermitaño, "que los espíritus malignos se quejan de las personas piadosas que, con sus oraciones y limosnas, liberan a las almas de los dolores que soportan en la otra vida, pero se quejan principalmente de Odilo, abad de Cluny, y de sus religiosos. Cuando hayas vuelto a tu país natal, te ruego, en nombre de Dios, que exhortes al santo abad y a sus monjes a redoblar sus buenas obras en favor de las pobres almas".

El peregrino fue al monasterio e hizo lo que se le ordenó. En consecuencia, san Odilo ordenó que, en todos los monasterios, al día siguiente de Todos los Santos, se hiciera una conmemoración de todos los Fieles Difuntos, rezando las vísperas por los difuntos y los maitines de la mañana siguiente; tocando todas las campanas y celebrando la Misa por el descanso de las almas santas. Este decreto, que fue redactado en Cluny, tanto para ese monasterio como para todos los que dependen de él, se conserva todavía. Una práctica tan piadosa pronto pasó a otras iglesias, y con el tiempo se convirtió en la observancia universal de todo el mundo católico.

Hermano Juan de Alvernia en el altar. Santa Magdalena de Pazzi. San Malaquías y su hermana

Los anales de la orden franciscana nos hablan de un religioso llamado Juan de Alvernia. Amaba ardientemente a nuestro Señor Jesucristo, y abrazaba con en el mismo amor a todas las personas. Aquellos que sufrían en el purgatorio tenían un lugar predilecto en sus oraciones, penitencias y sacrificios. Un día Dios se complació en manifestarle los admirables y consoladores efectos del santo sacrificio que se ofrecía el Día de los Fieles Difuntos en cada iglesia. Este religioso estaba celebrando la Misa en la solemnidad de los Fieles Difuntos cuando entró en éxtasis. Vio abrirse el purgatorio y a las almas que salían liberadas gracias a su Misa; se parecían a innumerables chispas que escapaban de un horno ardiente. Deberíamos asombrarnos menos del efecto poderoso de la santa Misa si recordamos que es un sacrificio idéntico al ofrecido por el mismo Hijo de Dios en la cruz. *Es el mismo Sacerdote,* dice el Concilio de Trento, *es la misma Víctima, la única diferencia está en la forma de inmolación;* en la cruz la inmolación fue sangrienta, en el altar es incruenta.

Por tanto, si ese sacrificio en la cruz era de valor infinito; el del altar es, a los ojos de Dios, de igual valor. Sin embargo, hay que señalar que la eficacia de este divino sacrificio solo se aplica parcialmente a los difuntos, y en una medida que solo conoce la justicia de Dios. La pasión de Jesucristo y su preciosa sangre derramada por nuestra salvación son un inagotable océano de méritos y satisfacciones. Nosotros obtenemos todos los dones y la misericordia de Dios por su pasión.

La mera conmemoración que hacemos de la pasión cuando, en nuestra oración, ofrecemos a Dios la sangre de su hijo tiene gran poder. Santa Magdalena de Pazzi aprendió de nuestro Señor a ofrecer al Padre la Sangre de su divino hijo, mediante una simple conmemoración de la pasión. Lo hizo cincuenta veces al día, y en uno de sus éxtasis vio a un gran número de pecadores convertidos y de almas liberadas del purgatorio por esta práctica. "Cada vez", añadió, "que una criatura ofrece a mi Padre la sangre por la que ha sido redimida, le ofrece un regalo de valor infinito". Si tal es el valor de una ofrenda conmemorativa de la Pasión, ¿qué habría que decir del Sacrificio de la Misa, que es la renovación real de esa misma Pasión?

Muchos cristianos no conocen suficientemente la grandeza del misterio divino que se realiza en el altar. La debilidad de su fe, junto con su falta de conocimiento, les impide apreciar ese tesoro, y les hace mirarlo con una especie de indiferencia. Desgraciadamente, verán más tarde, con un amargo pesar, cómo se han engañado a sí mismos. La hermana de san Malaquías, arzobispo de Armagh, en Irlanda, nos ofrece un ejemplo sorprendente de esto.

En su hermosa *Vida de san Malaquías,* san Bernardo elogia a ese prelado por su devoción a las almas del purgatorio. Cuando todavía era diácono, le gustaba asistir a los funerales de los pobres y a la Misa que se celebraba por ellos; incluso acompañaba sus restos al cementerio con mucho celo, tanto como lo abandonadas que quedaban esas criaturas desafortunadas después de su muerte. Pero tenía una hermana de vida más mundana, que pensaba que su hermano se degradaba a sí mismo y a toda su familia asociándose así con los pobres. Le reprochó, que no entendía ni la caridad cristiana ni la excelencia del santo sacrificio de la Misa. No obstante, Malaquías continuó comportándose del mismo modo, respondiendo solo a su hermana que ella estaba olvidando la enseñanza de Jesucristo y que un día se arrepentiría de sus palabras irreflexivas.

La imprudente temeridad de esta mujer no quedó impune; murió siendo aún joven y fue a rendir cuentas ante Dios por la vida que había llevado.

Malaquías, quien podía tener motivos para quejarse de su conducta, se olvidó de todos los males que le había hecho en cuanto murió; solo le importaba las necesidades de su alma y ofreció el santo sacrificio y rezó mucho por ella. Con el tiempo, sin embargo, teniendo muchos otros por los que rezar, descuidó a su pobre hermana. "Podemos creer", dice el padre Rossignoli, "que Dios permitió que fuera olvidada, en castigo por la falta de compasión que mostró hacia los difuntos".

Sea como fuere, se le apareció a su santo hermano mientras dormía. Malaquías la vio de pie en una explanada delante de la iglesia, triste, vestida de luto y suplicando su compasión, quejándose de que durante los últimos treinta días había descuidado las oraciones por ella. Entonces se despertó de repente, y recordó que en realidad hacía treinta días que no celebraba la Misa por su hermana. Al día siguiente comenzó de nuevo a ofrecer el santo sacrificio por ella. Entonces la difunta se le apareció en la puerta de la iglesia, arrodillada en el umbral, lamentándose de que no se le permitiera entrar. Continuó con sus sufragios. Unos días después la vio entrar en la iglesia y avanzar hasta la mitad de la nave lateral, sin poder, a pesar de todos sus esfuerzos, acercarse al altar. Vio, por tanto, que era necesario perseverar, así que continuó ofreciendo el santo sacrificio por el descanso de su alma. Finalmente, después de unos días la vio cerca del altar, vestida con magníficos atuendos, radiante de alegría y libre de sufrimiento.

"En esto vemos", dice san Bernardo, "la gran eficacia del santo sacrificio para remitir los pecados, combatir los poderes de las tinieblas y abrir las puertas del Cielo a las almas que han abandonado esta tierra".

San Malaquías en el monasterio de Claraval. La hermana Zenaida. El venerable José de Anchieta y la Misa de réquiem

El gran cariño de san Malaquías por las benditas ánimas del purgatorio hizo que recibiera una gracia especial. Un día, en compañía de varias personas piadosas, y conversando familiarmente sobre asuntos espirituales, llegaron a hablar del fin último. Dijo: "Si pudiéramos elegir, ¿a qué hora y en qué lugar les gustaría morir?". A esta pregunta, uno contestó que en algún banquete; otro, a una hora determinada; otros, en un lugar así o asá. Cuando le tocó al santo, dijo que no había lugar mejor donde terminar su vida que en el Monasterio de Claraval, gobernado por san Bernardo, para poder disfrutar inmediatamente después de morir del beneficio de los sacrificios de esos fervientes religiosos; y en cuanto al tiempo, prefería, dijo, el día de Todos los Fieles Difuntos, para poder participar en todas las Misas y en todas las oraciones ofrecidas en todo el mundo católico por los fieles difuntos.

Este piadoso deseo fue cumplido en todos los puntos. Estaba de camino a Roma para visitar al Papa Eugenio III, cuando, llegando a Claraval, un poco antes de Todos los Santos, fue alcanzado por una grave enfermedad, que le obligó a permanecer en ese monasterio. Pronto comprendió que Dios había escuchado sus oraciones, y gritó con el profeta: "Este es el lugar de mi reposo para siempre; aquí habitaré, porque lo prefiero" (Sal 132). De hecho, al día siguiente al de Todos los Santos, mientras toda la Iglesia rezaba por los difuntos, entregó su alma en las manos de su Creador.

"Hemos conocido", dice el abad Postel, "a una religiosa santa, la hermana Zenaida; esta religiosa sufrió una espantosa enfermedad durante varios años y pidió a Nuestro Señor la gracia de morir en la fiesta de Todos los Fieles Difuntos, a los que siempre había tenido gran devoción. Su deseo fue concedido. En la mañana del 2 de noviembre, después de dos años de sufrimientos soportados con verdadero coraje cristiano, comenzó a cantar un himno de acción de gracias, y expiró tranquilamente unos momentos antes de la celebración de las Misas.

Sabemos que en la liturgia católica hay una Misa especial para los difuntos; se celebra con vestimentas negras, y se llama *Misa de Réquiem*. Cabe preguntarse si esta Misa es más provechosa para las almas que cualquier otra. El sacrificio de la Misa, a pesar de la variedad de las oraciones, es siempre el mismo e infinitamente santo sacrificio del Cuerpo y la Sangre de Jesucristo; pero como la Misa de difuntos contiene oraciones especiales para las almas santas, también obtiene una ayuda especial para ellas, al menos en los momentos en que las leyes litúrgicas permiten al sacerdote celebrar de negro. Esta opinión, basada en la institución y la práctica de la Iglesia, se confirma por un hecho que leemos en la vida del venerable padre José de Anchieta.

Este religioso, al que se le llama justamente "el maravilloso trabajador de Brasil", tenía una gran devoción hacia las almas del purgatorio. Un día, en la octava de Navidad, cuando la Iglesia prohíbe la celebración de las misas de réquiem, el 27 de diciembre, fiesta de san Juan evangelista, este hombre de Dios, para gran asombro de todos, subió al altar con vestiduras negras y ofreció el santo sacrificio por los difuntos.

Su superior, el padre Nobrega, conociendo la santidad de Anchieta, no dudó de que había recibido una inspiración divina; sin embargo, para eliminar de su conducta la irregularidad que parecía haber, le reprendió en presencia de todos los hermanos. "¡Cómo, padre!", le dijo, "¿no sabe que la Iglesia prohíbe hoy la celebración de la Misa en negro? ¿Ha olvidado las rúbricas?".

El buen sacerdote, muy humilde y obediente, respondió con respetuosa sencillez que Dios le había revelado la muerte de un padre de la Congregación. Se trataba de su compañero de estudios en la Universidad de Coimbra, y que en ese momento residía en Italia, en el Colegio de la Santa Casa de Loreto, que había muerto esa misma noche.

"Dios", continuó, "me lo ha hecho saber, y me ha dado a entender que debía ofrecer el santo sacrificio por él inmediatamente, y hacer todo lo que estuviera en mi mano por el descanso de su alma". "Pero", le dijo su superior, "¿sabe si la Misa celebrada como usted lo ha hecho será de algún beneficio para él?". "Sí", respondió modestamente Anchieta, "inmediatamente después del *memento de difuntos*, cuando dije estas palabras: *A ti, Dios Padre Todopoderoso, en la unidad del Espíritu Santo, ¡todo honor y toda gloria!*, Dios me mostró el alma de ese querido amigo, liberado de todos sus sufrimientos y ascendiendo al Cielo, donde le esperaba su corona".

La venerable madre Inés y la hermana Seraphique. Margarita de Austria. El Archiduque Carlos. El padre Mancinelli

Acabamos de hablar de la eficacia del santo sacrificio del altar a la hora de aliviar el sufrimiento de las ánimas del purgatorio. Esta certeza inflama la devoción de los fieles y suaviza la amargura de su dolor. ¿La muerte les priva de un padre, de una madre o de un amigo? Vuelven entonces sus ojos llorosos hacia el altar, dando testimonio así de su amor y gratitud hacia sus difuntos. Y por ese motivo hacen que se celebren numerosas misas y asisten a ellas con fervor.

La venerable madre Inés de Langeac, religiosa dominica de la que ya hemos hablado, asistía a la santa Misa con mucha devoción y animaba a sus religiosas por ese camino. Les decía que el divino sacrificio era el acto más sagrado, la obra de Dios por excelencia; y les recordaba la Sagrada Escritura: "Maldito el que hace la obra del Señor con negligencia" (Jr 48, 10).

Una hermana de la comunidad, llamada Seraphique, murió. No había prestado mucha atención a los buenos consejos de su superiora, y fue condenada a un severo purgatorio, algo que supo la madre Inés por una revelación. En un éxtasis fue llevada en espíritu allí y vio muchas almas en medio de las llamas. Entre ellas reconoció a la hermana Seraphique, quien, con expresiones que daban lástima, le suplicaba su ayuda. Llena de compasión, la caritativa superiora hizo todo lo posible durante ocho días; ayunó, rezó y asistió a la santa Misa por la querida hermana difunta. Mientras rezaba, implorando con lágrimas y suspiros a Dios que se dignara liberar a su querida hija de aquellas espantosas llamas y admitirla en el goce de su presencia, oyó una voz que le dijo: "Sigue rezando; la hora de su liberación aún no ha llegado". Inés perseveró en la oración y dos días después, mientras asistía al santo sacrificio, en el momento de la elevación, vio cómo ascendía el alma de la hermana Seraphique hacia el Cielo llena de alegría. Con esta visión tan consoladora Dios le recompensó sus actos de caridad y encendió aún más su devoción hacia el santo sacrificio de la Misa.

Las familias cristianas tienen el deber de celebrar un gran número de misas por los que han muerto. Con generosidad, han de dedicar sus recursos para multiplicar los sufragios y así dar alivio a las almas santas. Se cuenta que solo en el día de las exequias de la reina Margarita de Austria, esposa de Felipe III, se celebraron en Madrid cerca de mil cien misas por el descanso de su alma. Esta princesa había pedido mil misas en su última voluntad; el rey hizo que se añadieran veinte mil. Cuando el archiduque Alberto murió en Bruselas, su viuda, la piadosa Isabel, hizo que se ofrecieran cuarenta mil misas por el descanso de su alma, y durante todo un mes ella misma asistió a diez cada día (cfr. *Charité envers les Défuncts,* padre Mumford).

Uno de los mejores modelos de devoción hacia el santo sacrificio y de caridad hacia las almas del purgatorio fue el padre Julio Mancinelli, de la Compañía de Jesús. Las misas ofrecidas por este religioso, dice F. Rossignoli, parecían tener una eficacia particular para el alivio de los fieles difuntos. Las almas se le aparecían frecuentemente para pedir el favor de una sola misa.

César Costa, tío del padre Mancinelli, era arzobispo de Capua. Un día que quedaron, vio que su sobrino no iba vestido de acuerdo a la severidad del clima y le dio una limosna para que se comprara un manto. Poco tiempo después, el arzobispo murió; y el padre Mancinelli, que salía a visitar a los enfermos, envuelto en su nuevo manto, se encontró con su tío fallecido que venía hacia él envuelto en llamas, y le rogaba que le prestara su manto. El padre se lo dio; y tan pronto como el arzobispo se lo puso alrededor, las llamas se apagaron. Mancinelli comprendió que esta alma sufría en el purgatorio y que le pedía su ayuda, a cambio del acto caritativo que había tenido con él previamente. Entonces, recuperando su capa, prometió rezar por la pobre alma de su tío. Lo hizo con todo el fervor posible, especialmente en el altar.

Este hecho se conoció en el extranjero y produjo gran impresión; tan es así que, tras la muerte del padre Mancinelli, se pintó un cuadro que se conserva en el Colegio de Macerata, su lugar de origen. En él, se ve al religioso en el altar, revestido para celebrar la misa, y elevado un poco por encima de los escalones, para significar los arrebatos con los que se veía favorecido por parte de Dios. De su boca salen chispas, el emblema de sus oraciones ardientes y de su fervor durante el santo sacrificio. Bajo el altar se ve el purgatorio y a las almas que reciben el beneficio de los sufragios. Encima, dos ángeles derraman una lluvia de oro, que indica las bendiciones, gracias y rescates concedidos a las almas en virtud del santo sacrificio. También vemos el manto del que hemos hablado, y una inscripción en verso que traducida dice: "Oh, vestimenta milagrosa, dada como protección contra la severidad del frío, y que después sirvió para templar el calor del fuego. Así es como la caridad da calor o refresco según los sufrimientos que alivia".

Santa Teresa y Bernardino de Mendoza. Multiplicidad de misas. Pompa de las exequias

Concluyamos estas ideas sobre el santo sacrificio con lo que santa Teresa dice de Bernardino de Mendoza en su *Libro de las Fundaciones,* capítulo 10.

En la fiesta de Todos los Fieles Difuntos, don Bernardino de Mendoza había regalado a santa Teresa una casa y un hermoso jardín, situados en Valladolid, para que fundara un monasterio en honor de la Madre de Dios. Dos meses después, enfermó repentinamente y perdió el habla, por lo que no pudo hacer una confesión, aunque dio muchos signos de contrición. "Murió", cuenta santa Teresa, "muy poco después, y lejos del lugar donde yo estaba entonces. Pero Nuestro Señor me habló y me dijo que había estado su salvación en gran aventura, pero que mostró misericordia con él por la donación del convento de su santísima Madre; pero que su alma no se libraría del sufrimiento hasta que se dijera la primera Misa en la nueva casa. Sentí tan profundamente los dolores que esta alma estaba soportando, que, aunque estaba muy deseosa de realizar la fundación de Toledo, la dejé enseguida para fundar como pudiese en Valladolid".

"Un día, mientras estaba en oración en Medina del Campo, Nuestro Señor me dijo que me diera toda la prisa posible, pues el alma de Mendoza era presa del más intenso sufrimiento. Entré en Valladolid el día de san Lorenzo. Inmediatamente ordené a los albañiles que levantaran sin demora los muros del convento; pero como esto llevaría mucho tiempo, pedí al obispo permiso para hacer una capilla provisional para uso de las hermanas que había traído conmigo. Conseguido esto, hice que se ofreciera la misa; y en el momento en que dejé mi lugar para acercarme a comulgar, vi a nuestro benefactor, quien, con las manos juntas y el rostro resplandeciente y alegre, me dio las gracias por haberlo sacado del purgatorio. Entonces le vi entrar en el Cielo. Me sentí más feliz porque no me lo esperaba en ese momento. Porque, aunque Nuestro Señor me había revelado que la liberación de esta alma seguiría a la celebración de la primera Misa en la casa, pensé que sería tras la primera Misa cuando el Santísimo Sacramento se reservara allí".

Este bello incidente nos muestra no solo la eficacia de la Misa, sino también la tierna bondad con la que Jesús se interesa por las almas santas, incluso dignándose a solicitar nuestros sufragios en su favor.

Ya que el Divino Sacrificio tiene tanto valor, cabe preguntarse si un gran número de misas procura a las almas del purgatorio más alivio que un número menor si vienen acompañadas de magníficas exequias y abundantes limosnas. La respuesta a esta pregunta se puede deducir de lo que dice la Iglesia, que es los que dice el mismo Jesucristo, y es la expresión de su voluntad.

La Iglesia aconseja a los fieles que recen por los difuntos, que den limosna y hagan otras obras buenas, que les apliquen indulgencias, pero sobre todo que celebren la santa Misa y que asistan a ella. Al dar el primer lugar a la Misa, aprueba y hace uso de varias clases de sufragios, según las circunstancias, la devoción o la condición social del difunto o de sus herederos.

Es una costumbre de los cristianos, que se observa desde hace mucho tiempo, hacer que se celebre la Misa por los difuntos con ceremonias solemnes, y un funeral con toda la pompa que se pueda. Este gasto es una limosna dada a la Iglesia, una limosna que, a los ojos de Dios, aumenta enormemente el valor del santo sacrificio, y su valor salvador para el difunto.

Sin embargo, es conveniente regular los gastos funerarios, dejar una suma suficiente para un cierto número de misas, y también dar limosna a los pobres.

No se debe perder de vista el carácter cristiano de los funerales y hay que considerarlos como un gran acto de fe y no como una muestra de vanidad mundana. Además, hay que evitar los emblemas de luto profanos que no se ajustan a la tradición cristiana. Jesucristo ha confiado a su Iglesia el cuidado de los ritos y las ceremonias religiosas, sin exceptuar las funerarias, y están llenos de significado y consuelo. Todo lo que se muestra a los fieles –la cruz y el agua bendita, las velas y el incienso, las lágrimas y las oraciones–, transpiran compasión por las almas difuntos, fe en la divina misericordia y esperanza de la inmortalidad.

Algunas ceremonias, sin embargo, no le dicen nada al cristiano de buen espíritu; no son más que muestras profanas de esta vida mortal, que contrastan extrañamente con la cruz, y que son ajenas a los ritos de la Iglesia.

5. *El alivio de las almas*

La oración. El hermano Corrado d'Offida. El anzuelo de oro y el hilo de plata

Después del santo sacrificio de la Misa, contamos con una multitud de medios secundarios para aliviar a las almas del purgatorio, y son más eficaces si los empleamos con espíritu, fe y fervor.

En primer lugar viene la oración, la oración en todas sus formas. Los *Anales de la Orden Seráfica* hablan con admiración del hermano Corrado d'Offida, uno de los primeros compañeros de san Francisco. Se distinguió por su espíritu de oración y por su caridad, lo que contribuyó mucho a la edificación de sus hermanos. Entre estos últimos había un joven monje cuya conducta relajada y desordenada perturbaba a la comunidad. Gracias a las oraciones y a las exhortaciones de Corrado, se corrigió enteramente y se convirtió en un modelo de constancia. Poco después de su conversión, murió y sus hermanos le aplicaron los sufragios ordinarios. Transcurrieron algunos días, cuando el hermano Corrado, en oración ante el altar, oyó una voz que le pedía la ayuda de sus oraciones. "¿Quién eres?", dijo el siervo de Dios. "Soy", respondió la voz, "el alma del joven religioso al que reanimasteis con fervor". "Pero, ¿no tuviste una muerte santa? ¿Todavía tienes tanta necesidad de oraciones?". "Tuve una buena muerte, y me he salvado, pero a causa de mis pecados anteriores, que no tuve tiempo de expiar, sufro un castigo terrible, y te ruego que no me niegues la ayuda de tus oraciones". Inmediatamente el buen hermano se postró ante el tabernáculo, y recitó un padrenuestro, seguido del *réquiem aeternam.* "Buen padre", gritó la aparición, "¡cómo me alivia tu oración! Te ruego que continúes". Corrado repitió devotamente las mismas oraciones. "Querido padre", repetía de nuevo el alma, "¡aún más!, ¡aún más! Experimento un gran alivio cuando rezas". El religioso continuó sus oraciones con renovado fervor, y repitió el padrenuestro cien veces. Luego, con gran alegría, el alma fallecida le dijo: "Te doy las gracias, querido padre, en nombre de Dios. He sido liberado; ¡mira! Estoy a punto de entrar en el Reino de los Cielos".

Vemos qué eficaces son las más pequeñas oraciones, las más cortas súplicas, para aliviar los sufrimientos de las pobres almas. "He leído", dice el padre Rossignoli, "que un santo obispo, en éxtasis, vio a un niño que con un anzuelo de oro y un hilo de plata sacaba del fondo de un pozo a una mujer que se había ahogado en él. Después de su oración, y mientras se dirigía a la iglesia, vio al mismo niño rezando en una tumba del cementerio. "¿Qué estás haciendo aquí, mi pequeño amigo?", preguntó. "Estoy rezando el *padrenuestro* y el *avemaría"*, respondió el niño, "por el alma de mi madre, cuyo cuerpo está enterrado aquí. El prelado comprendió inmediatamente que Dios había querido mostrarle la eficacia de la más simple oración; sabía que el alma de esa mujer había sido liberada, que el anzuelo era el *padrenuestro,* y que el *avemaría* era el hilo de plata de esa línea mística".

El santo rosario. El padre Nieremberg. La madre Francisca del Santísimo Sacramento y el rosario

Sabemos que el rosario ocupa el primer lugar entre todas las oraciones que la Iglesia recomienda a los fieles. Esta oración, fuente de tantas gracias para los vivos, es también singularmente eficaz para aliviar a los difuntos. De esto tenemos una prueba conmovedora en la vida del padre Nieremberg, a quien hemos mencionado anteriormente. Este siervo de Dios se imponía a sí mismo con frecuencia diversas mortificaciones, junto a otras devociones y oraciones y las ofrecía por las almas que sufrían en el purgatorio. Nunca dejó de rezar el rosario cada día por esa intención, y obtenía todas las indulgencias en su poder. El rosario que usaba estaba adornado con medallas piadosas y enriquecido con numerosas indulgencias. Un día lo perdió y lo sintió mucho, no porque tuviera apego material a estas cuentas, sino porque se vio privado del medio para procurar el alivio que acostumbraba a dar a las almas.

Buscó por todas partes, trató de recordar dónde podría haber puesto su precioso tesoro: todo era inútil, y cuando llegó la noche, se vio obligado a sustituir su rosario lleno de indulgencias por las oraciones ordinarias.

Mientras estaba así ocupado y solo en su celda, oyó un ruido conocido en el techo, como el de sus cuentas, y levantando los ojos, vio cómo descendías físicamente su rosario, sostenido por manos invisibles, y caer a sus pies. No dudó de que las manos invisibles eran las de las almas a las que aliviaba con él. Podemos imaginar con qué renovado fervor recitó sus acostumbradas cinco decenas, y cuánto le animaba esta maravilla a perseverar en una práctica tan visiblemente aprobada por el Cielo.

La venerable Madre Francisca del Santísimo Sacramento tuvo desde su infancia una gran devoción hacia las almas que sufrían, y perseveró en ella toda su vida. Según describe Rossignoli, era todo corazón y todas sus oraciones las ofrecía por esas pobres y santas almas. Para ayudarlas rezaba diariamente el rosario, al que solía llamar su "limosnero", y terminaba cada decena con el *requiescant in pace*. En los días festivos, cuando tenía más tiempo libre, añadía el oficio de los difuntos. A la oración se unía la penitencia. La mayor parte del año ayunaba a pan y agua, y en las vigilias practicaba otras austeridades. Tuvo que soportar mucho trabajo y fatiga, dolor y persecución. Todos estos trabajos se convirtieron en beneficio para las almas santas pues Francisca ofreció todo a Dios por ellas.

No contenta con ayudarlas ella misma en la medida de sus posibilidades, encargaba a otros para que hicieran lo mismo. Si los sacerdotes venían al convento, les pedía que ofrecieran misas; si eran laicos, les aconsejaba que distribuyeran abundantes limosnas por los fieles difuntos. Como recompensa, Dios permitía que las almas la visitaran con frecuencia, ya sea para solicitar sus sufragios o para devolverle las gracias. Varios testigos han corroborado que varias veces la esperaban visiblemente en la puerta cuando iba al oficio de maitines, para encomendarse a sus oraciones. Otras veces entraban en su celda para presentarle su petición; rodeaban su cama, esperando a que se despertara. Estas apariciones, a las que estaba acostumbrada, no le causaban ningún temor, y para que no pensara que eran un sueño o un engaño del diablo, decían al entrar: "¡Salve, sierva de Dios, esposa del Señor! ¡Que Jesucristo esté siempre contigo!". Además, también hay muchos testigos de la veneración de estas almas por una gran cruz y por las reliquias de los santos que su benefactora guardaba en la celda. Si la encontraban recitando el rosario, dicen los mismos testigos, tomaban sus manos y las besaban amorosamente, como instrumento de su liberación.

Ayunos, penitencias y mortificaciones, aunque insignificantes. Un vaso de agua fría, bendecido por santa Margarita María

Después de la oración viene el ayuno. Pero no solo el ayuno propiamente dicho, que consiste en abstenerse de alimentos, sino también todas las penitencias, de cualquier naturaleza. No solo las grandes mortificaciones que practicaban los santos, sino todas las tribulaciones. Todas las contradicciones de esta vida; también las más pequeñas mortificaciones, los más pequeños sacrificios que nos imponemos o aceptamos por amor a Dios, y que ofrecemos a su divina misericordia para el alivio de las almas santas.

Un vaso de agua, que nos negamos a nosotros mismos cuando tenemos sed, es algo insignificante, y si consideramos este acto en sí mismo, apenas podemos ver la eficacia que posee para aliviar los sufrimientos del purgatorio. Pero es tal la bondad divina que se digna aceptar esto como un sacrificio de gran valor. "Si se me permite", dice el abad Louvet, hablando de este tema, "voy a relatar un ejemplo que surgió casi de mi propia experiencia personal. Una de mis parientes era religiosa en una comunidad cuyo espíritu no era ese heroísmo que brilla en los santos, sino el de la virtud ordinaria y una gran rectitud de vida. Perdió a una amiga que había conocido en el mundo, y desde que se enteró de su muerte, se comprometió a recomendarla a Dios. Una noche, teniendo mucha sed, su primer impulso fue refrescarse con un vaso de agua, algo que permitía la orden; pero se acordó de su amiga fallecida y, para beneficio de su alma, se negó a sí misma esta pequeña gratificación. En lugar de beber el vaso de agua que tenía en la mano, lo derramó, rogando a Dios que tuviera misericordia de los difuntos. Esta buena hermana nos recuerda al rey David, que, encontrándose con su ejército en un lugar sin agua y oprimido por la sed, se negó a beber el agua refrescante que le traían de los aljibes de Belén. En lugar de elevarla a sus labios secos, la derramó como una ofrenda al Señor, y la Sagrada Escritura cita este acto del rey como uno de los más agradables a Dios. Ahora bien, esta ligera mortificación que esta religiosa se impuso a sí misma al negarse este vaso de agua fue tan agradable a Dios, que permitió que el alma difunta se lo manifestara mediante una aparición. La noche siguiente se le apareció a la hermana, agradeciéndole de corazón el alivio que había recibido. Aquellas pocas gotas de agua de las que se había negado por mortificación, se convirtieron en un baño refrescante, para templar el calor del fuego del purgatorio".

Lo que aquí se dice no se limita solamente a los actos de mortificación voluntaria, sino que también se extiende a la cotidiana, es decir, a todo lo que habitualmente podemos sufrir cuando cumplimos nuestros deberes; y, en general, a todas las buenas obras a las que nos obligan nuestros deberes de cristianos o los de nuestro estado de vida particular.

Pues todo cristiano está obligado a abstenerse de palabras inútiles, de la calumnia y de la murmuración; y todo religioso debe observar el silencio, la caridad y la obediencia. Ahora bien, estas prácticas de un buen cristiano, cuando se hacen con intención de agradar a Dios, en unión con los trabajos y sufrimientos de Jesucristo, pueden convertirse en sufragios y servir para aliviar a las almas.

En aquella famosa aparición en la que santa Margarita María vio a una religiosa difunta sufriendo intensamente por la tibieza con la que había vivido, aquella pobre alma, después de relatar detalladamente los tormentos que soportaba, concluyó con estas palabras: "Una hora exacta en silencio curaría mi boca reseca; otra hora haciendo una obra de caridad curaría mi lengua; y otra hora sin murmurar ni desaprobar las acciones de la superiora curaría mi torturado corazón".

Aquella religiosa difunta no pidió obras extraordinarias tan solo que ofrecieran por ella aquellas acciones a las que los religiosos están obligados.

La santa Comunión. Santa Magdalena de Pazzi entregando a su hermano. La comunión general por las almas del purgatorio

Si las buenas obras ordinarias alivian tanto a las benditas almas del purgatorio, ¿qué efectos tendrá la obra más santa que un cristiano puede realizar: la santa Comunión? Cuando santa Magdalena de Pazzi vio a su hermano sufriendo en el purgatorio, compadecida de él, se derritió en lágrimas y lloró: "¡Oh, alma afligida, qué terribles son tus dolores! ¿Por qué no se dan cuenta los que no tienen el valor de llevar su cruz aquí abajo? Mientras estabas en este mundo, querido hermano, no me escuchaste, y ahora deseas ardientemente que yo te escuche a ti. ¡Pobre víctima! ¿Qué quieres de mí?". Aquí se detuvo y se le oyó contar hasta el número ciento siete; luego dijo en voz alta que ese era el número de comuniones que él le suplicaba. "Sí", le dijo, "puedo hacer fácilmente lo que me pides, pero ¡cuánto tiempo me llevará pagar esa deuda! Si Dios lo permitiera, voluntariamente iría donde tú estás para liberarte, o para evitar que otros vayan allí".

La santa, sin omitir sus oraciones habituales y otros sufragios, recibió con mucho fervor todas las comuniones que su hermano deseaba para liberarse.

Es, dice el padre Rossignoli, una piadosa costumbre establecida en las iglesias de la Compañía de Jesús: ofrecer cada mes una comunión general en beneficio de las almas del purgatorio. El mismo Dios nos mostró, con un prodigio, que es un práctica que le agrada mucho.

En el año 1615, cuando los jesuitas de Roma celebraron una de estas comuniones mensuales en la iglesia de Santa María en Trastevere, asistía una multitud de personas. Entre ellos, había un gran pecador que, aunque participaba en las ceremonias, había llevado durante mucho tiempo una vida muy perversa. Esta personas, antes de entrar en la iglesia, vio salir y avanzar hacia él a un hombre de apariencia humilde, que le pidió una limosna por amor a Dios. Al principio se negó, pero el pobre hombre, como es costumbre entre los mendigos, persistió, pidiendo una tercera vez en un tono de súplica muy lastimoso. Finalmente, cediendo a una buena inspiración, aquel pecador llamó al mendigo y le dio un poco de dinero.

Entonces el pobre hombre cambió sus súplicas por otras palabras: "Guarda tu dinero", dijo. "No necesito tu generosidad, pero tú mismo necesitas cambiar de vida. Debes saber que vine para darte esta advertencia desde el Monte Gargano a la ceremonia que iba a tener lugar en esta iglesia hoy. Hace ahora veinte años que llevas esta vida deplorable, provocando la ira de Dios en lugar de apaciguarla con una sincera confesión. Apresúrate a hacer penitencia si quieres escapar del golpe de la justicia divina listo para caer sobre tu cabeza".

El pecador quedó impresionado por estas palabras: un miedo secreto se apoderó de él cuando oyó en voz alta los secretos de su conciencia, que creía que solo Dios conocía. Su emoción aumentó cuando vio al pobre hombre desvanecerse como el humo ante sus ojos. Abriendo su corazón a la gracia, entró en la iglesia, se arrodilló y derramó un torrente de lágrimas. Luego, arrepentido sinceramente, buscó un sacerdote, se confesó de sus graves ofensas y pidió perdón. Después de confesarse, le contó al sacerdote lo que le había sucedido, rogándole que lo diera a conocer para aumentar la devoción hacia las almas del purgatorio, pues no tenía ninguna duda de que era un alma recién liberada la que le había obtenido la gracia de la conversión.

Cabe preguntarse quién era ese misterioso mendigo. Algunos creen que se trata del arcángel san Miguel, porque dijo que venía del Monte Gargano. Esta montaña es conocida en toda Italia por una aparición de san Miguel, en cuyo honor se ha erigido un magnífico santuario. Sea como fuera, la conversión de este pecador por tal milagro, y en el mismo momento en que se ofrecían oraciones y la santa Comunión por los fieles difuntos, muestra claramente la excelencia de esta devoción y lo agradable que debe ser a los ojos de Dios.

Concluyamos, pues, con las palabras de san Bernardo: "Que la caridad os lleve a rezar, pues no hay nada más eficaz para el eterno reposo de los muertos".

Las estaciones de la cruz. La venerable María de Antigna

Después de la santa Comunión hablaremos del Vía Crucis, un santo ejercicio que se puede considerar en sí mismo, y también por las indulgencias con las que se enriquece. En sí mismo, es una muy buena manera para meditar sobre la Pasión de nuestro Salvador. En su sentido literal, el Vía Crucis es la distancia que recorre el Hombre-Dios llevando el peso de su cruz desde el palacio de Pilatos, donde fue condenado a muerte, hasta la cima del Calvario, donde fue crucificado. Después de la muerte de su Hijo, la santísima Virgen, sola o en compañía de las santas mujeres, visitó con frecuencia ese doloroso camino. A su ejemplo, los fieles de Palestina, y a lo largo de los siglos numerosos peregrinos de los países más lejanos, acudían a visitar esos lugares santos, bañados con el sudor y la sangre de Jesucristo; y la Iglesia, para estimular su piedad, les abría sus tesoros de bendiciones espirituales. Pero como no todo el mundo puede ir a Tierra Santa, la Santa Sede permite que se erijan en las iglesias y capillas de otros países, cruces, pinturas o bajorrelieves que representan las conmovedoras escenas que tuvieron lugar en el verdadero camino del Calvario en Jerusalén.

Al permitir la erección de estas santas estaciones, los Pontífices Romanos, que comprendieron la excelencia y la eficacia de esta devoción, quisieron enriquecerla también con las indulgencias que se concedían por una peregrinación a Tierra Santa. Y así, según los Breves y Constituciones de Inocencio XI, Inocencio XII, Benedicto XIII, Clemente XII y Benedicto XIV, *quienes hacen el Vía Crucis con las debidas disposiciones ganan todas las indulgencias concedidas a los fieles que visitan en persona los santos lugares de Jerusalén, y estas indulgencias son aplicables a los difuntos.*

Como se concedieron numerosas indulgencias, plenarias o parciales, a quienes visitaban los santos lugares de Jerusalén (como puede verse en el *Bullarium Terrae Sanctae*), se puede decir que, de todas las prácticas de piedad, el Vía Crucis es la más rica en indulgencias.

Así pues, esta devoción, tanto por la excelencia de su objeto como por las indulgencias que lleva anejas, constituye un sufragio de gran valor para las almas del purgatorio.

Encontramos un incidente relacionado con este tema en la vida de la venerable María de Antigna (cfr. *Le Purgatoire,* Louvet). Durante mucho tiempo tuvo la piadosa costumbre de hacer cada día el Vía Crucis para alivio de las almas difuntas; más adelante lo dejó de hacer con tanta frecuencia por motivos poco importantes, y finalmente lo omitió por completo. Nuestro Señor, que tenía grandes designios respecto a esta piadosa mujer, y que deseaba hacerla víctima del amor para el consuelo de las pobres almas del purgatorio, quiso darle una lección que sirviera de instrucción a todos. Se le apareció una religiosa del mismo convento, fallecida poco antes, quejándose con tristeza: "Querida hermana, ¿por qué ya no haces el Vía Crucis por las almas del purgatorio? Antes solías aliviarnos todos los días con ese santo ejercicio; ¿por qué nos privas de esa ayuda?".

Mientras aún estaba hablando, nuestro Señor se le apareció a su sierva y le reprochó su negligencia. "Debes saber, hija mía", añadió, "que el Vía Crucis es muy provechoso para las almas del purgatorio, y constituye un sufragio de gran valor. Por eso he permitido a esta alma, por su propio bien y por el de las demás, implorarte esto. Debes saber también que fue por tu constancia en la práctica de esta devoción por la que te he favorecido hoy al contarte esto. Y también por eso, esas almas agradecidas no paran de rezar por ti, y de defenderte ante mí. Debes dar a conocer este tesoro a tus hermanas y diles que lo usen con abundancia para ellas y para los difuntos".

6: Cómo aliviar a las almas del purgatorio: las indulgencias

Bendita María de Quito y los montones de oro

Pasemos a las indulgencias que se aplican a los difuntos, en donde se revela el gran derroche, llamémosle así, de la misericordia divina. Sabemos que una indulgencia es *la remisión de la pena temporal debida al pecado,* concedida por el poder de la Iglesia, fuera del sacramento de la penitencia.

En virtud del poder recibido de Jesucristo, la Iglesia puede liberar a los fieles de todo obstáculo para su entrada en la gloria. Lo ejerce en el sacramento de la penitencia, donde los absuelve de sus pecados; lo ejerce también fuera del sacramento, al remitir la deuda de la pena temporal que queda después de la absolución, en el caso de las indulgencias. La remisión de la pena temporal por medio de las indulgencias solo se concede a los fieles en esta vida; pero la Iglesia puede permitir a los fieles cristianos a transferir a sus amigos difuntos la remisión que se les concede a ellos mismos; se trata de *la indulgencia aplicable a las almas del purgatorio.* Aplicar una indulgencia a los difuntos es ofrecerla a Dios en nombre de su santa Iglesia, para que se digne emplearla en beneficio de las almas que sufren. Esa satisfacción, ofrecida en nombre de Jesucristo, es siempre aceptada, y Dios la aplica ya sea a alguna alma en particular o a ciertas almas que Él mismo desea beneficiar, o a todas en general.

Las indulgencias son *plenarias* o *parciales*. Una indulgencia *plenaria* es, para quien la gana, una remisión de todas las penas temporales que merece a los ojos de Dios. Supongamos que, para quedar exentos de esta deuda, tuviéramos que cumplir cien años de penitencia en la tierra o sufrir durante un tiempo aún más largo en el purgatorio; sin embargo, mediante una indulgencia plenaria debidamente ganada se remite toda esta pena, y el alma ya no retiene ante los ojos de Dios ninguna sombra de pecado que le impida ver su divino rostro.

La indulgencia *parcial* consiste en la remisión de un cierto número de días o años. Estos días y años no representan en modo alguno los días y años de sufrimiento en el purgatorio; debe entenderse por días y años de penitencia canónica pública, que se imponían antes a los pecadores, según la antigua disciplina de la Iglesia. Así pues, una indulgencia de cuarenta días o siete años es una remisión como la que Dios consideraba por cuarenta días o siete años de penitencia canónica. ¿Qué proporción existe entre esos días de penitencia y la duración de los sufrimientos del purgatorio? Este es un misterio que Dios no ha querido revelarnos.

Las indulgencias son, en la Iglesia, un verdadero tesoro espiritual abierto a todos los fieles; a todos se les permite conseguirlas, para pagar sus propias deudas y para pagara las de los demás. Dios se complació un día en mostrárselo a la beata María de Quito. Un día, en éxtasis, vio en medio de un gran espacio una inmensa mesa cubierta de montones de plata, oro, rubíes, perlas y diamantes, y al mismo tiempo oyó una voz que decía: "Estas riquezas son propiedad pública; cada uno puede acercarse y tomar lo que quiera". Dios le hizo saber que esto era un símbolo de indulgencias. Podemos decir con Rossignoli que tenemos mucha culpa si ante tal abundancia permanecemos pobres y nos quitamos ese privilegio a nosotros y a los demás. Desgraciadamente, las almas del purgatorio están tan necesitadas que nos suplican ayuda con lágrimas en medio de sus tormentos; tenemos los medios para pagar sus deudas con las indulgencias y no hacemos ningún esfuerzo para conseguirlo.

¿Acceder a este tesoro exige grandes esfuerzos de nuestra parte, como ayunos, viajes y privaciones insoportables? "Aunque así fuera", dice con razón el elocuente padre Segneri, "deberíamos someternos a ellos". ¿No vemos cómo los hombres, por amor al oro, para conservar una obra de arte, para salvar una parte de su fortuna o un tejido precioso, se exponen a las llamas de un incendio? ¿No deberíamos entonces hacer al menos lo mismo para salvar de las llamas expiatorias a las almas rescatadas por la Sangre de Jesucristo?

Pero la bondad divina no pide nada tan doloroso: solo requiere obras ordinarias y fáciles: un rosario, una comunión, una visita al Santísimo Sacramento, una limosna o la enseñanza del catecismo a los niños abandonados. Y nosotros no adquirimos esos tesoros preciosos ni tenemos ningún deseo de aplicarlos a nuestros pobres parientes que languidecen en las llamas del purgatorio".

La venerable Francisca de Pamplona y el obispo Cristóbal de Ribera. Santa Magdalena de Pazzi y Santa Teresa

Se cuenta en la vida de la venerable Francisca del Santísimo Sacramento, de cuyo afecto hacia las almas del purgatorio ya hemos hablado, también se empeñó en aliviarlas por medio de indulgencias. Un día, Dios le mostró las almas de tres prelados que habían ocupado la sede de Pamplona, y que aún languidecían en los sufrimientos del purgatorio. La sierva de Dios entendió que debía emplear todos los medios para lograr su liberación. Como la Santa Sede había concedido a España las bulas *de la Cruzada*, que permitían obtener una indulgencia plenaria bajo ciertas condiciones, creía que el mejor medio de ayudar a esas pobres almas sería conseguir para cada una de ellas el regalo de una indulgencia plenaria.

Se dirigió a su obispo, Cristóbal de Ribera, informándole de que tres de sus predecesores se encontraban todavía en el purgatorio, y le instó a conseguir para ella esas tres indulgencias. Ella cumplió todas las condiciones requeridas, y aplicó una indulgencia plenaria a cada uno de los tres obispos. La noche siguiente se le aparecieron todos a la madre Francisca, liberados de todos sus sufrimientos. Le dieron las gracias y le rogaron que agradeciera también al obispo Ribera por las indulgencias que les habían abierto el cielo.

La siguiente historia la relata el padre Cepari en su *Vida de Santa Magdalena de Pazzi.* Una religiosa profesa, que durante su última enfermedad había sido cuidada con gran ternura por santa Magdalena, murió. Como era costumbre exponer el cuerpo en la iglesia, Magdalena se sintió inspirada a ir y mirarla una vez más. Fue, por lo tanto, a la rejilla de la sala capitular, desde donde podía verla; pero apenas lo hizo, cayó en éxtasis y vio el alma de la hermana difunta emprender su vuelo al Cielo. Llena de alegría, se le oyó decir: "¡Adiós, querida hermana; adiós, alma bendita! Como una paloma pura, vuelas a tu hogar celestial, y nos dejas en esta morada de miseria. ¡Oh, qué hermosa y gloriosa eres! ¿Quién puede describir la gloria con la que Dios ha coronado tus virtudes? ¡Qué poco tiempo has pasado en el purgatorio! Tu cuerpo aún no ha sido consignado a la tumba, y he aquí que tu alma ya ha sido recibida en la mansión sagrada. Ya sabes la verdad de las palabras que te he dirigido últimamente: Que todos los sufrimientos de esta vida no son nada en comparación con la recompensa que Dios ha reservado para sus amigos". En la misma visión, Nuestro Señor le reveló que esta alma había pasado sólo quince horas en el purgatorio, porque había sufrido mucho durante su vida, y porque había tenido cuidado de ganar las indulgencias concedidas por la Iglesia a sus hijos, en virtud de los méritos de Jesucristo.

Santa Teresa habla en sus libros de una religiosa que valoraba la más pequeña indulgencia concedida por la Iglesia y se esforzaba por ganar todas las que estaban a su alcance. Ella llevaba por lo demás una vida muy normal, y su virtud era de un orden muy común. Murió, y la santa, para su gran sorpresa, vio su alma ascender al cielo casi inmediatamente después de su muerte, de modo que no tuvo, por así decirlo, purgatorio. Cuando santa Teresa expresó su asombro por esto, Nuestro Señor le hizo saber que se debía al gran cuidado que había puesto en ganar todas las indulgencias posibles durante la vida. "Mediante ese medio", añadió, "había saldado casi toda su deuda, que era bastante considerable, antes de su muerte; y por lo tanto había comparecido con gran pureza ante el tribunal de Dios".

[Ver el anexo sobre indulgencias para las regulaciones actuales]

7. Cómo aliviar a las almas del purgatorio: las obras que podemos hacer

Limosnas. Raban-Maur y Edelard en el monasterio de Fulda

Nos queda por hablar de otro medio muy poderoso para aliviar a las almas del purgatorio: la limosna. Santo Tomás da preferencia a la limosna, por delante del ayuno y la oración, cuando se trata de expiar faltas pasadas. "La limosna", dice, "posee más completamente la virtud de la satisfacción que la oración, y la oración más completamente que el ayuno". Por eso los grandes siervos de Dios y los grandes santos la han elegido como medio principal de asistencia a los difuntos. Entre ellos podemos mencionar al santo abad Raban-Maur, primer abad de Fulda, en el siglo X, y después arzobispo de Mayence.

El padre Trithemius, un conocido escritor de la Orden de San Benito, hizo que se distribuyeran abundantes limosnas por los difuntos. Había establecido la regla de que cada vez que un religioso muriera, su porción de comida debía ser distribuida entre los pobres durante treinta días, para aliviar el alma del difunto por esa limosna. En el año 830 el monasterio de Fulda fue atacado por una enfermedad contagiosa que se llevó a un gran número de religiosos. Raban-Maur, lleno de celo y caridad por sus almas, llamó a Edelard, procurador del monasterio, y le recordó la regla establecida con respecto a las limosnas para los difuntos. "Tened mucho cuidado", dijo, "de cumplir fielmente nuestras normas y de alimentar a los pobres durante todo un mes con los alimentos destinados a los hermanos que hemos perdido".

Pero Edelard no obedeció ni llevó adelante esta obra de misericordia. Con el pretexto de que se trataba de una generosidad extravagante, y que había que economizar los recursos del monasterio, aunque en realidad le movía una secreta avaricia, descuidó la distribución de los alimentos, o lo hizo de una manera muy alejada de lo que prescribían las reglas. Dios no dejó esta desobediencia impune.

Pasó un mes, cuando una noche, después de que la comunidad se hubiera retirado, el procurador cruzó la sala capitular con una lámpara en la mano. Cuál fue su asombro cuando, a esa hora en que la sala debía estar desocupada, encontró allí un gran número de religiosos. Su asombro se transformó en miedo cuando, mirándolos atentamente, reconoció a los religiosos fallecidos recientemente. El terror se apoderó de él, un frío glacial corrió por sus venas y lo clavó ahí mismo como una estatua sin vida. Entonces uno de los hermanos muertos se dirigió a él con reproches terribles.

"Desgraciada criatura", dijo, "¿por qué no repartiste las limosnas destinadas a aliviar las almas de tus hermanos fallecidos? ¿Por qué nos has privado de esa ayuda en medio de los tormentos del purgatorio? Recibe desde este momento el castigo de tu avaricia; este y otro castigo más terrible te está reservado, cuando, después de tres días, te presentes ante tu Dios".

Ante estas palabras, Edelard cayó como golpeado por un rayo, y permaneció inmóvil hasta después de la medianoche, hora en que la comunidad acudía al coro. Allí lo encontraron medio muerto, en las mismas condiciones que Heliodoro, después de haber sido azotado por los ángeles en el templo de Jerusalén, como se lee en la Biblia (2 M 3).

Le llevaron a la enfermería, donde le dieron todos los remedios posibles para que recuperara la conciencia. Tan pronto como pudo hablar, en presencia del abad y de todos sus hermanos, relató con lágrimas lo que había ocurrido, dejando sus faltas en evidencia. Añadió que moriría dentro de tres días y pidió los últimos sacramentos, con señales de humilde arrepentimiento. Los recibió con piedad, y tres días después expiró, ayudado por las oraciones de sus hermanos.

Inmediatamente se celebró la Misa de difuntos, y su parte de comida fue distribuida a los pobres, para beneficio de su alma. Mientras tanto, su castigo no había terminado. Edelard se le apareció al abad Raban, pálido y desfigurado. Lleno de compasión, Raban preguntó qué podía hacer por él. "A pesar de las oraciones de nuestra santa comunidad", respondió el alma desafortunada, "no puedo obtener la gracia de mi liberación hasta que todos mis hermanos, a quienes mi avaricia arrebató los sufragios que les debíamos, hayan sido liberados. Lo que se ha dado a los pobres para mí no ha sido de provecho sino para ellos, y esto por orden de la justicia divina. Te ruego, por tanto, venerado y misericordioso padre, que redobles tu limosna. Espero que de este modo, la clemencia divina garantice la liberación de todos nosotros, mis hermanos primero, y después la mía, que soy el menos merecedor de la misericordia".

En su libro, Rossignoli cuenta que Raban-Maur aumentó su limosna, y apenas había transcurrido un mes, Edelard se le apareció de nuevo, pero vestido de blanco, rodeado de luz y con el rostro radiante de alegría para agradecer a su abad, y a todos los miembros del monasterio, la caridad que le habían mostrado.

¡Cuántas enseñanzas contiene esta historia! En primer lugar, la virtud de dar limosna por los difuntos brilla en gran manera. Luego vemos cómo Dios castiga, incluso en esta vida, a aquellos que por avaricia no temen privar a los difuntos de sus sufragios. No hablo aquí de los herederos culpables de no cumplir la última voluntad y el testamento de sus parientes fallecidos, sino alguna negligencia que constituye una injusticia sacrílega, y de los hijos o parientes que, por motivos miserables, hacen celebrar el menor número posible de misas, y escatiman en la distribución de las limosnas, sin compadecerse de las almas de sus parientes difuntos, a los que dejan que padezcan los horribles tormentos del purgatorio. Es la ingratitud más oscura, una dureza de corazón enteramente opuesta a la caridad cristiana, y que encontrará su castigo quizá incluso en este mundo.

La misericordia cristiana. San Francisco de Sales y la viuda en Padua

Dentro del concepto de *limosna* cristiana, esa *misericordia* que tanto recomienda Jesucristo en el evangelio, se incluye no solo la asistencia corporal al necesitado, sino también todo el bien que hacemos al prójimo trabajando por su salvación, soportando sus defectos y perdonando sus ofensas. Todas estas obras de caridad pueden ser ofrecidas a Dios por los difuntos, y contienen un gran valor salvador. San Francisco de Sales relata que en Padua, donde cursó parte de sus estudios, existía una costumbre detestable. Los jóvenes se divertían corriendo por las calles de noche armados con arcabuces, y gritaban a todos los que encontraban: *¿Quién va ahí?*

La gente se veía obligada a responder, ya que disparaban a los que no respondían, y muchas personas resultaban así heridas o muertas. Una noche, un estudiante, al no haber respondido a la pregunta, fue golpeado en la cabeza por una bala y herido de muerte. El causante de aquello, aterrorizado, huyó y se refugió en la casa de una buena viuda que conocía y cuyo hijo era su compañero de estudios. Le confesó con lágrimas que acababa de matar a un desconocido y le rogó que le diera asilo en su casa. Tocada por la compasión, y sin sospechar que tenía ante sí al asesino de su hijo, la señora ocultó al fugitivo en un lugar seguro donde los agentes de la justicia no pudieran descubrirlo.

No había transcurrido media hora, cuando se oyó un ruido atroz en la puerta; ante los ojos de la viuda colocaron un cadáver. Desgraciadamente, era su hijo el que había sido asesinado, y el asesino estaba escondido en su casa. La pobre madre estalló en gritos desgarradores y, al entrar en el escondite del asesino, dijo: "Miserable, ¿qué te ha hecho mi hijo para que lo hayas asesinado tan cruelmente?".

El desgraciado culpable, al enterarse de que había matado a su amigo, lloró en voz alta, se arrancó el pelo y se retorció las manos desesperado. Luego, arrodillándose, pidió perdón a su protectora y le rogó que lo entregara al magistrado para que pudiera expiar un crimen tan horrible.

La madre desconsolada recordó en ese momento que era cristiana, y el ejemplo de Jesucristo rezando por sus verdugos la estimuló a realizar una acción heroica. Le respondió que siempre que pidiera perdón a Dios y enmendara su vida, ella lo dejaría ir, y suspendería todas las acusaciones legales contra él.

Este perdón fue tan agradable a Dios, que quiso dar a la generosa madre una prueba contundente de ello. Permitió que el alma de su hijo se le apareciera resplandeciente de gloria, diciendo que estaba a punto de gozar de la beatitud eterna. "Dios me ha mostrado misericordia, querida madre", dijo el alma bendita, "porque has mostrado misericordia hacia mi asesino. En consideración al perdón que le concediste, he sido liberado del purgatorio, donde, sin la ayuda que me has prestado, habría tenido que pasar largos años de intenso sufrimiento".

El acto heroico hacia las almas del purgatorio. El padre Mumford. Denis, la Cartuja y santa Gertrudis

Hasta ahora hemos hablado de los diferentes tipos de obras buenas que podemos ofrecer a Dios como sufragio por los difuntos. Nos queda por dar a conocer un acto que comprende todas las obras y medios, es el *voto heroico* o, como otros lo llaman, el *acto heroico hacia las almas del purgatorio*.

Este acto consiste en cederles toda la satisfacción que podamos obtener con nuestros actos, es decir, todo el valor de *salva-*

ción de todas las obras de nuestra vida, y de todos los sufragios que se ofrecerán por nosotros después de nuestra muerte, sin reservarnos nada para saldar nuestras propias deudas. Todo ello lo depositamos en las manos de la santísima Virgen, para que lo distribuya, según su beneplácito, a las almas que desee liberar del purgatorio.

Es una donación absoluta en favor de las almas del purgatorio de todo lo que podamos darles; ofrecemos a Dios en su nombre todo el bien que hacemos, de cualquier tipo, ya sea de pensamiento, de palabra o por nuestras obras, todo lo que sufrimos meritoriamente durante esta vida, sin exceptuar nada de lo que razonablemente podamos darles, y añadiendo incluso aquellos sufragios que podamos recibir para nosotros mismos después de la muerte.

Hay que entender bien que donamos el valor de salvación de nuestros actos y de ninguna manera el mérito que conlleva la gloria en el cielo; porque el mérito es estrictamente personal, y no puede ser transferido a otro.

Fórmula del acto heroico: "Oh santa y adorable Trinidad, deseando cooperar en la liberación de las almas del purgatorio y testimoniar mi devoción a la santísima Virgen María, cedo y renuncio, en favor de esas almas santas, toda la parte salvadora de mis obras y todos los sufragios que me puedan ser concedidos después de mi muerte, entregándolos enteramente en las manos de la santísima Virgen, para que los aplique según su beneplácito a las almas de los fieles difuntos a quienes desea liberar de sus sufrimientos. Dígnate, oh Dios mío, aceptar y bendecir esta ofrenda que te hago en este momento. Amén".

Los papas (por ejemplo Benedicto XIII, Pío VI y Pío IX) han aprobado este acto heroico y lo han enriquecido con indulgencias y privilegios.

Dice el padre Mumford: "Aconsejo a los cristianos que cedan con santo desinterés a los fieles difuntos todos los frutos de sus buenas obras que estén a nuestra disposición. No creo que puedan hacer un mejor uso de ellos, ya que los hacen más meritorios y eficaces, tanto para obtener la gracia de Dios como para expiar sus propios pecados y acortar el plazo de su purgatorio, o incluso para adquirir una exención completa del mismo".

Para disipar todo temor que pueda surgir en la mente, añadimos tres observaciones: 1) Este acto nos deja perfecta libertad para orar por las almas por las que estamos más interesados; la aplicación de estas oraciones está sujeta a la disposición de la adorable voluntad de Dios, que es siempre infinitamente perfecta e infinitamente amorosa. 2) No obliga bajo pena de pecado mortal, y puede ser revocada en cualquier momento. Puede hacerse sin usar ninguna fórmula particular; basta con tener la intención, y hacerla de corazón. Sin embargo, es útil recitar de vez en cuando la fórmula de la ofrenda, para estimular nuestro celo por el alivio de las almas santas con la oración, la penitencia y las buenas obras. 3) El acto heroico no nos somete a las consecuencias nefastas de tener que pasar nosotros mismos por un largo purgatorio; al contrario, nos permite confiar con mayor seguridad en la misericordia de Dios a nuestro respecto, como lo demuestra el ejemplo de santa Gertrudis.

El venerable Denis, cartujo, cuenta que santa Gertrudis había hecho una donación completa de todas sus obras de satisfacción en favor de los fieles difuntos, sin reservarse nada para saldar las deudas que ella misma hubiera podido contraer ante Dios. Estando a punto de morir, y considerando con gran dolor el gran número de sus pecados, por una parte, y por otra, recordando que había empleado todas sus obras de satisfacción para la expiación de los pecados de los demás, se afligió, por si, habiendo dado todo a los demás y no reservándose nada para sí misma, su alma, al salir de este mundo, se vería condenada a un horrible sufrimiento. En medio de sus temores, Nuestro Señor se le apareció y la consoló, diciendo: "Tranquilízate, hija mía, tu caridad hacia los difuntos no te perjudicará. Debes saber que la generosa donación que has hecho de todas tus obras a las almas del purgatorio me ha agradado de un modo singular; y para darte una prueba, te declaro que todos los dolores que habrías tenido que soportar en la otra vida los he remitido ahora; además, en recompensa a tu generosa caridad, valoraré de tal manera los méritos de tus obras que te daré un gran aumento de gloria en el Cielo".

8. Cómo aliviar a las almas del purgatorio, en especial aquellas que deben ser objeto de nuestra caridad

Todos los fieles difuntos. San Andrés Avellino. Pecadores que mueren sin los sacramentos. San Francisco de Sales

Hemos visto los diversos recursos que la misericordia de Dios nos ha dado para aliviar a las almas del purgatorio; pero, ¿qué almas se encuentran en esas llamas expiatorias, y por cuáles debemos pedir? ¿Por cuáles debemos rezar y ofrecer nuestros sufragios a Dios? A estas preguntas hay que responder que debemos rezar por las almas de *todos los fieles difuntos,* según dice la Iglesia. Aunque la piedad filial nos impone deberes especiales con respecto a los padres y familiares, la caridad cristiana nos manda rezar por todos los fieles difuntos en general, porque todos son nuestros hermanos en Jesucristo, todos son nuestros prójimos, a los que debemos amar como a nosotros mismos.

Con estas palabras, *fieles difuntos,* la Iglesia se refiere a todos los que se encuentran en el purgatorio, es decir, a los que no están en el infierno ni son dignos de ser admitidos aún en la gloria del paraíso. ¿Pero quiénes son? ¿Podemos conocerlos? Dios se ha reservado este conocimiento para sí mismo, y, salvo en la medida en que quiera mostrárnoslo, debemos permanecer en total ignorancia respecto al estado de las almas en la otra vida. Ahora bien, Él raramente hace saber si un alma está en el purgatorio o en la gloria del Cielo; y menos aún revela la condena de un alma. En esta incertidumbre debemos rezar en general, como lo hace la Iglesia, por *todos los difuntos,* sin perjuicio de aquellas almas a las que queremos ayudar en particular.

Evidentemente podemos restringir nuestra intención a aquellos de entre los muertos que todavía necesitan nuestra ayuda, si Dios nos concede el privilegio que le concedió a san Andrés Avellino: conocer la condición de las almas en la otra vida. Cuando este santo religioso del Orden de los Teatinos rezaba fervorosamente, según su costumbre, por los difuntos, sucedía a veces que experimentaba en su interior una especie de resistencia, un sentimiento de repugnancia invencible; otras veces, por el contrario, sentía un gran consuelo y una cierta atracción. Pronto comprendió el sentido de estas diferentes impresiones; la primera significaba que su oración era inútil, que el alma a la que deseaba asistir era indigna de misericordia y estaba condenada al fuego eterno; la otra indicaba que su oración era eficaz para el alivio del alma en el purgatorio.

Lo mismo ocurría cuando deseaba ofrecer el santo sacrificio por un difunto. Se sentía, al salir de la sacristía, como retenido por una mano irresistible, y comprendía que esa alma estaba en el infierno; pero cuando estaba inundado de alegría, luz y devoción, estaba seguro de contribuir a la liberación de un alma.

Este santo rezaba, por lo tanto, con mayor fervor por los difuntos que sabía que estaban sufriendo, y no dejaba de aplicar sufragios hasta que las almas venían a darle las gracias, dándole la seguridad de su liberación.

En cuanto a nosotros, que no tenemos estas luces sobrenaturales, debemos rezar por todos los difuntos, incluso por los pecadores más grandes o por el cristiano más virtuoso. San Agustín conocía la gran virtud de su madre, santa Mónica; sin embargo, no contento con ofrecer a Dios sus propios sufragios por ella, pidió a sus lectores que no dejaran de recomendar su alma a la misericordia divina.

En cuanto a los grandes pecadores, que mueren sin parecer haberse reconciliado con Dios, no podemos excluirlos de nuestros sufragios, porque no podemos saber la verdadera situación de su alma. La fe nos enseña que todos los hombres que mueren en estado de pecado mortal incurren en la condenación eterna; pero ¿quiénes son los que en realidad mueren en ese estado? Solo Dios, que se reserva el juicio de los vivos y los muertos, lo sabe. En cuanto a nosotros, solo podemos sacar conjeturas de las circunstancias exteriores, y debemos evitar hacerlas. Sin embargo, hay que temer todo por los que mueren *sin preparación para la muerte*, y no parece haber esperanza para los que *se niegan a recibir los sacramentos*. Estos últimos ya abandonan esta vida con signos exteriores de condena. Sin embargo, debemos dejar el juicio a Dios, de acuerdo con las palabras: "A Dios pertenece el juicio" (Dt 1,17). Podemos tener más esperanza con aquellos que no son hostiles a la religión, que son benévolos con los pobres, que conservan alguna práctica de la piedad cristiana o que al menos aprueban y favorecen la piedad; hay que esperar más, digo, por tales personas cuando mueren repentinamente, sin haber tenido tiempo de recibir los últimos sacramentos de la Iglesia.

San Francisco de Sales nos dice que confiemos en la conversión de los pecadores hasta su último aliento, e incluso después de su muerte nos prohíbe juzgar mal de los que han llevado una mala vida. Con excepción de aquellos pecadores cuya reprobación se manifiesta en la Sagrada Escritura, no podemos, dice, concluir que una persona está condenada, sino que debemos respetar el secreto de Dios. Su razón principal es que, así como la primera gracia es gratuita, también lo es la última, que es la perseverancia final o una buena muerte. Por eso debemos tener esperanza, por muy triste que haya sido la muerte de alguien, porque nuestras conjeturas solo pueden basarse en lo exterior, y en ese sentido incluso los más inteligentes pueden ser engañados.

¿Por quién debemos rezar? Grandes pecadores. El padre Ravignan y el general Exelmans. La viuda de luto y el santo Cura de Ars. La hermana Catalina de San Agustín y el pecador muerto en una gruta

El padre Ravignan, ilustre predicador jesuita, también tenía una gran esperanza en la salvación de los pecadores que morían de repente, *cuando no llevaban ningún odio en el corazón por las cosas de Dios*. Vivía para hablar del momento supremo, y decía que muchos pecadores se convierten en sus últimos instantes, y se reconcilian con Dios sin poder dar ningún signo exterior de ello. En ciertas muertes hay misterios de la misericordia donde el ojo del hombre no ve más que trazos de justicia. Como un último destello de luz, Dios se revela a veces a las almas cuya mayor desgracia ha sido ignorarle; y el último suspiro, comprendido por aquel que penetra en los corazones, puede ser un gemido que llama al perdón, es decir, un acto de perfecta contrición. El general Exelmans, pariente de este buen padre, murió repentinamente por un accidente, y desgraciadamente no había sido un fiel practicante. Había prometido que algún día se confesaría, pero no había tenido la oportunidad de hacerlo. El padre Ravignan, que durante mucho tiempo había rezado y conseguido oraciones para él, se llenó de consternación cuando se enteró de tal muerte. Ese mismo día, una persona acostumbrada a recibir comunicaciones sobrenaturales creyó oír una voz interior que le decía: "¿Quién sabe el alcance de la misericordia de Dios? ¿Quién conoce la profundidad del océano o cuánta agua contiene? Mucho se perdonará a los que han pecado por ignorancia".

El biógrafo del que tomamos prestado este incidente, el padre de Ponlevoy, continúa diciendo: "Los cristianos, colocados bajo la virtud de la esperanza, igual que bajo la de la fe y la caridad, debemos elevarnos continuamente desde las profundidades de nuestros sufrimientos al pensamiento de la infinita bondad de Dios. Aquí abajo no se pone ningún límite a la gracia de Dios; mientras quede una chispa de vida no hay nada que no pueda afectar al alma. Por lo tanto, debemos siempre esperar y pedir a Dios con humilde insistencia. No sabemos hasta qué punto podemos ser escuchados. Grandes santos y doctores se han esforzado en ensalzar la poderosa eficacia de la oración por los difuntos, por muy infeliz que haya sido su final. Algún día conoceremos las maravillas indecibles de la misericordia divina. Nunca debemos dejar de implorarla con la mayor confianza".

La siguiente historia apareció en el *Petit Messager du Coeur de Marie* en noviembre de 1880. Un religioso, predicando una misión a las damas de Nancy, les había recordado en una conferencia que nunca debemos desesperar de la salvación de un alma, y que a veces las acciones de menor importancia a los ojos del hombre son recompensadas por Dios a la hora de la muerte. Cuando estaba a punto de salir de la iglesia, una señora vestida de luto se le acercó y le dijo: "Padre, acaba de recomendarnos confianza y esperanza; lo que acaba de sucederme justifica plenamente sus palabras. Tenía un marido muy amable y cariñoso, que, aunque llevaba una vida irreprochable, descuidaba por completo la práctica de su fe. Mis oraciones y exhortaciones no tuvieron ningún efecto. Durante el mes de mayo que precedió a su muerte, había erigido en mi habitación, como estaba acostumbrada a hacer, un pequeño altar de la santísima Virgen, y lo había decorado con flores, que renovaba de vez en cuando. Mi marido pasaba el domingo en el campo, y cada vez que volvía me traía unas flores que él mismo había arrancado, y con ellas adornaba mi oratorio. ¿Se dio cuenta de esto? ¿Lo hacía para darme gusto o era por un sentimiento de piedad hacia la santísima Virgen? No lo sé, pero nunca dejó de traerme las flores".

"A principios del mes siguiente murió repentinamente, sin haber tenido tiempo de recibir los últimos sacramentos. Yo estaba desconsolada, sobre todo al ver desvanecerse todas mis esperanzas de su regreso a Dios. Como consecuencia de mi dolor, mi salud se vio muy afectada y mi familia me instó a hacer un viaje por el sur. Como tenía que pasar por Lyon, deseaba ver al Cura de Ars. Le escribí pidiendo una audiencia y recomendando a sus oraciones a mi marido, que había muerto repentinamente. No le di más detalles".

"Una vez que llegué a Ars, apenas había entrado en la habitación del venerable sacerdote, para mi gran asombro, se dirigió a mí con estas palabras: 'Señora, está usted desconsolada, pero ¿ha olvidado los ramos de flores que le traían cada domingo del mes de mayo?'. Es imposible expresar mi asombro al oír al Sr. Vianney recordarme una circunstancia que no había mencionado a nadie y que sólo podía conocer por revelación. Continuó: 'Dios ha tenido misericordia de quien honró a su santa Madre'. En el momento de su muerte, su marido se arrepintió; su alma está en el purgatorio; nuestras oraciones y buenas obras obtendrán su liberación".

Leemos en la vida de una santa religiosa, sor Catalina de San Agustín, que en el lugar donde vivía había una mujer llamada María. En su juventud había llevado una vida muy desordenada, y como con la edad no mejoró sino que creció en sus vicios, los habitantes, no tolerando el escándalo que daba, la echaron de la ciudad. No encontró otro asilo que una gruta en el bosque, donde, después de unos meses, murió sin la ayuda de los sacramentos. Su cuerpo fue enterrado en un campo, como si fuera algo contagioso.

Sor Catalina, que acostumbraba a encomendar a Dios las almas de todos aquellos de los que escuchaba su muerte, no pensó en rezar por esta, juzgando, como todos, que estaba condenada.

Cuatro meses más tarde, la sierva de Dios oyó una voz que decía: "¡Sor Catalina, qué desgraciada soy! Recomiendas a Dios las almas de todos; ¡soy la única de la que no te compadeces!". "¿Quién eres?", respondió la hermana. "Soy la pobre María, que murió en la gruta". "¡María!, ¿estás salvada?". "Sí, por la divina misericordia me he salvado. En el momento de la muerte, aterrorizada por el recuerdo de mis pecados, y viéndome abandonada por todos, invoqué a la santísima Virgen. En su tierna bondad me escuchó y me obtuvo la gracia de la perfecta contrición, con el deseo de confesarme, si hubiera estado en mi poder hacerlo. Así recuperé la gracia de Dios y escapé del infierno. Pero me vi obligada a ir al purgatorio, donde sufro terriblemente. Mi tiempo aquí se acortará, y pronto seré liberada, si se ofrecen algunas misas por mí. ¡Oh! Que las celebren por mí, querida hermana, y siempre te recordaré ante Jesús y María".

Sor Catalina se apresuró a cumplir esta petición, y después de unos días el alma se le apareció de nuevo, brillante como una estrella, y devolviendo las gracias por su caridad.

9. *Motivos para ayudar a las almas del purgatorio*

Excelencia de esta obra. San Francisco de Sales. Santo Tomás de Aquino. Santa Brígida

Acabamos de pasar revista a los recursos que la misericordia divina ha puesto en nuestras manos para aliviar a nuestros hermanos del purgatorio, pero ¿los ponemos en práctica? Pudiendo ayudarles, ¿tenemos suficiente celo para hacerlo? ¿Somos tan ricos en caridad como Dios lo es en misericordia? ¡Cuántos cristianos no hacen nada, o muy poco, por los difuntos! Y aquellos que ofrecen sufragios por ellos, ¡en cuántas ocasiones les falta fervor! Podemos comparar los cuidados que damos a los enfermos con la asistencia que ofrecemos a esas almas que sufren. Cuando un padre o una madre se encuentran afligidos por la enfermedad de un hijo, o cuando un niño o una persona querida está sufriendo, ¡qué cuidados, qué solicitud, qué devoción ponemos! Y mientras tanto, las almas del purgatorio, a las que también queremos, languidecen bajo el peso, no de una enfermedad dolorosa, sino de tormentos expiatorios mil veces más crueles. ¿Nos mueven los mismos deseos de procurarles alivio? "No", dice san Francisco de Sales, "no recordamos lo suficientemente a nuestros queridos amigos difuntos. Su recuerdo parece olvidarse con el sonido de las campanas fúnebres, y olvidamos que una amistad que encuentra un final, aunque sea a causa de la muerte, nunca fue una amistad auténtica".

¿De dónde viene este olvido? Principalmente por la falta de reflexión. "Tú estás presto en sus bocas, pero ausente en sus entrañas" (Jr 12,2). Perdemos de vista los grandes motivos que nos impulsan a pedir por los difuntos. Por lo tanto, recordamos ahora estos motivos para estimular nuestro celo y darles la máxima luz.

Podemos decir que todos estos motivos se resumen en estas palabras del Espíritu Santo en la Sagrada Escritura: "Pero si pensaba en la bellísima recompensa reservada a los que duermen piadosamente, su pensamiento era santo y devoto. Por eso hizo el sacrificio expiatorio por los difuntos, para que fueran perdonados por sus pecados" (2 M 12, 46). En primer lugar, es una obra santa y excelente en sí misma, así como agradable y meritoria a los ojos de Dios. Por lo tanto, es una obra *de salvación,* extremadamente provechosa para nuestra propia salvación, para nuestro bienestar en este mundo y en el siguiente.

"Una de las acciones más santas, uno de los mejores ejercicios de piedad que podemos practicar en este mundo", dice san Agustín en una de sus homilías, "es ofrecer sacrificios, limosnas y oraciones por los difuntos". "El alivio que procuramos a los difuntos", dice san Jerónimo, nos obtiene una misericordia semejante".

Considerada en sí misma, la oración por los difuntos es una acto de fe y caridad, y frecuentemente incluso de justicia.

En primer lugar, ¿quiénes son, en efecto, las personas a las que hay que ayudar? ¿Quiénes son esas almas santas y predestinadas, tan queridas por Dios y por nuestro Señor Jesucristo, tan queridas por su Madre, la Iglesia, que nos las recomienda incesantemente? ¿No son almas queridas también para nosotros mismos, a las que quizás estábamos íntimamente unidas en la tierra, y que nos suplican con estas conmovedoras palabras: *Tened piedad, tened piedad de mí, vosotros, mis amigos* (Jb 19, 21)? En segundo lugar, ¿cuáles son sus necesidades? Siendo estas muy grandes, las almas que sufren tienen derecho a nuestra ayuda en proporción a su total impotencia para hacer algo por sí mismas. Tercero, ¿qué bien les procuramos? El mayor bien, ya que las ponemos en posesión de la salvación eterna.

"Ayudar a las almas del purgatorio", dice san Francisco de Sales, "es realizar la más excelente de las obras de misericordia, o mejor dicho, es practicar de la manera más sublime todas las obras de misericordia juntas: es visitar a los enfermos; es dar de beber a los sedientos de la visión de Dios; es alimentar a los hambrientos, rescatar a los prisioneros, vestir a los desnudos, procurar a los pobres desterrados la hospitalidad de la Jerusalén celestial; es consolar a los afligidos, instruir a los ignorantes, en fin, practicar todas las obras de misericordia en una sola". Esta doctrina concuerda muy bien con la de santo Tomás, quien dice en su *Summa*: "Los sufragios por los difuntos son más agradables a Dios que las oraciones por los vivos; porque los primeros tienen una necesidad más urgente de ellos, no pudiendo ayudarse a sí mismos, como lo hacen los vivos" (Suplemento, Q. 71, art. 5).

Nuestro Señor considera cada obra de misericordia ejercida hacia nuestro prójimo como hecha a sí mismo. *"Es a mí"*, dice Él, *"a quien lo has hecho"*. Esto es especialmente cierto con respecto a las obras de misericordia con respecto a las almas del purgatorio. Se le reveló a santa Brígida que quien libera un alma del purgatorio tiene el mismo mérito que si liberara al mismo Jesucristo del cautiverio.

Excelencia del trabajo. Controversia entre el hermano Benedicto y el hermano Bertrand

Cuando ensalzamos tanto los méritos de las oraciones por los difuntos, no decimos que haya que omitir otras buenas obras, porque hay que hacerlas según el tiempo, el lugar y las circunstancias. Debemos tener una idea correcta de la misericordia hacia los difuntos e inspirar a otros el deseo de practicarla.

Además, estas obras de misericordia, que tienen por objeto la salvación de las almas, son todas de igual excelencia, y solo en ciertos aspectos podemos poner la asistencia a los difuntos por encima del celo por la conversión de los pecadores.

En las *Crónicas de los Frailes Predicadores,* recogidas por Rossignoli, se relata que surgió una animada controversia entre dos religiosos de esa orden, el hermano Benedicto y el hermano Bertrand, sobre el tema de los sufragios por los difuntos. Fue así: El hermano Bertrand celebraba a menudo la santa Misa por los pecadores y rezaba continuamente por su conversión, imponiéndose las más severas penitencias; pero raramente se le veía celebrar la Misa por los difuntos. El hermano Benedicto, que tenía una gran devoción por las almas del purgatorio, al observar esta conducta, le preguntó por qué actuaba así.

"Porque", respondió, "las almas del purgatorio están seguras de su salvación, mientras que los pecadores están continuamente expuestos al peligro de caer en el infierno. ¿Qué condición más deplorable que la de un alma en estado de pecado mortal? Está en enemistad con Dios, y atada por las cadenas del diablo, suspendida sobre el abismo del infierno por el frágil hilo de la vida, que puede romperse en cualquier momento. El pecador camina por el camino de la perdición; si continúa avanzando, caerá en el abismo eterno. Debemos, pues, acudir en su ayuda y preservarlo de la condenación, la mayor de las desgracias, trabajando por su conversión. Además, ¿no vino el Hijo de Dios a la tierra y murió en la cruz para salvar a los pecadores? San Dionisio también asegura que *la más divina de todas las cosas divinas es trabajar con Dios por la salvación de las almas*. En lo que respecta a las almas del purgatorio, están seguras, su salvación eterna está asegurada. Sufren, son presa de grandes tormentos, pero no tienen nada que temer del infierno, y sus sufrimientos tendrán un fin. Las deudas que han contraído disminuyen cada día, y pronto disfrutarán de la luz eterna; mientras que los pecadores están continuamente amenazados con la condenación, la más terrible desgracia que puede ocurrirle a una de las criaturas de Dios".

"Todo lo que has dicho es verdad", respondió el hermano Benedicto, "pero hay otra consideración que hacer. Los pecadores son esclavos de Satanás por su propia voluntad. Ellos han elegido su yugo, podrían romper sus cadenas si quisieran; mientras que las pobres almas del purgatorio solo pueden suspirar e implorar la ayuda de los vivos. Les es imposible romper las cadenas que los mantienen cautivos en esas llamas criminales. Suponed que encontráis dos mendigos, uno enfermo, mutilado e indefenso, absolutamente incapaz de ganarse la vida; el otro, por el contrario, aunque en gran angustia, joven y vigoroso; ¿cuál de los dos merecería la mayor parte de tus limosnas?".

"Seguramente el que no podía trabajar", respondió el hermano Bertrand.

"Bien, querido hermano", continuó Benedicto, "así ocurre con los pecadores y las almas del purgatorio. Estas ya no pueden ayudarse a sí mismas. El tiempo de oración, de confesión y de buenas obras ha pasado; sólo nosotros podemos aliviarlos. Es cierto que han merecido esos sufrimientos en castigo por sus pecados, pero ahora se lamentan y detestan esos pecados. Están en la gracia y la amistad de Dios; mientras que los pecadores son sus enemigos. Ciertamente debemos rezar por su conversión, pero sin perjuicio de lo que debemos a las almas que sufren, tan queridas por el corazón de Jesús. Compadezcamos a los pecadores, pero no olvidemos que tienen a su disposición todos los medios de salvación; deben romper las ataduras del pecado y volar del peligro de la condenación que los amenaza. ¿No parece evidente que las almas que sufren están más necesitadas y merecen más que recemos por ellas?".

A pesar de la fuerza de estos argumentos, el hermano Bertrand persistió en su primera opinión. Pero la noche siguiente tuvo una aparición de un alma del purgatorio, que le hizo experimentar por un corto tiempo el dolor que ella soportaba. Era un sufrimiento tan atroz que parecía imposible de soportar. Entonces, como dice Isaías, "será el puro horror lo que os haga aprender la lección" (Is 28, 19), y se convenció de que debía hacer más por las almas que sufrían. A la mañana siguiente, lleno de compasión, subió los escalones del altar vestido de negro, y ofreció el santo sacrificio por los difuntos.

Los lazos íntimos que nos unen a ellas. Piedad filial. Cimón de Atenas y su padre en prisión. San Juan de Dios salvando a los enfermos de la conflagración

Así, sabemos que estamos obligados a ayudar a las almas del purgatorio por la extrema necesidad en que se encuentran. Ahora bien, ¿no tendremos un motivo mucho más grande cuando estén unidas a nosotros por los lazos más sagrados: los lazos de la sangre?

Sí, en el purgatorio hay almas unidas a nosotros por lazos familiares estrechos. Puede ser un padre o una madre, que, languideciendo en esos horribles tormentos, extienden sus brazos en súplica hacia mí. ¿Qué no haríamos por nuestro padre o por nuestra madre, si supiéramos que se están consumiendo en una mazmorra repugnante? Un antiguo ateniense, el célebre Cimón, tuvo el dolor de ver a su padre encarcelado por acreedores sin corazón a los que no pudo pagar una deuda. No pudo reunir el dinero suficiente para efectuar el rescate de su padre, y el viejo murió en prisión. Cimón se apresuró a la cárcel y pidió que al menos le concedieran el cuerpo de su padre para darle sepultura. Esto le fue negado, bajo el pretexto de que, al no tener con qué pagar sus deudas, no podía ser puesto en libertad. "Permitidme primero enterrar a mi padre", gritó Cimón, "y luego regresaré y ocuparé su lugar en la prisión".

Admiramos este acto de piedad filial, pero ¿no estamos también obligados a imitarlo? ¿No tenemos también, tal vez, un padre o una madre en el purgatorio? ¿No estamos obligados a liberarles ofreciendo por ellos sacrificios? Más afortunados que Cimón, tenemos con qué pagar sus deudas; no necesitamos ocupar su lugar, al contrario, liberarlos es comprar nuestro propio rescate.

Admiramos, también, las obras de san Juan de Dios, que desafió la furia de las llamas para salvar a los pobres enfermos durante un gran incendio. Este gran siervo de Dios murió en Granada en el año 1550, arrodillado ante una imagen de Jesús crucificado, a la que seguía abrazando y sosteniendo fuertemente entre sus brazos, aún después de haber exhalado su alma a Dios. Nacido de padres muy pobres y obligado a sostenerse con el cuidado de sus rebaños, fue rico en fe y confianza en Dios. Se deleitaba en la oración y en escuchar la Palabra de Dios; este fue el fundamento de la gran santidad que alcanzó después. Un sermón de san Juan de Ávila, el apóstol de Andalucía, le impresionó tanto que decidió consagrar toda su vida al servicio de los pobres enfermos. Sin otro recurso que su caridad y su confianza en Dios, consiguió comprar una casa en la que reunió a todos los pobres enfermos abandonados, para darles alimento para el alma y el cuerpo. Este asilo se convirtió pronto en el Hospital Real de Granada, una inmensa institución, llena de una multitud de ancianos y enfermos. Un día, al producirse un incendio en el hospital, muchos de los enfermos corrían el peligro de perecer por una muerte horrible. Estaban rodeados por todos lados por las llamas, de modo que era imposible que alguien intentara rescatarlos. Gritaron de manera desgarradora, llamando al cielo y a la tierra en su ayuda. Juan los vio, su caridad se inflamó y se precipitó en el fuego, luchó a través de las llamas y el humo hasta llegar a los lechos de los enfermos; luego, levantándolos sobre sus hombros, les llevó, uno tras otro, a un lugar seguro. Obligado a atravesar aquel inmenso horno, trabajando en medio del calor durante una media hora, el santo no sufrió la menor lesión; las llamas respetaron su persona, sus vestidos y hasta los cabellos de su cabeza, pues Dios deseaba mostrarle por un milagro lo agradable que le había sido aquella acción. Y de aquellos que salvan, no el cuerpo, sino las almas de las llamas del purgatorio, ¿es su trabajo menos agradable a Dios? ¿Son las necesidades, los gritos y los gemidos de esas almas menos conmovedores para un corazón de fe? ¿Es más difícil ayudarles? ¿Es necesario lanzarse a las llamas para rescatarlas?

Seguramente tenemos todas las facilidades en nuestro poder para proporcionarles alivio, y Dios no exige grandes esfuerzos de nuestra parte. Sin embargo, los cristianos más fervorosos se ven inspirados a hacer sacrificios heroicos, e incluso a compartir los tormentos de sus hermanos en el purgatorio.

Facilidad para aliviarlas. El ejemplo de los santos y de todos los cristianos fervorosos. La sierva de Dios María Villani. La frente quemada

Ya hemos visto cómo santa Catalina de Ricci y otros santos llevaron su heroísmo hasta el punto de querer sufrir ellos en lugar de las almas del purgatorio. Hay más casos aún, por ejemplo el de la dominica María Villani, quien ofrecía numerosas acciones en favor de los difuntos. Escribió su biografía el padre Marchi, de donde lo recoge Rossignoli.

Un día, la vigilia de la fiesta de la Epifanía, permaneció largo tiempo en oración, suplicando a Dios que aliviara los sufrimientos de las almas en consideración a los de Jesucristo, ofreciéndole la cruel flagelación de nuestro Salvador, su corona de espinas, sus cuerdas, los clavos y la cruz, en una palabra, todos los sufrimientos que padeció. La noche siguiente, Dios le manifestó cuánto le agradó ese ofrecimiento.

Durante su oración, sor María quedó extasiada y vio una larga procesión de personas vestidas de blanco y radiantes de luz. Llevaban los emblemas de la Pasión y entraban en la gloria del Paraíso. La sierva de Dios supo que se trataba de personas liberadas gracias a sus fervientes oraciones y a los méritos de la Pasión de Jesucristo.

En otra ocasión, en la fiesta de Todos los Fieles Difuntos, le ordenaron que trabajara en un manuscrito, lo que significaba pasarse todo el día escribiendo. Esta tarea, impuesta por obediencia, fue una prueba para su piedad: experimentó cierta repugnancia a obedecer, porque deseaba dedicar todo ese día a la oración, a la penitencia y a los ejercicios piadosos para aliviar a las almas de los que sufrían en el purgatorio. Olvidó por un momento que la obediencia debe tener prioridad sobre todo lo demás, como está escrito: "Obedecer es más que un sacrificio" (1 S 15,22). Viendo su gran cariños hacia los difuntos, Dios se le apareció para instruirla y consolarla. "Obedece, hija mía", le dijo, "haz el trabajo que te impone la obediencia y ofrécelo por las almas: cada línea que escribas hoy obedeciendo, procurará la liberación de un alma". Se entenderá fácilmente que hizo su trabajo de manera muy diligente, escribiendo tantas líneas como le fue posible.

Sus actos de caridad a favor de las almas del purgatorio no se limitaron a la oración y el ayuno, sino que deseaba soportar una parte de sus sufrimientos. Un día, mientras rezaba por esa intención, entro en éxtasis y fue llevada en espíritu al purgatorio. Allí, entre la multitud de almas sufrientes, vio a una que sufría tormentos más graves que las demás, lo que despertó su compasión. "¿Por qué", preguntó, "tienes que sufrir una tortura tan insoportable? ¿No recibes ningún alivio?"; a lo que respondió: "Llevo mucho tiempo en este lugar, soportando tormentos espantosos, en castigo por mi vanidad y mi escandalosa extravagancia. Hasta ahora no he recibido el menor alivio, porque Dios ha permitido que mis padres, mis hijos, mis parientes y amigos me olviden: no ofrecen ni una sola oración por mí. Cuando estuve en la tierra, ocupada exclusivamente en mis vanidades mundanas, en banquetes y placeres, no tuve más que un pensamiento pasajero acerca de Dios y mis deberes. Mi único deseo serio era promover los intereses mundanos de mi familia. Estoy bien castigada, porque como ves estoy completamente olvidada por todos".

Estas palabras causaron una dolorosa impresión a María Villani. Le rogó a esta alma que le permitiera sentir algo de lo que sufría; y en el mismo instante pareció como si un dedo de fuego tocara su frente, y el dolor que sintió fue tan agudo que hizo cesar su éxtasis. La marca le quedó tan profundamente impresa en la frente que aún era visible dos meses después, y le causó un sufrimiento intolerable. Ella lo ofreció, junto con oraciones y otras buenas obras, por esta alma. Al cabo de dos meses se le apareció a María y le dijo que, habiendo sido liberada por su intercesión, estaba a punto de entrar en el Cielo. En ese mismo momento la cicatriz de la frente desapareció.

Ejemplos de los santos. El padre Diego Laínez. El padre Fabricio. El padre Nieremberg, una víctima de su caridad

"Aquel que olvida a un amigo, después de que la muerte lo haya alejado de su vista, nunca tuvo una verdadera amistad". Es algo que continuamente repetía el padre Laínez (segundo General de la Compañía de Jesús) a sus hijos jesuitas. Deseaba que se interesaran por las almas después de la muerte tanto como lo hacían durante la vida. Uniendo el ejemplo al precepto, Laínez aplicó a las almas del purgatorio gran parte de sus oraciones, sacrificios y el mérito de sus trabajos para la conversión de los pecadores. Los padres de la Compañía, fieles a estas lección llena de caridad, manifestaron siempre un celo particular por esta devoción, como se ve en el libro titulado *Héroes y víctimas de la caridad en la Compañía de Jesús*, del que aquí transcribo sólo una página.

"En Münster, Westfalia, a mediados del siglo XVII, estalló una epidemia que cada día arrastraba innumerables víctimas. El miedo paralizó las obras de caridad de la mayor parte de los habitantes de la ciudad, de modo que pocos se dedicaban a ayudar a las desafortunados afectados por la plaga. Entonces el padre Juan Fabricio, animado con el espíritu de Laínez e Ignacio, se lanzó a la arena del sacrificio personal. Dejando de lado toda precaución, empleó su tiempo en visitar a los enfermos, en procurarles remedios y en disponerlos a morir de forma cristiana. Escuchaba sus confesiones, administraba los otros sacramentos, los enterraba con sus propias manos y finalmente celebraba el santo sacrificio por el descanso de sus almas".

"De hecho, durante toda su vida había mostrado una gran devoción por las almas de los difuntos. De todos los ejercicios piadosos, el más querido por él, y que siempre recomendaba, era el de ofrecer la Misa por los difuntos siempre que las rúbricas lo permitieran. Como resultado de este consejo, todos los padres de Münster decidieron consagrar un día de cada mes a los fieles difuntos; cubrieron la iglesia de negro y rezaron con toda solemnidad por ellos".

"Dios se dignó, como hace a menudo, recompensar al padre Fabricio, y alentó su celo con varias apariciones de las almas sufrientes. Algunos le rogaban que acelerara su liberación, otros le agradecían el alivio que les había procurado; y otros le anunciaban el feliz momento de su liberación".

"Su mayor acto de caridad fue el que realizó en el momento de su muerte. Con una generosidad verdaderamente admirable, hizo un ofrecimiento de todos los sufragios, oraciones, misas, indulgencias y mortificaciones que la Compañía aplica a sus miembros fallecidos y que él recibiría. Pidió a Dios que le privara de ellos para el alivio de las almas que más sufren".

Ya hemos hablado del padre Nieremberg; la devoción que tenía por las almas del purgatorio, le llevaba a no contentarse con los sacrificios y oraciones que hacía, sino que le impulsaba a sufrir por ellas con una generosidad que a menudo equivalía al heroísmo.

Entre sus penitentes de la corte de Madrid había una dama de alto rango que, bajo su dirección, había crecido mucho en vida interior; sin embargo, se veía atormentada por un excesivo temor a la muerte, a causa del purgatorio que vendría a continuación. Cayó bastante enferma, y aumentó su miedo, hasta tal punto que casi perdió sus sentimientos cristianos. Su confesor empleó todos los medios para que entrara en razón, pero sin éxito; no pudo conseguir devolverle la tranquilidad, ni pudo convencerla siquiera para recibir los últimos sacramentos.

Para coronar esta desgracia, ella perdió repentinamente el conocimiento, y quedó inconsciente. El sacerdote, alarmado por el peligro en que se encontraba, se retiró a la capilla privada que se encontraba cerca de la habitación de la moribunda. Allí ofreció el santo sacrificio con mucho fervor para obtener el tiempo suficiente para que la enferma pudiera recibir los sacramentos de la Iglesia. Al mismo tiempo, movido por una caridad verdaderamente heroica, se ofreció a sí mismo como víctima, para sufrir durante esta vida todos los sufrimientos reservados a esa pobre alma en la siguiente.

Su oración fue escuchada. Al acabar la santa Misa la enferma recobró el conocimiento y se encontró con que estaba completamente cambiada. Estaba tan bien dispuesta que pidió los últimos sacramentos, que recibió con un fervor muy edificante. Entonces su confesor le dijo que no tenía nada que temer del purgatorio, y ella expiró totalmente tranquila, y con una sonrisa en los labios.

Desde esa hora, el padre Nieremberg se vio afligido con todo tipo de sufrimientos, tanto de cuerpo como de alma. Los restantes dieciséis años de su vida fueron un largo martirio y un riguroso purgatorio. Ningún remedio humano podía darle alivio; su único consuelo estaba en el recuerdo del motivo por el que lo estaba soportando. Finalmente, la muerte vino a poner fin a sus terribles sufrimientos y, al mismo tiempo, podemos creer razonablemente, a abrirle las puertas del Paraíso, ya que está escrito: *Bienaventurados los misericordiosos, porque ellos obtendrán misericordia.*

10. Motivos para la devoción hacia las almas del purgatorio

Ejemplos de generosidad. San Pedro Damián y su padre. Un joven anamita. El portero del seminario y la propagación de la fe

Los ejemplos de generosidad hacia los difuntos no son escasos, y siempre es útil recordarlos. Hay uno muy conmovedor en la vida de san Pedro Damián, obispo de Ostia, cardenal y doctor de la Iglesia. Siendo joven, Pedro tuvo la desgracia de perder a su madre, y poco después su padre se casó de nuevo, quedando al cuidado de una madrastra. Aunque él le mostró todo el afecto que pudo, esta mujer fue incapaz de devolverle ese amor y lo trató con gran severidad. Para librarse de él, lo mandó con su hermano mayor, que lo puso a cuidar de los cerdos. Su padre, cuyo deber hubiera sido impedirlo, lo abandonó a ese destino tan triste. Pero el niño levantó los ojos al cielo, donde veía a otro padre, en quien puso toda su confianza. Aceptó todo lo que pasó como proveniente de sus manos divinas, y se resignó a las dificultades que vivía. "Dios", decía, "tiene sus designios en todo lo que hace, y son designios de misericordia; no tenemos más que abandonarnos en sus manos, Él dirigirá todas las cosas para nuestro bien". Pedro no fue engañado, y esta dolorosa prueba que padeció el futuro cardenal de la Iglesia sentó las bases de su santidad. Pedro asombraba a su edad por su sabiduría, y edificaba a los demás con sus virtudes.

Iba cubierto de harapos, y su biógrafo nos dice que no siempre tuvo suficiente para aplacar su hambre, pero rezaba a Dios y quedaba satisfecho.

Mientras tanto, su padre murió. El joven santo olvidó la dureza con la que le había tratado y, como un buen hijo, rezó continuamente por el descanso del alma de su padre. Un día encontró en el camino una pieza de oro, que la Providencia parecía haber colocado allí para él. Era una gran fortuna para el pobre niño. Pero, en lugar de usarla para aliviar su propia miseria, su primer pensamiento fue llevarla a un sacerdote, y rogarle que celebrara la Misa por el alma de su difunto padre. La santa Iglesia ha considerado este rasgo de devoción filial tan conmovedor que lo ha introducido en el Oficio de su fiesta.

Dice el padre Louvet, misionero: "¿Se me permite añadir un incidente más de mi propia experiencia personal? Cuando predicaba la fe en la Cochinchina, una pobre niña anamita, que acababa de ser bautizada, perdió a su madre. A la edad de catorce años se vio obligada a mantenerse a sí misma y a sus dos hermanos menores con sus escasos ingresos, unos escasos céntimos al día. Cuál fue mi sorpresa cuando, al final de la semana, la vi traerme las ganancias de dos días, para que pudiera decir la Misa por el descanso del alma de su querida madre. Esos pobres pequeños habían ayunado durante una parte de la semana para conseguir ese humilde sufragio para su difunta madre. ¡Oh, santa limosna de los pobres y los huérfanos! Si mi corazón se conmovió tan profundamente, cuánto más el corazón de nuestro Padre Celestial, y qué bendiciones habrá invocado sobre esa madre y sus hijos".

"¡Contemplad la generosidad de los pobres! Qué ejemplo y reproche para tantos ricos, extravagantes en lujo y placer, pero avaros cuando se trata de dar una limosna para celebrar Misas por sus familiares fallecidos".

"Aunque antes que cualquier otra intención, deben dedicar parte de su limosna para que se ofrezcan misas por sus propias almas o las de sus amigos, es conveniente utilizar una parte para ayudar a los pobres o para otras buenas obras, como en beneficio de las escuelas católicas, la Propagación de la Fe y otros fines, según las circunstancias. Esta es una generosidad santa, conforme al espíritu de la Iglesia, y muy provechosa para las almas del purgatorio".

El padre Louvet relata otro incidente: un hombre humilde hizo un generoso sacrificio en favor de la Propagación de la Fe, pero bajo circunstancias que hicieron este acto muy valioso para las futuras necesidades de su alma en el purgatorio.

Era el pobre portero de un seminario que durante su larga vida había acumulado, céntimo a céntimo, la suma de ochocientos francos. Era un hombre con una ardiente caridad en su corazón. Un joven sacerdote estaba a punto de dejar el seminario camino de las misiones extranjeras y el anciano portero se sintió inspirado a darle su pequeño tesoro para la hermosa obra de la propagación de la fe. Se lo dio y le dijo: "Querido señor, le ruego que acepte esta pequeña limosna para ayudarle en el trabajo de la difusión del evangelio. La guardé para que se celebraran misas después de mi muerte, pero prefiero quedarme un poco más en el purgatorio para que el nombre del buen Dios sea glorificado". El seminarista se conmovió hasta las lágrimas. No quiso aceptar la oferta demasiado generosa del pobre hombre, pero éste insistió tanto que no tuvo valor para rechazarla.

Unos meses más tarde, el buen anciano murió. Ninguna aparición ha revelado su destino en el otro mundo. ¿Estará necesitado? ¿No sabemos que el Corazón de Jesús no se deja ganar en generosidad? Un hombre que fue tan generoso como para entregarse a las llamas del purgatorio para que Jesucristo se diera a conocer a las naciones infieles, seguramente habrá encontrado abundante misericordia ante el Juez Soberano.

Obligación no solo de caridad, sino también de justicia. Legados piadosos. El padre Rossignoli y la propiedad devastada. Tomás de Cantimpré y el soldado de Carlomagno

Acabamos de considerar la devoción a las almas del purgatorio como una obra de caridad, que no es algo meramente opcional o un consejo, sino que es de precepto, no menos que dar limosna a los pobres. Puesto que una de las obras de caridad nos obliga a dar limosna, con mayor motivo estamos obligados por la virtud de la Caridad a ayudar a nuestros hermanos que sufren en el purgatorio.

A esta obligación de caridad se une a menudo a una obligación de estricta justicia. Cuando un moribundo, ya sea de palabra o por testamento escrito, expresa sus últimas voluntades respecto a las obras de piedad; cuando encarga a sus herederos que hagan celebrar un cierto número de misas, que repartan una cierta suma en limosnas, por cualquier obra buena que sea, los herederos están obligados en estricta justicia, desde el momento en que entran en posesión de los bienes, a cumplir sin demora los últimos deseos del difunto.

Este deber de justicia es el más sagrado, ya que estos piadosos legados son frecuentemente, de forma encubierta, reparaciones. Ahora, ¿qué nos enseña la experiencia? ¿Se apresura la gente a cumplir puntualmente las obligaciones que conciernen al alma de los difuntos? Por desgracia, todo lo contrario. Una familia que hereda una fortuna considerable concede a su pobre difunto los pocos sufragios que necesitan para su propio beneficio espiritual. Si las sutilezas de la ley les favorecen, los miembros de esta familia no se avergüenzan en dejar fraudulentamente de lado la voluntad del difunto para librarse de la obligación de llevar a cabo esos piadosos legados, con el pretexto de alguna informalidad. Por este motivo, el autor de la *Imitación* nos aconseja que reparemos nuestros pecados durante nuestra vida y que no dependamos de nuestros herederos, que a menudo descuidan lo que encargamos en nuestra última voluntad para alivio de nuestras pobres almas.

Este tipo de familias deben tener cuidado. Descuidar esto es una injusticia sacrílega, una crueldad atroz. Robar a un pobre, dice el IV Concilio de Cartago, es convertirse en su asesino. ¿Qué diremos entonces de aquellos que roban a los muertos, que les privan injustamente de sus sufragios y les dejan sin ayuda en los terribles tormentos del purgatorio?

Además, Dios castiga con frecuencia a los culpables de este robo incluso en esta vida. A veces nos sorprendemos al ver que una considerable fortuna se esfuma, por así decirlo, en las manos de ciertos herederos; hay una especie de maldición que parece cernirse sobre ciertas herencias. En el día del Juicio, cuando se nos muestre lo que ahora no sabemos, veremos que la causa de esta ruina ha sido con frecuencia la avaricia y la injusticia de los herederos, que descuidaron las obligaciones que se les imponían en materia de legados piadosos cuando accedían a la herencia.

Sucedió en Milán, dice el padre Rossignoli, que una magnífica finca, situada a poca distancia de la ciudad, fue completamente devastada por el granizo, mientras que los campos vecinos permanecieron intactos. Este fenómeno atrajo la atención y el asombro de todos, pues recordaba a una de las plagas de Egipto. El granizo arrasó los campos de los egipcios y respetó la tierra de Gessen, habitada por los hijos de Israel. Esto se consideró como un castigo similar. El misterioso granizo no podría haberse confinado exclusivamente dentro de los límites de una propiedad sin obedecer a una causa inteligente. La gente no sabía cómo explicar este fenómeno, cuando la aparición de un alma del purgatorio reveló que se trataba de un castigo infligido a hijos ingratos y culpables, que habían descuidado la ejecución de la última voluntad de su difunto padre en relación con ciertas obras de piedad.

Sabemos que en todos los países y en todos los lugares se habla de casas embrujadas, inhabitables, para gran pérdida de sus propietarios. Ahora bien, si tratamos de comprender la causa de esto, encontraremos generalmente que un alma olvidada por sus parientes regresa para reclamar los sufragios que le corresponden.

El siguiente incidente, que tomamos prestado de Tomás de Cantimpré, demuestra claramente lo culpables que son ante Dios los herederos que defraudan a sus difuntos. Durante las guerras de Carlomagno, un valiente soldado había servido en los puestos más importantes y honorables. Su vida fue la de un verdadero cristiano. Contento con su sueldo, se abstuvo de todo acto de violencia, y el tumulto del campo de batalla nunca le impidió cumplir con sus deberes esenciales, aunque en asuntos de menor importancia había sido culpable de muchas pequeñas faltas. Habiendo llegado a una edad muy avanzada, cayó enfermo; y viendo que llegaba su última hora, llamó a su cabecera a un sobrino huérfano, del que había sido como un padre, y le expresó sus últimos deseos. "Hijo mío", le dijo, "sabes que no tengo riquezas para legarte: No tengo nada más que mis armas y mi caballo. Mis armas son para ti. En cuanto a mi caballo, véndelo cuando haya entregado mi alma a Dios, y reparte el dinero entre los sacerdotes y los pobres, para que los primeros ofrezcan el santo sacrificio por mí, y los otros me ayuden con sus oraciones". El sobrino lloró, y prometió ejecutar sin demora el deseo de su tío moribundo y benefactor. Al morir el anciano poco después, el sobrino tomó posesión de las armas y se llevó el caballo. Era un animal muy hermoso y valioso. En lugar de venderlo inmediatamente, como había prometido a su tío fallecido, comenzó a usarlo para viajes cortos, y como estaba muy contento con él, no quería deshacerse de él tan pronto. Lo pospuso con el doble pretexto de que no había nada que exigiera el pronto cumplimiento de su promesa, y que esperaría una oportunidad favorable para obtener un alto precio por él. Así, retrasando día a día, semana a semana y mes a mes, terminó por sofocar la voz de la conciencia y olvidó la sagrada obligación que tenía con el alma de su benefactor.

Pasaron seis meses cuando una mañana el difunto se le apareció dirigiéndose a él en términos de severo reproche. "Infeliz", dijo, "has olvidado el alma de tu tío; has violado la sagrada promesa que hiciste en mi lecho de muerte. ¿Dónde están las misas que deberías haber ofrecido? ¿Dónde están las limosnas que deberías haber repartido a los pobres para el descanso de mi alma? Por tu negligencia culpable he sufrido tormentos inauditos en el purgatorio. Finalmente, Dios se ha apiadado de mí; hoy voy a disfrutar de la compañía de los bienaventurados en el Cielo. Pero tú, por un justo juicio de Dios, morirás en pocos días, y serás sometido a las mismas torturas que me hubiera quedado soportar si Dios no hubiera tenido misericordia de mí. Sufrirás por el mismo tiempo que yo habría sufrido, después de lo cual comenzarás la expiación de tus propias faltas".

Unos días después el sobrino cayó enfermo. Inmediatamente llamó a un sacerdote, le relató la visión y confesó sus pecados, llorando amargamente. "Pronto moriré", dijo, "y acepto la muerte de manos de Dios como un castigo que he merecido". Expiró muy arrepentido. Esta no era más que la menor parte de los sufrimientos que se le habían anunciado como castigo por su injusticia; podemos imaginar la parte restante que sufriría en la otra vida.

11. *Motivos de la justicia*

Santa Bernardina de Siena y la viuda infiel. Restituciones disfrazadas. Negativa a ejecutar la última voluntad

Santa Bernardina relata que un matrimonio sin hijos llegó a un acuerdo en el que se comprometían a que aquel que sobreviviera al otro debería repartir los bienes dejados por el descanso de su alma. El marido murió primero y su viuda no cumplió su promesa. La madre de aquella mujer seguía viva y el difunto se le apareció, rogándole que fuera a ver a su hija y la instara en nombre de Dios a cumplir su compromiso. "Si se retrasa", dijo, "en repartir en limosnas la suma que he destinado a los pobres, dígale de parte de Dios que dentro de treinta días le sobrevendrá la muerte de manera repentina". Cuando la viuda incrédula oyó esta solemne advertencia, le dijo que habría sido un sueño, y siguió siendo infiel a su promesa. Pasaron los treinta días y la desafortunada mujer, habiendo ido a una habitación del piso de arriba de la casa, se cayó por una ventana y falleció en el acto. La injusticia hacia los difuntos, como la que acabamos de hablar, y las maniobras fraudulentas para escapar a la obligación de ejecutar sus piadosos legados, son pecados graves, crímenes que merecen el castigo eterno del infierno. A menos que se haga una confesión sincera y al mismo tiempo una debida reparación, este pecado será castigado no en el purgatorio sino en el infierno.

Especialmente en la otra vida es donde la justicia divina castigará a los culpables de usurpar la propiedad de los muertos.

"Porque quien no practica la misericordia tendrá un juicio sin misericordia. La misericordia, en cambio, prevalece frente al juicio", dice la Escritura (St 2,13). Si esto es así, qué juicio tan riguroso les espera a aquellos que por avaricia han dejado el alma de un padre o un benefactor durante meses, años, quizá incluso siglos, en los espantosos tormentos del purgatorio. Este crimen, como hemos dicho antes, es el más grave, porque en muchos casos estos sufragios que el difunto pide para su alma no son más que restituciones disfrazadas. Esto se da en algunas familias, pero con demasiada frecuencia se pasa por alto. A veces a la gente le gusta más hablar de intrigas y de la avaricia de los clérigos. Se utilizan muchos pretextos para invalidar un testamento que, a menudo, tal vez en la mayoría de los casos, implica una restitución necesaria. El sacerdote no es más que un intermediario en este acto indispensable, obligado a un secreto absoluto en virtud de su ministerio sacramental.

Expliquemos esto mejor. Imaginemos el caso de un moribundo que ha sido culpable de alguna injusticia durante su vida. E una situación más frecuente de lo que imaginamos, incluso con respecto a los hombres que parecen más rectos. En el momento en que está a punto de presentarse ante Dios, este pecador se confiesa; y desea reparar plenamente, como está obligado a hacerlo, todo el daño que ha causado a su prójimo, pero no le queda tiempo para hacerlo él mismo, y no está dispuesto a revelar el triste secreto a sus hijos. ¿Qué es lo que hace? Cubre su restitución bajo el velo de un legado piadoso.

Ahora bien, si este legado no se paga, y en consecuencia la injusticia no se repara, ¿qué será del alma del difunto? ¿Será detenida por un tiempo indefinido en el purgatorio? No conocemos todas las leyes de la justicia divina, pero numerosas apariciones sirven para darnos una idea de ellas, ya que "todas ellas declaran que no pueden ser admitidas en la bienaventuranza eterna mientras quede por anular cualquier parte de la deuda que tienen con la justicia". Además, ¿no son culpables por haber aplazado hasta su muerte el pago de una deuda de justicia que habían contraído durante tanto tiempo? Y si ahora sus herederos no la cumplen por ellos, ¿no es una consecuencia de su propio pecado, de su propio retraso culpable? Si esos bienes mal adquiridos permanecen en la familia es por su culpa, y no dejarán de clamar contra ellos mientras no se restituyan. La propiedad clama por su legítimo dueño y contra su injusto poseedor.

Si, por la malicia de los herederos, la restitución no se hace nunca, es evidente que esa alma no puede permanecer en el purgatorio para siempre; pero un largo retraso de la entrada en el Cielo parece ser un castigo adecuado para un acto de injusticia, del que el alma se ha retractado, es verdad, pero que aún permanece en su justo castigo. Pensemos, por tanto, en las graves consecuencias cuando dejamos pasar días, semanas, meses y quizá incluso años antes de saldar una deuda tan sagrada.

Qué débil es nuestra fe. Si un animal doméstico, un cachorro, cayera en el fuego, iríamos corriendo a rescatarlo. Pero cuando nuestros padres, bienhechores, personas muy queridas, se retuercen en las llamas del purgatorio, no consideramos un deber urgente aliviarlos; nos demoramos, dejamos pasar largos días de sufrimiento para esas pobres almas, sin esforzarnos en realizar esas buenas obras que les liberen de sus dolores.

Barren Tears. Tomás de Cantimpré y su abuela. Santa Margarita de Cortona

Acabamos de hablar de la obligación de justicia que incumbe a los herederos para la ejecución de los legados piadosos. Hay otro deber de estricta justicia que concierne a los hijos: están obligados a rezar por sus padres fallecidos. Recíprocamente, los padres están obligados por derecho natural a no olvidar ante Dios a sus hijos que les han precedido en la eternidad. Desgraciadamente, hay padres que se sienten inconsolables por la pérdida de un hijo o de una hija muy querida y que, en lugar de rezar por ellos, no les conceden más que lágrimas que no les sirven de nada. Escuchemos lo que Tomás de Cantimpré nos cuenta sobre este tema; el incidente ocurrió en su propia familia.

La abuela de Tomás había perdido un hijo en el que había centrado sus esperanzas. Día y noche lloró por él, rechazando todo consuelo. En medio de ese gran dolor olvidó su deber y no pensó en rezar por él. Su hijo languideció entre las llamas del purgatorio, sin recibir ningún alivio en sus sufrimientos. Finalmente Dios se apiadó de él. Un día, mientras se hundía en la profundidad de su dolor, esta mujer tuvo una visión milagrosa. Vio en un hermoso camino una procesión de jóvenes, tan llenos de gracia como los ángeles, avanzando llenos de alegría hacia una magnífica ciudad. Comprendió que eran almas del purgatorio que hacían su entrada triunfal en el Cielo. Miró ansiosamente para ver si entre sus filas descubría a su hijo. Desgraciadamente, no estaba allí; pero lo percibió acercándose muy por detrás de los demás, triste, sufriente y fatigado, con sus vestidos empapados de agua. "Oh, querido hijo por quien tanto dolor tengo", le gritó, "¿cómo es que te quedas detrás de ese brillante grupo? Me gustaría verte a la cabeza de tus compañeros".

"Madre", respondió el hijo en tono quejumbroso, "eres tú, son las lágrimas que derramas por mí las que humedecen y ensucian mis vestidos, y retrasan mi entrada en la gloria del Cielo. Deja de abandonarte a un dolor ciego e inútil. Abre tu corazón a sentimientos más cristianos. Si me amas de verdad, alivia mis sufrimientos; aplica algunas indulgencias por mí, reza, da limosna, obtén los frutos del santo sacrificio de la Misa. Es así como probarás tu amor; porque al hacerlo me librarás de la prisión donde languidezco, y me llevarás a la vida eterna, que es mucho más deseable que la vida terrestre que me habéis dado".

Entonces la visión desapareció, y esa madre acogió por fin verdaderos sentimientos cristianos, y en vez de ceder a ese gran dolor, se aplicó a practicar obras buenas que pudieran dar alivio al alma de su hijo.

La gran causa de este olvido, de esta indiferencia y negligencia culpable, de esta injusticia hacia los difuntos, es la falta de fe.

Santa Margarita de Cortona fue al principio una gran pecadora; pero, después de haberse convertido sinceramente, borró sus faltas pasadas con grandes penitencias y obras de misericordia. Sus obras de caridad hacia las almas del purgatorio no conocían límites; sacrificó todo: tiempo, reposo, satisfacciones, para obtener su liberación de Dios Todopoderoso. Tenía claro que la devoción por las benditas ánimas del purgatorio ha de tener como primer objetivo a los propios padres, y como su padre y su madre habían muerto, nunca dejó de ofrecer por ellos sus oraciones, mortificaciones, vigilias, sufrimientos, comuniones y las Misas a las que pudo asistir.

Como recompensa a su piedad filial, Dios le reveló que con todas sus oraciones había acortado el largo período de sufrimiento que sus padres habrían tenido que soportar en el purgatorio y que había obtenido su completa liberación y entrada en el Paraíso.

Oración por los padres fallecidos. Santa Catalina de Siena y su padre, Jacomo

Santa Catalina de Siena nos ha dejado un ejemplo similar. Así lo relata su biógrafo, el beato Raimundo de Capua. "La sierva de Dios", escribe, "tenía un ardiente celo por la salvación de las almas. Hablaré primero de lo que hizo por su padre, Jacomo. Este excelente hombre había alentado la santidad de su hija, y se llenó de un gran respeto y ternura hacia ella; aconsejó a toda la familia que nunca se opusieran a nada de lo que ella dijera, sino que le dejaran completa libertad para hacer sus buenas obras. Así, aumentaba día a día el afecto que unía a padre e hija. Catalina rezaba constantemente por la salvación de su padre; Jacomo se deleitaba por las virtudes de su hija, esperando por sus méritos obtener el favor de Dios".

"Cuando la vida de Jacomo se acercaba a su fin, tuvo que guardar cama a causa de una enfermedad. Su hija, como era su costumbre, se puso a rezar por él, suplicando a su esposo celestial que curara a quien tanto amaba. Dios le respondió que Jacomo estaba a punto de morir, y que vivir más tiempo no le sería provechoso. Catalina acudió al lado de su padre, y lo encontró completamente resignado a dejar este mundo, y sin ningún pesar, por lo que dio gracias a Dios con todo su corazón".

"Pero su amor filial no se contentó con ello, y volvió a la oración para obtener de Dios, fuente de toda gracia, no solo el perdón de todas sus faltas, sino también que en la hora de su muerte fuera admitido en el Cielo, sin pasar por las llamas del purgatorio. Se le respondió que la justicia divina no podía sacrificar sus derechos y que el alma debía ser perfectamente pura para entrar en la gloria del Paraíso. 'Tu padre', le dijo nuestro Señor, 'ha llevado una buena vida en su matrimonio, y ha hecho muchas cosas agradables a mis ojos; sobre todo, me ha complacido mucho su conducta hacia ti. Pero mi justicia exige que su alma pase por el fuego, para purificarla de las manchas que contrajo en el mundo'. 'Oh, mi amado Salvador', respondió Catalina, '¿cómo puedo soportar la idea de ver a quien me ha alimentado, y me ha criado con tanta solicitud, que ha sido tan bueno conmigo durante toda su vida, atormentado en esas crueles llamas? Te ruego que no permitas que su alma abandone su cuerpo hasta que de una forma u otra se haya limpiado tan perfectamente que no tenga necesidad de pasar por el fuego del purgatorio'".

"¡Qué delicadeza tan admirable la de santa Catalina! Dios se rindió a la oración y al deseo de su criatura. Jacomo estaba agotado, sin fuerzas, pero su alma no podía irse mientras durara el conflicto entre nuestro Señor, que alegaba su justicia, y Catalina, que imploraba su misericordia. Finalmente, Catalina pidió: 'Si no puedo obtener esta gracia sin satisfacer tu justicia, que se ejerza la justicia sobre mí; estoy dispuesta a sufrir por mi padre todo lo que tu bondad se complazca en enviarme'. Nuestro Señor lo consintió. 'Aceptaré tu propuesta', dijo, 'por tu amor a mí eximo al alma de tu padre de toda expiación, pero sufrirás mientras vivas el dolor que le estaba destinado'. Llena de alegría, Catalina gritó: '¡Gracias por tu palabra, Señor, y que se haga tu voluntad!'.

La santa regresó inmediatamente a su padre, que acababa de entrar en agonía. Lo llenó de coraje y alegría dándole, de parte de Dios, la seguridad de su salvación eterna, y no lo dejó hasta que no exhaló su alma".

"En el mismo momento en que el alma de su padre se separó del cuerpo, Catalina sufrió unos dolores muy violentos, que permanecieron hasta su muerte, sin permitirle ni un momento de reposo. Ella misma", añade el beato Raimundo, "me lo aseguró a menudo, y de hecho fue evidente para todos los que la conocieron. Pero su paciencia era mayor que su enfermedad. Todo lo que he relatado me lo contó la propia Catalina, cuando, conmovido por sus sufrimientos, le pregunté cuál era su causa. No debo olvidarme de decir que en el momento en que su padre murió, se le oyó gritar, su rostro resplandeciente de alegría y una sonrisa en sus labios: '¡Alabado sea Dios! Mi querido padre, cómo me gustaría ser como tú'. Durante la celebración de las exequias, cuando todos estaban llorando, Catalina parecía ajena al dolor. Consoló a su madre y a todo el mundo como si no le afectara la muerte de su padre. Fue porque le había visto salir triunfante de la prisión del cuerpo y pasar sin ningún impedimento a la beatitud eterna. Esta visión la había inundado de consuelo, porque poco tiempo antes ella misma había probado las alegrías de la luz eterna".

"Admiremos la sabiduría de la Providencia. El alma de Jacomo podría seguramente haber sido purificada de otra manera, y haber sido admitida después en el Cielo, como el buen ladrón que confesó a nuestro Salvador en la Cruz. Pero Dios quiso que su purificación se efectuara a través de los sufrimientos de Catalina, como ella misma había pedido, y esto no para probarla, sino para aumentar sus méritos y su corona".

"Era conveniente que esta santa doncella, que tan ardientemente amaba a su padre, recibiera alguna recompensa por su afecto filial; y puesto que había preferido la salvación de su alma a la de su propio cuerpo, sus sufrimientos corporales contribuyeron a la felicidad de su alma. Por eso siempre hablaba de sus dulces y queridos sufrimientos. Y tenía razón, porque estas aflicciones aumentaban la dulzura de la gracia en esta vida y los deleites de la gloria en la siguiente. Me confió que, mucho después de su muerte, su padre Jacomo venía con frecuencia a agradecerle la felicidad que le había procurado. Le reveló muchas cosas ocultas, le advirtió de las trampas del demonio y la protegió de todo peligro".

San Juan de Dios: "da limosna por tu propio bien". Santa Brígida. Beato Pedro Lefèvre

La devoción hacia las almas de los difuntos es algo muy santo y que agrada mucho a Dios; a la vez, es también algo muy bueno para nosotros mismos pues conlleva diversas gracias que recibimos como recompensa y aumenta nuestro fervor cristiano.

Nuestro Señor dijo: "Bienaventurados los misericordiosos, porque alcanzarán misericordia" (Mt 5,7). En la Escritura se lee: "Dichoso el que cuida del débil; el Señor lo librará el día de la desgracia" (Sal 41). "En verdad os digo que cuanto hicisteis a uno de estos mis hermanos más pequeños, a mí me lo hicisteis" (Mt 25,40). "Que el Señor tenga con vosotras la misericordia que habéis tenido con los difuntos" (Rt 1,8). Todo ello expresa, en su sentido más fuerte, la caridad que hemos de tener hacia los difuntos.

Todo lo que ofrecemos a Dios por ellos, dice san Ambrosio en su libro de *Oficios*, se convierte en mérito para nosotros, y lo encontraremos después de nuestra muerte aumentado en cien veces. Podemos decir que lo que piensa la Iglesia, los doctores y los santos, se expresa en estas palabras: *Lo que haces por los difun-*

tos lo haces de manera excelente por ti mismo. La razón es que esta obra de misericordia nos será devuelta multiplicada por cien el día en que estemos en apuros. Podemos aplicar aquí las célebres palabras de san Juan de Dios cuando pidió a los habitantes de Granada que le dieran una limosna por amor a sí mismos. Para proveer a las necesidades de los enfermos que llevaba a su hospital, el caritativo santo recorrió las calles de Granada, gritando: "Dad limosna, hermanos míos; dad limosna por amor a vosotros mismos". La gente estaba atónita con esta nueva forma de expresión, porque siempre habían estado acostumbrados a escuchar: *limosna por amor a Dios.* "¿Por qué", le dijeron al santo, "nos pides que demos limosna por amor a nosotros mismos?". "Porque", respondió, "es el gran medio de redimir tus pecados, según las palabras del Profeta: *Expía tus pecados con limosnas, y tus iniquidades socorriendo a los pobres para que dure tu prosperidad* (Dn 4,24)". Al dar limosna, trabajamos en nuestro propio interés, ya que así disminuimos los terribles castigos que nuestros pecados nos han merecido. Podemos concluir que todo esto es cierto para las limosnas otorgadas por las almas del purgatorio. Ayudarlas a ellas es preservarnos de esas expiaciones terribles de las que de otro modo no podríamos escapar. Podemos, por tanto, clamar con san Juan de Dios: *dales la limosna de tus sufragios: ayúdales por amor a ti mismo.* La generosidad hacia los difuntos siempre es recompensada; encuentra su recompensa en toda clase de gracias, cuya fuente es la gratitud de las almas santas y la de nuestro Señor, que considera como hecho a sí mismo todo lo que hacemos por las almas que sufren.

Santa Brígida declara en sus *Revelaciones,* y su testimonio es citado por Benedicto XII *(Sermón* 4,12), que ella escuchó una voz desde las profundidades de las llamas del purgatorio pronunciando estas palabras: "¡Que sean bendecidos y recompensados aquellos que nos alivian en estos dolores!". Y en otra ocasión: "Oh, Señor Dios, muestra tu poder todopoderoso recompensando cien veces a los que nos ayudan con sus sufragios, y haz que los rayos de la luz divina brillen sobre nosotros". En otra visión la santa escuchó la voz de un ángel diciendo: "¡Benditos sean en la tierra aquellos que, por sus oraciones y buenas obras, vienen a ayudar a las pobres almas que sufren!".

El beato Pedro Lefèvre, de la Compañía de Jesús, muy conocido por su devoción a los santos ángeles, tenía también una especial devoción a las almas del purgatorio. "Esas almas tienen las entrañas llenas de amor, siempre abiertas para aquellos que todavía caminan en medio de los peligros de esta vida; están llenas de gratitud hacia aquellos que las asisten. Pueden rezar por nosotros, y ofrecer sus tormentos a Dios en nuestro nombre. Es una práctica excelente invocar a las almas del purgatorio para obtener de Dios, por su intercesión, un verdadero conocimiento de nuestros pecados y una perfecta contrición por ellos, el fervor en el ejercicio de las buenas obras, la lucha para producir dignos frutos de penitencia y, en general, todas las virtudes, cuya ausencia ha sido la causa de su terrible castigo" ("Memorial del B. P. Lefèvre", cfr. *Mensajero del S. Corazón,* Nov. 1873).

12. *Ventajas de la devoción hacia las almas santas*

Su gratitud. Santa Margarita de Cortona. San Felipe Neri. El cardenal Baronio y la mujer moribunda

¿Es difícil entender la gratitud de las almas santas? Imaginemos que rescatamos a un cautivo del yugo de la esclavitud. ¿No nos quedaría agradecido? Cuando el emperador Carlos V tomó posesión de la ciudad de Túnez, devolvió la libertad a veinte mil esclavos cristianos, que antes de su victoria habían sido maltratados hasta llegar a una condición muy deplorable. Llenos de gratitud hacia su benefactor, le rodearon, bendiciéndolo y cantando sus alabanzas. Si le devolvieras las salud a alguien enfermo, si le restituyeras la fortuna a alguien que había sido reducido a la pobreza, ¿no recibirías a cambio toda su gratitud y sus bendiciones? Y esas pobres almas del purgatorio, tan santas y buenas, cuyo cautiverio, pobreza, sufrimiento y necesidad superan con creces lo que se encuentra en la tierra, ¿piensas que se comportarán de otro modo con lo que les hacen bien? Acuden especialmente a la hora de su muerte, para protegerles, acompañarles e introducirles en el eterno descanso.

Ya hemos hablado de santa Margarita de Cortona y de su devoción a los difuntos. Se cuenta en su biografía que a su muerte vio una multitud de almas que había sacado del purgatorio en forma de procesión para escoltarla al Paraíso. Dios reveló este favor concedido a Margarita de Cortona a una mujer santa de la ciudad de Castello quien, extasiada en el momento en que Margarita partió de esta vida, vio su alma en medio de este brillante cortejo, y al recuperarse de su arrebato relató a sus amigos lo que nuestro Señor le había manifestado.

San Felipe Neri, fundador de la Congregación del Oratorio, tenía una gran devoción por las almas santas del purgatorio y se sentía particularmente atraído a rezar por aquellos que habían estado bajo su dirección espiritual. Se consideraba enormemente obligado con ellos y le parecía que debía seguirlos hasta que se realizara su purificación final y fueran admitidos en la gloria del Cielo. Confesó que muchos de sus hijos espirituales se le aparecieron después de su muerte, ya sea para pedirle oraciones o para devolverle las gracias por lo que ya había hecho por ellos. Declaró también que por este medio había obtenido más de una gracia.

Después de su muerte, un franciscano estaba rezando piadosamente en la capilla en la que se habían depositado los restos del santo, cuando este se le apareció rodeado de gloria y en medio de un brillante cortejo. Animado por la amable familiaridad con el que el santo le miraba, se aventuró a preguntar por el significado de esa brillante compañía de espíritus benditos con los que se encontraba. El santo respondió que eran las almas de quienes había dirigido en vida y que había liberado del purgatorio gracias a sus sufragios. Añadió que habían venido a su encuentro al salir de este mundo para introducirle en la Jerusalén celestial.

Dice el devoto padre Rossignoli: "No hay duda de que a su entrada en la gloria eterna los primeros favores que piden las almas a la divina misericordia son para aquellos que les han abierto las puertas del Paraíso, y nunca dejarán de rezar por sus benefactores, siempre que los vean en cualquier necesidad o peligro. Serán sus protectores en los reveses económicos, en las enfermedades y en los percances de todo tipo. Su celo aumentará especialmente cuando estén en juego asuntos de su alma; les ayudarán poderosamente a vencer la tentación, a practicar las buenas obras, a morir cristianamente y a escapar de los sufrimientos de la otra vida".

El cardenal Baronius, cuya autoridad como historiador es bien conocida, relata que un hombre que rezaba mucho por las almas del purgatorio se vio afligido por una terrible agonía cuando estaba en su lecho de muerte. El espíritu de las tinieblas le sugería los temores más sombríos, y quitaba de su vista la dulce luz de la divina misericordia, tratando de llevarle a la desesperación; cuando de repente el cielo pareció abrirse ante sus ojos, y vio miles de defensores volar en su ayuda, reanimando su coraje y prometiéndole la victoria. Confortado por esta ayuda inesperada, preguntó quiénes eran. "Somos", respondieron, "las almas que has liberado del purgatorio; nosotros, a nuestra vez, venimos a ayudarte, y muy pronto te conduciremos al Paraíso". Con estas palabras de consuelo, el enfermo sintió que sus temores se transformaban en una dulce confianza. Poco después expiró tranquilamente, con el rostro sereno y el corazón lleno de alegría.

El regreso de un sacerdote exiliado. El padre Mumford y el impresor, William Freyssen

Para entender la gratitud de las almas, es necesario que tengamos una idea muy clara del beneficio que reciben de quienes le ayudan; que sepamos lo que es entrar en el Cielo. "¡Quién nos dará a conocer", dice el abad Louvet, "las alegrías de esa hora bendita! Representa la felicidad de un exiliado que vuelve a su patria. Durante el reinado del Terror, un pobre sacerdote de La Vendée fue condenado a ser ahogado. Habiendo escapado de milagro, se vio obligado a emigrar para salvar su vida. Cuando la paz fue restaurada en la Iglesia y en Francia, se apresuró a regresar a su querida parroquia".

"Era un día de fiesta en el pueblo. Todos los feligreses fueron al encuentro de su pastor y padre; las campanas de la vieja torre sonaron alegremente, y la iglesia se decoró como en días de gran solemnidad. El anciano avanzó sonriendo en medio de sus hijos, pero cuando las puertas del lugar santo se abrieron ante él, cuando volvió a ver el altar que tanto tiempo había alegrado los días de su juventud, su corazón, demasiado débil para soportar tales transportes de alegría, se rompió en su seno. Con voz temblorosa entonó el *Te Deum*, pero era el *Nunc Dimittis* ("Ahora puedes dejar a tu siervo ir en paz") de su vida sacerdotal; y cayó muriendo al pie del altar. El exiliado no tenía la fuerza para soportar las alegrías de su regreso".

Si esa es la alegría del regreso de un exiliado a su patria terrestre, ¿cómo será lo que experimentaremos al entrar en el Cielo, el verdadero hogar de nuestras almas? ¿Y cómo podemos dudar de la gratitud de los bienaventurados a los que hemos hecho entrar allí?

El padre James Mumford, de la Compañía de Jesús, que nació en Inglaterra en 1605, y que luchó durante cuarenta años por la causa de la Iglesia en ese país, compuso una obra notable sobre el purgatorio, que había impreso en la ciudad de Colonia el conocido editor católico William Freyssen. Este libro obtuvo una gran difusión, y realizó un gran bien entre las almas, siendo el editor, Freyssen, uno de los que más provecho sacó de él. Esto es lo que escribió al padre Mumford en 1649, según recoge Rossignoli:

"Le escribo, padre, para informarle de la milagrosa y doble curación de mi hijo y de mi esposa. Durante las vacaciones, mientras mi oficina estaba cerrada, me puse a trabajar leyendo el libro, *Misericordia ejercida hacia las almas del purgatorio,* que usted me ha enviado para imprimir. Todavía estaba ocupado leyéndolo cuando me informaron de que mi joven hijo, de cuatro años, mostraba síntomas de una grave enfermedad. La enfermedad progresó rápidamente, el médico perdió la esperanza y ya se empezó a pensar en los preparativos de su entierro. Se me ocurrió que quizás podría salvarlo haciendo una promesa a favor de las almas del purgatorio".

"Fui a la iglesia temprano por la mañana, y supliqué fervientemente a Dios que se apiadara de mí, haciendo la promesa de distribuir cien ejemplares de su libro entre los eclesiásticos y religiosos de forma gratuita, para recordarles el celo con el que deben interesarse por el sufrimiento de la Iglesia, y las prácticas más adecuadas para cumplir este deber".

"Reconozco que estaba lleno de esperanza. Al volver a casa encontré al niño mejor. Ya pedía alimento, aunque durante varios días había sido incapaz de tragar ni una sola gota de líquido. Al día siguiente, su curación fue completa; se levantó, salió a pasear y comió con tan buen apetito como si nunca hubiera estado enfermo. Lleno de gratitud, mi deseo más urgente era cumplir mi promesa. Fui al colegio de la Compañía de Jesús y rogué a los padres que aceptaran mis cien ejemplares, que se guardaran lo que quisieran para sí mismos y que distribuyeran el resto entre las demás comunidades y eclesiásticos que conocieran, para que las almas sufrientes, mis bienhechores, se consolaran con nuevos sufragios".

"Tres semanas después, me ocurrió otro accidente no menos grave. Al entrar en casa mi esposa tuvo un repentino y violento temblor en todos sus miembros, que le hizo caer insensible al suelo. Pronto perdió el apetito y el habla. Se emplearon todo tipo de remedios, pero en vano. La enfermedad fue aumentando y parecía perdida toda esperanza. Su confesor, al verla en esa condición, buscó palabras para consolarme, exhortándome a resignarme a la voluntad de Dios. En cuanto a mí, después de la protección que había experimentado de las buenas almas del purgatorio, no podía pensar en desesperarme. Volví a la misma iglesia, me postré ante el Santísimo Sacramento y renové mi súplica con todo el fervor de que era capaz. '¡Oh Dios mío!', exclamé, '¡tu misericordia no tiene límites! En nombre de tu infinita bondad, no permitas que el restablecimiento de la salud de mi hijo sea expiado por la muerte de mi esposa'. Hice entonces el voto de distribuir doscientos ejemplares de su libro para obtener un copioso alivio para las almas que sufren. Al mismo tiempo, rogué a las almas que habían sido liberadas anteriormente que unieran sus oraciones a las de los demás que aún estaban en el purgatorio. Después de esta oración volví a casa y vi a mis sirvientes corriendo a mi encuentro. Me dijeron que mi querida esposa estaba considerablemente mejor, que el delirio había cesado y que había vuelto a hablar. Me apresuré a su lado y descubrí que todo era verdad. Le ofrecí comida, que ella tomó con gusto. Poco tiempo después estaba tan recuperada que me acompañó a la iglesia para volver a dar gracias a Dios por toda su misericordia".

"Puede poner toda su confianza en esta declaración. Le ruego que me ayude a agradecer a Nuestro Señor por este doble milagro. Freyssen".

Favores temporales. El abad Postel y la sirvienta de París

Lo que sigue es un hecho relatado por el abad Postel, traductor de la obra de F. Rossignoli. Tuvo lugar en París, alrededor del año 1827.

Una pobre sirvienta, educada como buena cristiana en su pueblo natal, había adoptado la piadosa práctica de ofrecer una misa todos los meses por las almas del purgatorio. Sus señores la llevaron con ellos a París, donde no descuidó ni una sola vez su práctica. Se lo impuso como regla: asistir al divino Sacrificio y unir sus oraciones a las del sacerdote, especialmente por el alma que más cerca estaba de completar su expiación. Esta era su intención ordinaria.

Dios pronto la probó con una larga enfermedad, que no solo le ocasionaba grandes sufrimientos, sino que también le llevó a perder su trabajo y tener que recurrir a sus últimos ahorros. El día que pudo salir del hospital, solo le quedaban veinte *sous* (antigua moneda francesa). Después de dirigir una ferviente oración al cielo, llena de confianza, se fue en busca de un empleo. Le dijeron que probablemente encontraría trabajo con una familia al otro lado de la ciudad; allí se dirigió y de camino se vio como obligada a pasar por la iglesia de San Eustaquio, donde entró. Al ver a un sacerdote celebrando la misa, recordó que aquel mes había olvidado su habitual intención por los difuntos, y que ese era el mismo día en el que, durante muchos años, había estado acostumbrada a esa buena práctica. Pero, ¿qué debía hacer? Si se deshacía de su último franco, no le quedaría nada, ni siquiera para satisfacer su hambre. Era una lucha entre la devoción y la prudencia humana. La devoción ganó ese día. "Después de todo", se dijo a sí misma, "el buen Dios sabe que es para Él, y no me abandonará". Entrando en la sacristía, hizo su ofrenda para una misa, a la que asistió con su habitual fervor.

Unos momentos después, continuó su camino, llena de incertidumbre. Sin tener ningún medio, ¿qué iba a hacer si no conseguía un empleo? Todavía estaba dándole vueltas a estos pensamientos cuando un joven, pálido, de figura ligera y aspecto distinguido, se le acercó y le dijo: "¿Está usted buscando trabajo?". "Sí, señor", respondió. "Bien, ve a esta calle y número, a la casa de la señora... Creo que te convendrá, y que allí estarás satisfecha". Habiendo dicho estas palabras, desapareció entre la multitud que pasaba, sin esperar a recibir el agradecimiento de la pobre chica.

Encontró la calle y el número y subió a los apartamentos. Una sirvienta salió con un paquete bajo el brazo, quejándose muy enfadada. "¿Está la señora?", preguntó la recién llegada. "Puede que esté o puede que no", respondió la otra. "¿A mí que me importa? Madame abrirá la puerta ella misma si le conviene; yo no me preocuparé más por ella. ¡Adiós!". Y bajó los escalones.

Nuestra pobre chica tocó la campana con mano temblorosa, y una dulce voz le pidió que entrara. Se encontró en presencia de una anciana de aspecto venerable, que la animó a dar a conocer sus deseos.

"Señora", dijo la sirviente, "me he enterado esta mañana de que necesita una sirvienta, y he venido a ofrecer mis servicios. Me aseguraron que me recibiría amablemente". "Oh, mi querida niña, lo que me dices es muy extraordinario. Esta mañana no necesitaba sirvienta; hace media hora que he despedido a esta insolente chica, y no hay un alma en el mundo, excepto ella y yo, que lo sepa. ¿Quién te ha enviado, entonces?". "Fue un caballero, señora; un joven caballero que conocí en la calle, quien me detuvo para decírmelo, y alabé a Dios por ello, ya que es absolutamente necesario que encuentre un lugar hoy; no tengo ni un céntimo en el bolsillo".

La anciana no podía entender quién podía haber sido aquella persona, hasta que la sirvienta alzó los ojos al mobiliario del pequeño salón, y percibió un retrato. "Espere, señora", dijo inmediatamente, "no se desconcierte más; este es el retrato exacto del joven que me habló. Gracias a él he venido".

Al oír estas palabras, la dama lanzó un fuerte grito y pareció perder el conocimiento. Hizo que la muchacha le contara la historia de su devoción a las almas del purgatorio, de la Misa que ofrecía por ellas y de su encuentro con el desconocido; luego, arrojándose al cuello de la muchacha, la abrazó en medio de un torrente de lágrimas y le dijo: "No serás mi sirvienta. Desde este momento eres mi hija. Es mi hijo, mi único hijo, a quien viste, mi hijo, muerto hace dos años, quien te debe su liberación, a quien Dios ordenó que te enviara aquí. No tengo dudas. Que Dios te bendiga. Oremos continuamente por todos los que sufren antes de entrar en la bendita eternidad".

La mujer napolitana y la nota misteriosa

Para demostrar que las almas del purgatorio muestran su gratitud incluso con favores temporales, el padre Rossignoli relata un hecho ocurrido en Nápoles, que se asemeja a lo que acabamos de leer.

Puede que no se dé a todos la posibilidad de ofrecer a Dios abundantes limosnas como hizo Judas Macabeo, que envió doce mil dracmas a Jerusalén para los sacrificios y las oraciones que se ofrecen en favor de los difuntos, sin embargo, seguro que son muy pocos los que no pueden al menos hacer la ofrenda de la pobre viuda del evangelio, que fue alabada por nuestro propio Salvador. Dio muy poco, pero, dijo Jesús, *"en verdad os digo que esta viuda pobre ha echado más que todos los que han echado en el gazofilacio, pues todos han echado algo de lo que les sobra; ella, en cambio, en su necesidad, ha echado todo lo que tenía, todo su sustento"* (Mc 12,43-44). Este conmovedor ejemplo fue imitado por una humilde mujer napolitana, que tenía gran dificultad para satisfacer las necesidades de su familia. Los recursos de la casa dependían de las ganancias diarias del marido, que cada noche traía a casa el fruto de su trabajo.

Un día, aquel hombre fue encarcelado por las deudas, de modo que la responsabilidad de mantener la familia recayó en la infeliz madre, que no poseía nada más que su confianza en Dios. Con fe suplicó a la divina Providencia que viniera en su ayuda, y especialmente para liberar a su marido, que languidecía en la cárcel por el único crimen de su pobreza.

Se dirigió a un caballero rico y benévolo, y, contándole la triste historia de sus penas, le suplicó con lágrimas que la ayudara. Dios permitió que recibiera una insignificante limosna, un *carlin,* una pieza de dinero que valía muy poco. Profundamente afligida, entró en una iglesia para implorar al Dios de los pobres que la socorriera en su angustia, ya que no tenía nada que esperar de la tierra. Estaba absorta en oraciones y lágrimas, cuando, por inspiración, sin duda, de ángel de la guarda, se le ocurrió pedir la compasión de las almas del purgatorio, ya que había oído mucho de sus sufrimientos, y de su gratitud hacia aquellos que se hacen sus amigos. Llena de confianza, fue a la sacristía, ofreció su pequeño dinero y pidió que se celebrara una misa por los difuntos. El buen sacerdote, que estaba allí, se apresuró a decir la misa por su intención, y subió al altar para celebrarla, mientras la pobre mujer, postrada en el suelo, asistió al santo Sacrificio, ofreciendo sus oraciones por los difuntos.

Volvió muy consolada, como si hubiera recibido la seguridad de que Dios había escuchado su oración. Mientras recorría las populosas calles de Nápoles, un venerable anciano la abordó y le preguntó de dónde venía y adónde iba. La desafortunada mujer explicó su angustia, y el uso que había hecho de las pequeñas limosnas que había recibido. El anciano pareció profundamente conmovido por su miseria, le dijo algunas palabras de aliento y le dio una nota adjunta en un sobre, que le indicó que llevara a un caballero que él designó, y luego la dejó.

La mujer se apresuró a entregar la nota al caballero indicado. Este último, al abrir el sobre, se asombró bastante, incluso estuvo a punto de desmayarse porque reconoció la letra de su padre, que había muerto tiempo atrás. "¿De dónde has sacado esta carta?", gritó fuera de sí. "Señor", respondió la buena mujer, "era de un anciano que me abordó en la calle. Le conté mi angustia y me envió a darle esta nota en su nombre. En cuanto a sus rasgos, se parece mucho a ese retrato que tienes ahí sobre la puerta". Cada vez más impresionado por estas circunstancias, el caballero retomó la nota y leyó en voz alta: "Hijo mío, tu padre acaba de salir del purgatorio, gracias a una Misa que la portadora de esta carta ha encargado esta mañana. Está en la miseria y te pido que te encargues de ella". Leyó y releyó esas líneas, trazadas por esa mano tan querida para él, por un padre que ahora estaba entre el número de los elegidos. Se volvió hacia la mujer con grandes lágrimas de alegría. "Pobre mujer", dijo, "con tu insignificante limosna has asegurado la felicidad eterna de quien me dio la vida. A mi vez, yo aseguraré tu felicidad temporal. Me encargo de suplir todas tus necesidades y las de toda tu familia".

¡Qué alegría para ese caballero! ¡Qué alegría para esa pobre mujer! Es difícil decir quién de los dos estaba más feliz. Lo más importante es ver la lección que se nos da; nos enseña que el más pequeño acto de caridad hacia los miembros de la iglesia que sufren es precioso a los ojos de Dios, y atrae sobre nosotros milagros de misericordia.

Favores espirituales y temporales. Cristóbal Sandoval en Lovaina. El abogado que renuncia al mundo. Hermano Lacci y el doctor Verdiano

Traemos otro ejemplo, el más digno de mención según un gran papa, Clemente VIII, que vio en él el dedo de Dios, y recomendó su publicación para la edificación de la Iglesia. "Varios autores", dice el padre Rossignoli, "han relatado la maravillosa ayuda que Cristóbal Sandoval, arzobispo de Sevilla, recibió de las almas del purgatorio. Siendo aún un niño, acostumbraba a distribuir parte de su dinero de bolsillo en limosnas en beneficio de aquellas almas. Su piedad aumentaba con la edad; por el bien de las almas del purgatorio, regalaba todo lo que podía disponer, llegando incluso a privarse de mil pequeñas cosas que eran útiles o necesarias. Durante sus estudios en la Universidad de Lovaina, sucedió que algunas cartas que esperaba de España se retrasaron, por lo que se vio en tales apuros económicos que apenas tenía con qué comprar comida. En ese momento un pobre le pidió una limosna por amor a las almas del purgatorio y se vio obligado a rechazarla, algo que nunca le había sucedido".

"Afligido por esta circunstancia, entró en una iglesia. 'Si no puedo dar una limosna por mis pobres almas, al menos puedo darles la ayuda de mis oraciones'".

"Apenas había terminado su oración cuando, al salir de la iglesia, fue abordado por un hermoso joven, vestido de viajero, que lo saludó con respetuosa afabilidad. Cristóbal experimentó un sentimiento de asombro religioso, como si estuviera en presencia de un espíritu con forma humana. Pero enseguida su amable interlocutor le tranquilizó y le habló con mucha delicadeza del marqués de Dania, su padre, de sus parientes y amigos, parecía un español recién llegado de la península. Terminó rogándole que le acompañara a un hotel, donde pudieran cenar juntos y estar más a gusto. Sandoval, que no había comido nada desde el día anterior, aceptó gustoso el amable ofrecimiento. Se sentaron a la mesa y continuaron conversando juntos muy amigablemente. Después del banquete, el forastero le dio a Sandoval una suma de dinero, rogándole que la aceptara y la utilizara para cualquier propósito que quisiera, añadiendo que el marqués, su padre, se lo compensaría a su regreso a España. Luego, con el pretexto de hacer negocios, se retiró, y Cristóbal no volvió a verle. A pesar de todas sus preguntas sobre el extraño, nunca consiguió obtener ninguna información sobre él. Nadie, ni en Lovaina ni en España, había visto o conocido a un joven que correspondiera a esa descripción. En cuanto a la suma de dinero, era exactamente la cantidad que el piadoso Cristóbal necesitaba para sufragar los gastos hasta la llegada de sus cartas, dinero que nadie reclamó nunca a su familia".

"Estaba, por tanto, convencido de que el Cielo había obrado un milagro en su favor, y había enviado en su ayuda a una de esas almas que él mismo había aliviado con sus oraciones y limosnas. Fue confirmado en esta opinión por el Papa Clemente VIII, a quien relató el incidente cuando fue a Roma a recibir las bulas que lo elevaban al episcopado. Este Pontífice, sorprendido por las circunstancias extraordinarias del caso, le aconsejó que lo diera a conocer para la edificación de los fieles; lo consideró como un favor del Cielo, que demostraba lo preciosa que es a los ojos de Dios la caridad hacia los difuntos".

Tal es la gratitud de las almas santas que han dejado este mundo, algo que se atestigua incluso por los favores que conceden a los que aún se encuentran en esta vida. Se cuenta en los *Anales de los Frailes Predicadores* (Malvenda, 1241) que entre los que fueron a recibir el hábito de manos de santo Domingo en 1221, había un abogado que había dejado su profesión en circunstancias extraordinarias. Era amigo de un joven, al que asistió con mucha caridad durante la enfermedad de la que murió. Esto fue suficiente para mover al difunto a procurarle el mayor de los beneficios, el de la conversión y la vocación a la vida religiosa. Unos treinta días después de la muerte de se joven se presentó al abogado, y le imploró su asistencia, porque estaba en el purgatorio. "¿Son tus sufrimientos muy intensos?", le preguntó a su amigo. "Si toda la tierra con sus bosques y montañas se incendiara", respondió este último, "no formaría un horno como en el que estoy sumergido". Atemorizado, comenzó a revivir su fe, y pensando solo en su propia alma, preguntó: "¿En qué estado estoy a los ojos de Dios?". "En mal estado", respondió el difunto, "y en una profesión peligrosa". "¿Qué tengo que hacer? ¿Qué consejo me das?". "Abandona el mundo perverso en el que estás metido y ocúpate sólo de los asuntos de tu alma". El abogado, siguiendo este consejo, dio todos sus bienes a los pobres y tomó el hábito de santo Domingo.

Veamos cómo un religioso de la Compañía de Jesús mostró su gratitud, incluso después de la muerte, al médico que le atendió durante su última enfermedad. El hermano Francisco Lacci murió en el Colegio de Nápoles en 1598. Era un hombre de Dios, lleno de caridad, paciencia y tierna devoción hacia la santísima Virgen. Algún tiempo después de su muerte, el Dr. Verdiano entró en la iglesia del colegio para asistir a la misa antes de comenzar sus visitas. Era el día en que se celebraban las exequias del rey Felipe II, que había muerto cuatro meses antes. Cuando, al salir de la iglesia, estaba a punto de tomar agua bendita, un religioso se acercó y le preguntó por qué se había preparado el catafalco y de quién era el servicio que se iba a celebrar. "Es el del Rey Felipe II", respondió.

Al mismo tiempo, Verdiano, asombrado de que un religioso hiciera tal pregunta a un extraño, y sin distinguir los rasgos de su interlocutor en la oscuridad del lugar donde se encontraba, preguntó quién era. "Soy", respondió, "el hermano Lacci, a quien usted atendió durante mi última enfermedad". El doctor lo miró atentamente, y reconoció perfectamente los rasgos de Lacci. Estupefacto y asombrado, dijo: "¡Pero usted murió de esa enfermedad! ¿Sufres entonces en el purgatorio, y vienes a pedir nuestros sufragios?". "Bendito sea Dios, ya no tengo dolor ni pena. No necesito tus sufragios. Estoy en las alegrías del Paraíso". "Y el rey Felipe, ¿también está ya en el Paraíso?". "Sí, él está ahí, pero colocado tan abajo como elevado estaba en la tierra. En cuanto a usted, doctor, ¿a quién se propone hacer su primera visita hoy?". Verdiano le respondió que iba a ir al Patricio di Maio, que estaba peligrosamente enfermo, y Lacci le advirtió que tuviera cuidado con un gran peligro que le amenazaba en la puerta de la casa. De hecho, el médico encontró allí una gran piedra tan mal colocada, que si la hubiera tocado, habría caído y le habría matado.

Esta circunstancia material parece ser la señal que permitió la Providencia para probar a Verdiano que aquello no había sido una ilusión.

Pagadores de las almas para nosotros. Suárez. Santa Brígida. Santa Catalina de Bolonia. San Juan María Vianney

Acabamos de hablar de la gratitud de las almas del purgatorio; a veces, la hacen sentir de forma claramente visible, pero lo más frecuente es que su ayuda nos llegue de forma invisible a través de sus oraciones. Las almas rezan por nosotros no solo cuando, después de su liberación, se encuentra ya con Dios en el cielo, sino también en el purgatorio; en medio de sus sufrimientos. Aunque no pueden rezar por sí mismas, sin embargo, por sus súplicas, obtienen una gran gracia para nosotros. Tal es la doctrina expresa de dos eminentes teólogos, Belarmino y Suárez. "Las almas del purgatorio son santas", dice Suárez, "y muy queridas por Dios. La caridad las impulsa a amarnos, y saben, al menos de manera general, a qué peligros estamos expuestos, y qué necesidad tenemos de la asistencia divina. ¿Por qué, entonces, no rezarían por sus benefactores?".

Pero, en esa lúgubre morada, en medio de sus tormentos, ¿cómo pueden saber quiénes son los que les ayudan con sus sufragios?

A esta pregunta se puede responder que las almas del purgatorio sienten al menos el alivio que reciben y la asistencia que se les presta; esto basta, incluso si ignoran la fuente de donde procede, para invocar las bendiciones del Cielo sobre sus benefactores, sean quienes sean, y que sean conocidos por Dios.

Pero, ¿es que en realidad no saben de quién reciben la ayuda en sus sufrimientos? Esta ignorancia es algo no probado, y tenemos fuertes razones para creer que no existe tal ignorancia. Su ángel de la guarda, que habita allí con ellas para darles el consuelo, ¿las privaría de este conocimiento consolador? ¿No se ajusta este conocimiento a la doctrina de la comunión de los santos? ¿No sería más perfecto el trato que existe entre nosotros y la Iglesia purgante, por ser recíproco, y que las almas conozcan mejor a sus bienhechores?

Numerosas revelaciones particulares lo confirman, así como la práctica de varias personas santas. Ya hemos dicho que santa Brígida, en uno de sus éxtasis, oyó a varias almas gritar en voz alta: "Señor, Dios todopoderoso, recompensa cien veces a los que nos ayudan con sus oraciones y te ofrecen sus buenas obras, para que podamos disfrutar de la luz de tu Divinidad".

Leemos en la vida de santa Catalina de Bolonia que tenía una gran devoción hacia las almas santas del purgatorio; que rezaba por ellas muy frecuentemente, y con mucho fervor; que se encomendaba a ellas con confianza en sus necesidades espirituales, y aconsejaba a otros que hicieran lo mismo, diciendo: "Cuando deseo obtener algún favor de nuestro Padre del Cielo, recurro a las almas que están detenidas en el purgatorio; les suplico que presenten mi petición a la divina majestad en su propio nombre, y siento que soy escuchada por su intercesión". San

Juan María Vianney, el cura de Ars, dijo a un eclesiástico que le consultó: "Si se supiera el gran poder que tienen las benditas almas del purgatorio ante el corazón de Dios, y si conociéramos todas las gracias que podemos obtener por su intercesión, no serían tan olvidadas. *Debemos, por lo tanto, rezar mucho por ellas, para que ellas puedan rezar mucho por nosotros*".

Estas últimas palabras del santo cura de Ars indican la verdadera manera de recurrir a las almas del purgatorio; debemos ayudarlas, para obtener a cambio sus oraciones y los efectos de su gratitud; debemos rezar mucho por ellas para que ellas puedan rezar mucho por nosotros.

No se trata de invocarlas como se invoca a los santos del cielo. No es tal el espíritu de la Iglesia, que antes que nada reza por los difuntos y los asiste con sus sufragios. Pero no es contrario al espíritu de la Iglesia ni a la piedad cristiana procurar el alivio de esas almas, con la intención de obtener a cambio, con la ayuda de sus oraciones, los favores que deseamos. Por lo tanto, es un acto loable y piadoso ofrecer una Misa por los difuntos cuando estamos necesitados de alguna gracia particular. Si estando sufriendo aún en el purgatorio, las oraciones de estas almas son tan poderosas, podemos fácilmente concebir que serán mucho más eficaces cuando, completamente purificadas, se encuentren ante el trono de Dios.

Gratitud del divino Esposo de las Almas. Venerable Arcángela Panigarola y su padre, Gothard

Si las almas del purgatorio están agradecidas hacia sus benefactores, nuestro Señor Jesucristo, que las ama tanto, recibe como hecho a sí mismo todo el bien que les procuramos. Por ello dará una recompensa abundante, muy a menudo incluso en esta vida, y seguro en la siguiente, a los que rezan por ellas. Él mira a los que muestran misericordia, y castiga a los que se olvidan de mostrarla hacia las almas del purgatorio.

Veamos primero un ejemplo de castigo. La venerable Arcángela Panigarola, religiosa dominica y priora del monasterio de Santa Marta en Milán, tenía un celo extraordinario por el alivio de las almas del purgatorio. Rezaba y obtenía oraciones por todos sus amigos fallecidos, e incluso por los desconocidos de cuya muerte había tenido noticia. Su padre, Gothard, tan querido por ella, era uno de esos cristianos que rara vez piensan en rezar por los difuntos. Cuando murió, Arcángela comprendió que su querido padre necesitaba más sus oraciones que sus lágrimas. Por lo tanto, tomó la resolución de recomendarlo a Dios por medio de sufragios especiales. Pero, por extraño que parezca, apenas llevó a cabo este propósito; esta muchacha, tan piadosa y devota de su padre, hizo muy poco por su alma. Dios permitió que, a pesar de sus santas resoluciones, lo olvidara continuamente y se interesara por otros. Finalmente, un acontecimiento inesperado aclaró este olvido inoportuno y despertó su devoción por su padre. En la Fiesta de Todos los Fieles Difuntos, Arcángela permanecía recluida en su celda, ocupada exclusivamente en ejercicios de piedad y penitencia para el alivio de las pobres almas. De repente, se le apareció su ángel, la tomó de la mano y la llevó en espíritu al purgatorio. Entre las primeras almas que vio, reconoció la de su padre, sumergida en un estanque de agua helada. Apenas vio a su hija, Gothard se acercó a ella y le reprochó con tristeza que lo hubiera abandonado en sus sufrimientos, mientras que mostraba tanta caridad hacia los demás, a los que aliviaba constantemente, liberando a menudo a los extraños.

Durante algún tiempo, Arcángela se sintió confundida por estos reproches, que sabía que había merecido; pero pronto, derramando un torrente de lágrimas, respondió: "Haré, querido padre, todo lo que me pidas. Que Dios quiera escuchar mis súplicas y liberarte rápidamente". Mientras tanto, no podía recuperarse de su asombro, ni entender cómo podía olvidar a su amado padre. Habiéndola llevado de vuelta, su ángel le dijo que este olvido había ocurrido por disposición de la justicia divina. "Dios", dijo, "lo ha permitido en castigo por el poco celo que, durante su vida, tu padre manifestó por Dios, su propia alma y la de su prójimo. Viste cómo sufría tormento en un lago de hielo; es el castigo de su tibieza en el servicio de Dios, y su indiferencia con respecto a la salvación de las almas. Tu padre no era un hombre inmoral, es verdad, pero mostró poca inclinación por la adquisición de la virtud y por la práctica de las obras de piedad y de caridad a las que la Iglesia exhorta a los fieles... Por eso Dios permitió que fuera olvidado, incluso por ti, que le habrías dado tanto alivio. Este es el castigo que ordinariamente inflige la justicia divina a los que carecen de fervor y caridad. Permite que los demás se comporten con ellos como han actuado con Dios y con sus hermanos". Además, esta es la regla de justicia que nuestro Salvador ha establecido en el evangelio: "Con la medida con que midáis se os medirá" (Mt 7, 2).

La caridad hacia las almas del purgatorio, recompensada por Jesucristo. Santa Catalina de Siena y Palmerina. Santa Magdalena de Pazzi y su madre

Dios está más inclinado a recompensar que a castigar, y si impone un castigo a aquellos que olvidan las almas tan queridas de su corazón, por otra parte se muestra verdaderamente agradecido con los que ayudan a las almas del purgatorio. Como recompensa, un día les dirá: "Venid, benditos de mi Padre, tomad posesión del Reino preparado para vosotros desde la creación del mundo. Habéis sido misericordiosos con los necesitados y sufrientes. En verdad os digo que cuanto hicisteis a uno de estos mis hermanos más pequeños, a mí me lo hicisteis" (Mt 25, 34-40). Muy a menudo, Jesús recompensa en esta vida a las almas compasivas y caritativas con muchos favores. Santa Catalina de Siena había convertido a una pecadora llamada Palmerina, que murió y fue al purgatorio. La santa no se dio descanso hasta que hubo liberado esta alma. Como recompensa, nuestro Señor permitió que se le apareciera, o, mejor dicho, nuestro Salvador mismo se la mostró a su sierva, como una gloriosa conquista de su caridad. El beato Raimundo da así los detalles: A mediados del siglo XIV, santa Catalina daba ejemplo en su ciudad natal de toda clase de obras de misericordia, en concreto trató con mucho cariño a una mujer llamada Palmerina. Esta concibió una secreta aversión hacia los que la ayudaban, lo que acabó degenerando en un odio implacable hacia ellos. Llegó a no poder ver ni escuchar a la santa. La ingrata Palmerina, amargada contra la sierva de Dios, no dejó de ennegrecer su reputación con las más atroces calumnias. Catalina hizo todo lo que pudo para reconciliarse con ella, pero fue en vano. Viendo que su bondad y sus dones no servían más que para moviera aquel corazón obstinado.

Dios escuchó su plegaria golpeando a Palmerina con una enfermedad mortal; pero este castigo no fue suficiente para hacerla entrar en sí misma. A cambio de todos los cuidados que la santa le prodigó, la desdichada mujer la cargó de insultos y la echó de su presencia. Mientras tanto, su fin se acercaba, y un sacerdote acudió para administrarle los últimos sacramentos. La enferma no estaba en condiciones de recibirlos, debido al odio que alimentaba y que se negaba a abandonar. Al oír esto, y viendo que la desafortunada criatura tenía ya un pie en el infierno, Catalina derramó un torrente de lágrimas y se sintió inconsolable. Durante tres días y tres noches no dejó de suplicar a Dios por ella, añadiendo el ayuno a la oración. Decía al Señor: "¿Permitirás que esta alma se pierda por mi culpa? Te lo suplico, concédeme a cualquier precio su conversión y su salvación. Castígame por su pecado, del que yo soy la causa: no es ella, sino yo, quien debe ser castigada. Señor, no me niegues la gracia que te pido: no te dejaré de importunar hasta que la haya obtenido. En nombre de tu bondad, de tu misericordia, te lo pido, misericordioso Salvador, que no permitas que el alma de mi hermana abandone su cuerpo hasta que haya sido restaurado a tu gracia".

Su oración, añade su biógrafo, fue tan poderosa que evitó que la enferma muriera. Su agonía duró tres días y tres noches, para gran asombro de sus enfermeras. Catalina continuó intercediendo durante este tiempo, y terminó obteniendo la victoria. Dios no pudo resistir más, y obró un milagro de misericordia. Un rayo de luz celestial penetró en el corazón de la mujer moribunda, le mostró su culpa y la hizo arrepentirse. La santa, a quien Dios le reveló esto, se apresuró a su lado. Tan pronto como la enferma la vio, le dio todas las muestras posibles de amistad y respeto, se acusó a sí misma en voz alta de su falta, recibió con piedad los últimos sacramentos y murió en gracia de Dios.

A pesar de la sinceridad de su conversión, era de temer que una pecadora que apenas había escapado del infierno tuviera que pasar por un severo purgatorio. Catalina continuó haciendo todo lo que estaba en su mano para acelerar el momento en que Palmerina fuera admitida en la gloria del Paraíso. Tanto fervor no podía dejar de obtener recompensa. "Nuestro Señor", escribe el beato Raimundo, "mostró a su esposa el alma salvada por sus oraciones. Fue tan brillante que me dijo que no podía encontrar palabras capaces de expresar su belleza. No había sido aún admitida a la gloria de la visión beatífica, pero tenía ese brillo propio de la creación y la gracia del Bautismo. Nuestro Señor le dijo: *¡Contempla, hija mía, esta alma perdida que has encontrado!* Y añadió: *¿No te parece que es la más hermosa y la más preciosa? ¿Quién no soportaría todo tipo de sufrimientos para salvar a una criatura tan perfecta e introducirla en la vida eterna? Si Yo, que soy la Belleza Suprema, de quien emana toda la belleza, he sido tan cautivado por la belleza de las almas como para descender a la tierra y derramar mi Sangre para redimirlas, con cuánta mayor razón debéis trabajar para que no se pierdan criaturas tan admirables. Si te he mostrado esta* *alma, es para que seas más celosa en todo lo que concierne a la salvación de las almas".*

Según cuenta Cepari de la vida de santa Magdalena de Pazzi, quien tenía una gran devoción por los difuntos, agotó todos los recursos de su bondad a favor de su madre cuando dejó esta vida. Quince días después de su muerte, Jesús, deseando consolarla, le mostró el alma de su amada madre. Magdalena la vio en el Paraíso, vestida con un esplendor deslumbrante y rodeada de santos, que parecían interesarse mucho por ella. Escuchó de ella tres advertencias que se le quedaron grabadas para siempre: "No olvides, hija mía, llegar lo más bajo posible en la humildad, observar la obediencia religiosa y llevar a cabo con prudencia todo lo que debes hacer". Diciendo esto, Magdalena vio a su bendita madre desaparecer de su vista, y se quedó inundada del más dulce consuelo.

La caridad hacia los difuntos recompensada. Santo Tomás de Aquino, su hermana y el hermano Romano. El arcipreste Ponzoni y don Alfonso Sánchez. Santa Margarita María y la madre Greffier

También santo Tomás de Aquino, era muy devoto de las almas del purgatorio, y se le aparecieron varias veces, según el testimonio de este ilustre doctor.

Ofrecía oraciones y sacrificios a Dios, particularmente por las almas difuntas que había conocido o que estaban relacionadas con él. Cuando era profesor de teología en la Universidad de París, perdió una hermana, que murió en Capua, en el convento de Santa María, de la que era abadesa. Tan pronto como se enteró de su fallecimiento, recomendó su alma a Dios con gran fervor. Unos días más tarde se le apareció, suplicándole para que se apiadara de ella y redoblara sus sufragios, porque sufría cruelmente en las llamas de la otra vida. Tomás se apresuró a ofrecer por ella todo lo que tenía a su alcance, y solicitó también los sufragios de varios de sus amigos. Obtuvo así la liberación de su hermana, que vino ella misma a anunciarle la buena nueva.

Algún tiempo después, habiendo sido enviado a Roma por sus superiores, el alma de su hermana se le apareció en toda la gloria de la alegría triunfante. Le dijo que sus oraciones habían sido escuchadas, que se había liberado del sufrimiento y que iba a disfrutar del descanso eterno en el seno de Dios. Familiarizado con estas comunicaciones sobrenaturales, el santo no temió interrogar a la aparición, y le preguntó qué había sido de sus dos hermanos, Arnoldo y Landolfo, que habían muerto algún tiempo antes. "Arnoldo está en el Cielo", respondió el alma, "y allí goza de un alto grado de gloria por haber defendido a la Iglesia y al soberano Pontífice de las agresiones del Emperador Federico. En cuanto a Landolfo, sigue en el purgatorio, donde sufre mucho y tiene gran necesidad de ayuda. En cuanto a ti, querido hermano, un magnífico lugar te espera en el Paraíso, en recompensa por todo lo que has hecho por la Iglesia. Apresúrate a dar el último golpe a las diferentes obras que ha emprendido, pues pronto te unirás a nosotros". La historia nos dice que, de hecho, vivió poco tiempo después de este evento.

En otra ocasión, el mismo santo, estando en oración en la iglesia de Santo Domingo de Nápoles, vio acercarse a él al hermano Romano, que le había sucedido en París en la cátedra de teología. El santo pensó en un principio que acababa de llegar de París, ya que ignoraba su muerte. Por lo tanto, se levantó, fue a su encuentro, lo saludó y le preguntó sobre su salud y el motivo de su viaje. "Ya no soy de este mundo", dijo el religioso con una sonrisa, "y por la misericordia de Dios ya estoy disfrutando de la bienaventuranza eterna. Vengo por orden de Dios a animarte en tu labor". "¿Estoy en estado de gracia?", preguntó Tomás inmediatamente. "Sí, querido hermano, y tus obras son muy agradables a Dios". "Y tú, ¿tuviste que sufrir el Purgatorio?", volvió a preguntar. "Sí, durante catorce días, a causa de pequeñas infidelidades que no había expiado suficientemente en la tierra".

Entonces, Tomás, cuya mente estaba constantemente ocupada con preguntas de teología, aprovechó la oportunidad de penetrar en el misterio de la visión beatífica; pero se le respondió con este versículo del *Salmo* 47: "Como hemos aprendido por la fe, hemos visto con nuestros ojos en la ciudad de nuestro Dios". Al decir estas palabras, la aparición desapareció, dejando al doctor Angélico inflamado con el deseo del Bien Eterno.

Algún tiempo después, en el siglo XVI, se concedió un favor de la misma naturaleza, pero quizá más maravilloso, a un guardián de las almas del purgatorio, un amigo íntimo de san Carlos Borromeo, a quien conocemos por Rossignoli. El venerable Gratian Ponzoni, arcipreste de Arona, se interesó por las benditas almas del purgatorio durante toda su vida. Durante la peste que se llevó tantas víctimas en la diócesis de Milán, Ponzoni, no contento con administrar los sacramentos a los afectados, no dudó en ayudar a enterrar los cadáveres, porque el miedo había paralizado el valor de todos y nadie se ocupaba de esa tarea. Con un celo y una caridad verdaderamente apostólicas, había asistido a numerosas víctimas de Arona en sus últimos momentos, y las había enterrado en el cementerio cerca de su iglesia de Santa María. Un día, después del oficio de vísperas, al pasar por el cementerio en compañía de don Alfonso Sánchez, entonces gobernador de Arona, se detuvo repentinamente, golpeado por una visión extraordinaria. Temiendo un engaño, se volvió hacia Sánchez y le dijo: "Señor, ¿ve usted el mismo espectáculo que se presenta a mi vista?". "Sí", respondió el gobernador, que tuvo la misma visión, "veo una procesión de muertos, que avanzan desde sus tumbas hacia la iglesia; y reconozco que hasta que usted habló no podía creer lo que veían mis ojos". Asegurado de la realidad de la aparición, el arcipreste añadió: "Probablemente son las víctimas recientes de la plaga, que desean hacer saber que necesitan nuestras oraciones". Inmediatamente hizo sonar las campanas, e invitó a los feligreses a reunirse a la mañana siguiente para un solemne servicio por los difuntos.

Vemos aquí dos personas cuyo sano juicio les resguarda de todo peligro de ilusión y que, al ver la misma aparición, dudan en darle crédito hasta que se convencen de que sus ojos ven el mismo fenómeno. No hay lugar para la alucinación, y todo hombre sensato debe admitir la realidad de un acontecimiento sobrenatural, atestiguado por tales testigos. Tampoco podemos poner en duda las apariciones basadas en el testimonio de un santo Tomás de Aquino, como se ha dicho anteriormente. También debemos evitar rechazar con demasiada facilidad otros hechos de la misma naturaleza. Debemos ser prudentes, sin duda, pero la nuestra debe ser una prudencia cristiana, igualmente alejada de la credulidad y de ese espíritu orgulloso y engreído con el que, como hemos señalado en otra parte, Jesús reprochó a sus Apóstoles: "No seas incrédulo, sino creyente" (Jn 20,27).

Monseñor Languet, obispo de Soissons, hace la misma observación con referencia a una circunstancia que relata en la vida de santa Margarita de Alacoque. Madame Billet, esposa del médico del convento de Paray, donde residía la santa, acababa de morir. El alma de la difunta se le apareció a Margarita, pidiéndole que rezara y le encargó que advirtiera a su marido sobre dos asuntos secretos relativos a su salvación. La santa hermana contó lo que había ocurrido a su superiora, la madre Greffier. La superiora ridiculizó la visión y a quien se la relató; impuso silencio a Margarita, prohibiéndole decir o hacer nada con respecto a lo que se le había pedido. "La humilde religiosa obedeció con sencillez; y con la misma sencillez relató a la madre Greffier la segunda solicitud que recibió de la difunta unos días después; pero la superiora la trató con el mismo desprecio. Sin embargo, la noche siguiente ella misma se despertó por un ruido tan horrible en su habitación que pensó que se moría de miedo. Llamó a las hermanas, y cuando llegó la ayuda, estaba a punto de desmayarse. Tras recuperarse, se reprochó a sí misma su incredulidad, y no tardaron más en comunicar al doctor lo que se le había revelado a la Margarita María".

"El doctor reconoció que la advertencia venía de Dios y se benefició de ella. En cuanto a la madre Greffier, aprendió por experiencia que si la desconfianza es ordinariamente la política más sabia, a veces es erróneo llevarla demasiado lejos, especialmente cuando se trata de la gloria de Dios y el bien del prójimo".

Pensamientos de salvación. Satisfacción en esta vida en vez de en la siguiente. San Agustín y san Luis Bertrán. Hermano Lourenco. Padre Michel de la Fontaine

Además de las ventajas que ya hemos considerado, la caridad hacia los difuntos es muy saludable para aquellos que la practican, porque los estimula al fervor en el servicio de Dios, e inspira santos pensamientos. Pensar en las almas del purgatorio es pensar en los sufrimientos de la otra vida; es recordar que todo pecado exige una expiación, ya sea en esta vida o en la siguiente.

Ahora bien, ¿quién no comprende ya que es mejor dar satisfacción aquí, ya que los futuros castigos son tan terribles? Una voz parece salir del purgatorio, repitiendo estas palabras de la *Imitación*: "Mejor es purgar nuestros pecados y cortar nuestros vicios ahora, que guardarlos para la purificación en el futuro" *(Imitación*, I, 24).

Recordamos también esta otra frase, que se lee en el mismo capítulo: "Allí, una hora de castigo será más grave que cien años de la más amarga penitencia aquí". Entonces, penetrados por un saludable temor, soportamos de buena gana los sufrimientos de la vida presente, y decimos a Dios, con san Agustín y san Luis Bertrán, "Señor, aplica aquí hierro y fuego; no me perdones en esta vida, para que me perdones en la próxima".

Con estos pensamientos, el cristiano considera las tribulaciones de la vida actual, y especialmente los sufrimientos de una dolorosa enfermedad, como un purgatorio en la tierra que le dispensará del purgatorio después de la muerte.

El 6 de enero de 1676 murió en Lisboa, a la edad de sesenta y nueve años, el siervo de Dios Gaspar Lourenco, hermano de la Compañía de Jesús y portero de la casa de los profesos de ese Instituto. Realizaba muchos actos caritativos hacia los pobres y hacia las almas del purgatorio. No supo escatimar esfuerzo en el servicio a los desdichados, y era maravillosamente ingenioso al enseñarles a bendecir a Dios por su miseria, que era como comprar el Cielo para ellos. Él mismo estaba tan convencido de la felicidad de sufrir por nuestro Señor, que sacrificó su cuerpo casi sin medida, y añadió otras austeridades en las vigilias de los días de comunión. A la edad de setenta y ocho años, no aceptaba ninguna dispensa de los ayunos y abstinencias de la Iglesia, y no dejaba pasar ningún día sin tomar la disciplina al menos dos veces. Incluso en su última enfermedad, el hermano enfermero dijo que la proximidad de la muerte no le hizo despojarse de su camisa de hilo basto, que usaba como mortificación, pues tenía un gran deseo de morir en la cruz. Los sufrimientos de su agonía, muy crueles, podrían haber sustituido a las penitencias más rigurosas. Cuando se le preguntó si había sufrido mucho, respondió con un aire de alegría: "estoy pasando por el Purgatorio antes de partir al Cielo". El hermano Lourenco habían nacido en el día de la Epifanía; y nuestro Señor le había revelado que este hermoso día iba a ser también el de su muerte. Él eligió la hora la noche anterior; y cuando el enfermero le visitó al amanecer, le dijo con una sonrisa expresiva de duda: "¿No es hoy, hermano, cuando esperas ir a disfrutar de la visión de Dios?". "Sí", respondió, "tan pronto como haya recibido el Cuerpo de mi Salvador por última vez". De hecho, recibió la Sagrada Comunión y expiró sin lucha ni agonía.

Hay, pues, razones para creer que habló con un conocimiento sobrenatural verdadero cuando dijo, *"estoy pasando por mi purgatorio antes de partir al Cielo"*.

Otro siervo de Dios recibió de la misma Virgen la misma seguridad de que su sufrimiento terrenal tomaría el lugar del purgatorio. Hablo del padre Miguel de la Fuente, que durmió dulcemente en el Señor el 11 de febrero de 1606, en Valencia. Fue uno de los primeros misioneros que trabajó por la salvación del pueblo de Perú. Puso un gran cuidado al instruir a los nuevos conversos para inspirarles el horror al pecado, y llevarlos a una gran devoción hacia la Madre de Dios, hablando de las virtudes de la admirable Virgen María, y enseñándoles a recitar el santo rosario en su honor.

María, por su parte, no rechazó los favores que se le pidieron. Un día en que, agotado por el cansancio, yacía postrado en el polvo, sin tener fuerzas para levantarse, fue visitado por Ella, a quien la Iglesia llama con razón *Consoladora de los Afligidos*. Ella reanimó su coraje, diciéndole: "Confía, hijo mío; tus fatigas sustituirán al purgatorio; soporta tus sufrimientos con paciencia, y al salir de esta vida tu alma será recibida en la morada de los bienaventurados".

Esta visión fue para el padre de la Fuente durante su vida, pero especialmente en la hora de su muerte, un manantial de abundante consuelo. En gratitud por este favor, cada semana practicaba alguna penitencia particular. En el momento de expirar, un religioso vio su alma emprender el vuelo hacia el cielo en compañía de la santísima Virgen, del príncipe de los Apóstoles, de san Juan Evangelista y de san Ignacio, fundador de la Compañía de Jesús.

La beata María de los Ángeles. San Pedro Claver y el indígena enfermo. El indígena y el rosario

En la *Vida* de la beata carmelita María de los Ángeles puede leerse el gran frecuencia con que se le aparecían almas del purgatorio para implorar su asistencia y después agradecerle su liberación. Muy a menudo conversaban con la hermana, dándole consejos útiles para ella o para las religiosas, y revelando cosas relacionadas con el otro mundo. "El miércoles de la octava de la Asunción", escribe, "mientras rezaba las oraciones de la tarde, se me apareció una de nuestras buenas hermanas. Estaba vestida de blanco, rodeada de gloria y esplendor, y tan hermosa que no sé de nada aquí abajo con lo que pueda compararla. Temiendo alguna ilusión del diablo, me armé con la señal de la cruz; pero ella sonrió y desapareció poco después. Le rogué a nuestro Señor que no permitiera que me engañara el demonio. La noche siguiente, se apareció de nuevo y llamándome por mi nombre dijo: 'Vengo de parte de Dios para hacerte saber que estoy disfrutando de la dicha eterna. Dile a nuestra madre priora que no es designio de Dios revelarle el destino que le espera; dile que ponga su confianza en san José y en las almas del purgatorio'. Habiendo dicho esto, desapareció".

A san Pedro Claver, apóstol de los indígenas de Cartagena de Indias, le ayudaban las almas del Purgatorio en su trabajo. No abandonaba las almas de sus queridos indígenas después de su muerte; aplicaba por ellos penitencias, oraciones, misas, indulgencias, en la medida en que dependían de él mismo, dice el padre Fleurian, su biógrafo. Así, a menudo esas pobres almas afligidas, seguras del poder de su oración ante Dios, vinieron a pedir la ayuda de sus rezos.

Uno de esos indígenas, que estaba enfermo, oyó un ruido como de un fuerte gemido durante la noche, y el miedo le hizo ir corriendo hacia donde se encontraba el padre Claver, que estaba arrodillado en oración. "¡Oh, Padre", gritó, "¿qué es ese ruido espantoso que me aterroriza y me impide dormir?". "Vuelve, hijo mío", respondió el santo, "y ve a dormir sin miedo". Entonces, habiéndole ayudado a meterse en la cama, abrió la puerta de la habitación, dijo unas palabras, e inmediatamente cesaron los gemidos.

Otros indígenas estaban ocupados en la reparación de una casa a cierta distancia de la ciudad. Uno de ellos salió a cortar leña en una montaña vecina. Al acercarse al bosque se oyó llamar por su nombre desde la copa de un árbol, levantó los ojos en la dirección de donde provenía la voz, y al no ver a nadie, estaba a punto de reemprender la marcha y unirse a sus compañeros, pero fue detenido en un estrecho sendero por un espantoso espectro, que descargó sobre él una lluvia de golpes con un látigo provisto de trozos de hierro candente, y le dijo: "¿Por qué no tienes tu rosario? Llévalo contigo en el futuro, y rézalo por las almas del purgatorio". El fantasma le ordenó entonces que pidiera a la dueña de la casa tres piezas de oro que se le debían y que debía llevar al padre Claver, para que se ofrecieran misas por su intención, tras lo cual desapareció.

Mientras tanto, el ruido de los golpes y los gritos habían llevado a sus compañeros al lugar, donde lo encontraron más muerto que vivo, cubierto con las heridas que había recibido, e incapaz de pronunciar una palabra. Lo llevaron a la casa, donde la señora reconoció que debía esa suma de dinero a un siervo que había muerto tiempo atrás. El padre Claver, al ser informado de lo ocurrido, dijo las Misas que se le pidieron, y dio un rosario al indígena, que lo llevaba siempre encima y nunca omitió recitarlo diariamente.

Santa Magdalena de Pazzi y la hermana Benedicta. Padre Paul Hoffée. San Claudio de la Colombière. Padre Louis Corbinelli

Santa Magdalena de Pazzi recibió sana instrucción sobre las virtudes religiosas, en una aparición de un alma difunta. Había en su convento una hermana llamada María Benedicta, que se distinguía por su piedad, su obediencia y todas las demás virtudes que son el adorno de las almas santas. Era tan humilde, dice el padre Cepari, tan dócil y pronta a la obediencia, que corría como un niño pequeño a la menor señal de la voluntad de sus superioras, y estas se veían obligadas a ser muy circunspectas en las órdenes que le daban, para que no fuera más allá de sus deseos. De hecho, había conseguido tal control sobre sus pasiones y apetitos, que sería difícil imaginar una mortificación más perfecta.

Esta buena hermana murió repentinamente, después de unas pocas horas de enfermedad. A la mañana siguiente, que era sábado, cuando durante la misa que se celebraba, los religiosos cantaban el *Sanctus*, Magdalena entró en éxtasis. Durante el rapto, Dios le mostró esta alma bajo la forma corporal en la gloria del Cielo. Estaba adornada con una estrella dorada, que había recibido en recompensa por su ardiente caridad. Todos sus dedos estaban cubiertos con anillos de mucho valor, debido a su fidelidad a todas las reglas y al cuidado que había puesto en santificar sus acciones más ordinarias. Sobre su cabeza llevaba una corona muy rica, porque siempre había amado la obediencia y el sufrimiento por Jesucristo. De hecho, superó en gloria a una gran multitud de vírgenes, y contempló a su esposo Jesús con singular familiaridad, porque había amado tanto la humillación, que se hizo en ella según estas palabras de nuestro Salvador, *el que se humille será exaltado.* Tal fue la sublime lección que la santa recibió como recompensa por su caridad hacia los difuntos.

El pensamiento del purgatorio nos incita a trabajar con celo, y a borrar las menores faltas, para evitar las terribles expiaciones de la otra vida. El padre Paul Hoffée, que murió santamente en Ingolstadt en el año 1608, se sirvió de este pensamiento para su propio beneficio y el de los demás. Nunca perdió de vista el purgatorio, ni dejó de aliviar a las pobres almas que se le aparecían frecuentemente para solicitar sus sufragios. Como era superior de sus hermanos religiosos, les exhortaba a menudo, primero a santificarse mejor para poder después santificar a los demás, y nunca a descuidar la más mínima prescripción de sus reglas; luego añadía con gran sencillez: "De lo contrario, me temo que vendrás, como han hecho varios otros, a pedir mis oraciones para que te liberen del purgatorio". En sus últimos momentos estaba totalmente ocupado en coloquios amorosos con nuestro Señor, su bendita Madre y los santos. Fue sensiblemente consolado por la visita de un alma muy santa, que le había precedido en el Cielo dos o tres días antes, y que ahora le invitaba a ir y disfrutar del eterno amor de Dios.

Cuando decimos que pensar en el purgatorio hace que pongamos todos los medios para evitarlo, es evidente que tenemos razones para temer que vayamos allí. Ahora bien, ¿en qué se basa este temor? Si reflexionamos un poco sobre la santidad necesaria para entrar en el Cielo, y la fragilidad de la naturaleza humana, que es la fuente de tantas faltas, comprendemos fácilmente que este temor tiene sentido. Además, ¿no nos muestran claramente los ejemplos que hemos leído anteriormente que muy a menudo incluso las almas más santas tienen que sufrir a veces una expiación en la otra vida?

San Claudio de la Colombière murió en olor de santidad en Paray, el 15 de febrero de 1682, como santa Margarita María le había predicho. Tan pronto como expiró, una piadosa muchacha vino a anunciar su muerte a la hermana Margarita. La santa religiosa, sin mostrar ninguna perturbación o estallar en vanos lamentos, dijo simplemente a esa persona. "Ve y reza a Dios por él, y haz que se ofrezcan oraciones en todas partes para el descanso de su alma". El padre había muerto a las cinco de la mañana. Esa misma noche escribió una nota a la misma persona en estos términos:

"Dejad de estar afligidos; invocadlo. No temáis nada, Él es más poderoso que nunca para ayudarnos". Estas palabras nos dan a entender que había sido iluminada sobrenaturalmente con respecto a la muerte de este hombre santo, y del estado de su alma en la otra vida.

La paz y tranquilidad de la hermana Margarita al morir un director que le había sido útil fue otro tipo de milagro. Ella no amaba nada excepto en Dios y para Dios; Dios ocupaba el lugar de todo lo demás en su corazón, y el fuego de su amor consumía todos los demás apegos. La superiora se sorprendió de su perfecta tranquilidad a la muerte del santo misionero, y más aún de que Margarita no pidiera hacer ninguna penitencia extraordinaria por el reposo de su alma, como era su costumbre ante la muerte de cualquiera de sus conocidos en los que estaba particularmente interesada. La madre superiora le preguntó el motivo, y ella respondió sencillamente: "No lo necesita; está en condiciones de rezar por nosotros, ya que está exaltado en el Cielo por el Sagrado Corazón de nuestro Divino Señor. Solo para expiar alguna ligera negligencia en la práctica del Amor Divino, su alma fue privada de la visión de Dios desde el momento en que abandonó su cuerpo hasta el momento en que sus restos fueron consignados a la tumba".

Añadamos un ejemplo más, el del padre Corbinelli. Una persona santa pero que no estuvo exenta del purgatorio. Es cierto que no fue detenido allí, pero tuvo que pasar por las llamas antes de ser admitido en la presencia de Dios. Louis Corbinelli, de la Compañía de Jesús, murió en olor de santidad en la casa de los profesos en Roma, en el año 1591, casi al mismo tiempo que san Luis Gonzaga. La trágica muerte de Enrique II, rey de Francia, le produjo un disgusto por el mundo y decidió consagrarse por completo al servicio de Dios. En el año 1559, el matrimonio de la princesa Isabel se celebró con gran pompa en la ciudad de París. Entre otras diversiones, se organizó un torneo en el que figuraba la flor y nata de la nobleza y la caballería francesas. El propio rey apareció en medio de su brillante corte. Entre los espectadores, venidos incluso de tierras extranjeras, estaba el joven Louis Corbinelli, que había venido de su ciudad natal, Florencia, para asistir al festival. Corbinelli contempló con admiración la gloria del monarca francés, ahora en el cenit de su grandeza y prosperidad, cuando de repente lo vio caer, tras un mal golpe dado por un lancero imprudente: la lanza mal dirigida por Montgomery traspasó al rey, que expiró bañado en su sangre.

En un abrir y cerrar de ojos toda su gloria se desvaneció y la magnificencia real se cubrió con un sudario. Este acontecimiento causó una saludable impresión en Corbinelli; al ver la vanidad de la grandeza humana así expuesta, renunció al mundo y abrazó la vida religiosa. Su vida fue la de un santo, y su muerte llenó de alegría a todos los que fueron testigos de ella. Tuvo lugar unos días antes de la de san Luis, que estaba entonces enfermo en el Colegio Romano. El joven santo anunció al cardenal Belarmino que el alma del padre Corbinelli había entrado en la gloria; y cuando el cardenal le preguntó si no había pasado por el purgatorio, "pasó", respondió, "pero no se quedó".

Estímulo para el fervor. Advertencias para nosotros. Probabilidad de ir al purgatorio. Medios para escapar de él. Empleo de esos medios. Santa Catalina de Génova

Si los santos religiosos pasan por el purgatorio, aunque no se detengan allí, ¿no debemos temer que no solo pasemos por él, sino que permanezcamos más o menos tiempo? ¿Podemos vivir en una seguridad que sería, como mínimo, muy imprudente? Nuestra fe y nuestra conciencia nos dicen que nuestro miedo al purgatorio está bien fundado. Voy aún más lejos, querido lector, y digo que con un poco de reflexión usted mismo debe reconocer que es muy probable, y casi seguro, que vaya al purgatorio. ¿No es cierto que al dejar esta tierra nuestra alma entrará en una de esas tres moradas que nos señala la fe, infierno, Cielo o purgatorio? ¿Iremos al infierno? No es probable, porque probablemente tenemos horror al pecado mortal, y por nada en el mundo cometeríamos uno, ni lo mantendríamos sobre nuestra conciencia después de haberlo cometido. ¿Iremos al Cielo? Respondemos inmediatamente que nos consideramos indignos de tal favor. Queda, pues, el purgatorio, y debemos admitir que es muy probable, casi seguro, que entremos en ese lugar de expiación.

Al poner esta grave verdad ante tus ojos, no pienses, querido lector, que quiero asustarte, o quitarte toda esperanza de entrar en el Cielo sin el purgatorio. Al contrario, esta esperanza debe permanecer siempre profundamente impresa en nuestros corazones, ya que es el espíritu de Jesucristo, quien no desea que sus discípulos necesiten una futura expiación. Incluso instituyó los sacramentos y estableció todo tipo de medios para ayudarnos satisfacer plenamente en este mundo. Pero estos medios se descuidan con demasiada frecuencia; y es sobre todo por un saludable temor que nos sentimos estimulados a hacer uso de ellos.

Ahora bien, ¿cuáles son los medios que debemos emplear para evitar, o al menos acortar, nuestro purgatorio y mitigar su rigor? Son evidentes los ejercicios y las buenas obras que más nos ayudan a satisfacer nuestras faltas en este mundo y a encontrar misericordia ante Dios, a saber: la devoción a la santísima Virgen María y la fidelidad en el uso de su escapulario; la caridad hacia los vivos y los muertos; la mortificación y la obediencia; la recepción piadosa de los sacramentos, especialmente al acercarse la muerte; la confianza en la divina misericordia; y, finalmente, la santa aceptación de la muerte en unión con la muerte de Jesús en la cruz.

Estos medios son suficientemente poderosos para preservarnos del purgatorio, pero debemos hacer uso de ellos. Ahora bien, para emplearlos con seriedad y perseverancia, una condición es necesaria: tomar una firme resolución de reparar en este mundo y no en el siguiente. Esta resolución debe basarse en la fe, que nos enseña lo fácil que es la satisfacción en esta vida, lo terrible que es el purgatorio. *Ponte de acuerdo cuanto antes con tu adversario*, dice Jesucristo, *mientras vas de camino con él; no sea que tu adversario te entregue al juez y el juez al alguacil y te metan en la cárcel. Te aseguro que no saldrás de allí hasta que restituyas la última moneda* (Mt 5,25-26).

Reconciliarse con nuestro adversario en el camino, significa, en boca de nuestro Señor, apaciguar la justicia divina, y hacer reparación en nuestro camino a través de la vida, antes de alcanzar ese fin inmutable, esa eternidad donde toda penitencia es imposible, y donde tendremos que someternos al rigor de la justicia. ¿No es este consejo de nuestro divino Salvador muy sabio?

¿Podemos comparecer ante el tribunal de Dios cargados con una enorme deuda, que tan fácilmente podríamos haber saldado con algunas obras de penitencia, y que luego tendremos que pagar con años de tormento? "El que se purifica de sus faltas en la vida presente", dice santa Catalina de Génova, "satisface con un céntimo una deuda de mil ducados; y el que espera a la otra vida para saldar sus deudas, consiente en pagar mil ducados por lo que antes podía haber pagado con un céntimo". Debemos, por lo tanto, comenzar con la firme y eficaz resolución de hacer satisfacción en este mundo; esa es la piedra angular. Una vez puestos estos cimientos, debemos emplear los medios enumerados anteriormente.

13. *Medios para evitar el purgatorio*

Gran devoción a la santísima Virgen. Padre Jerónimo Carvalho. Santa Brígida. El escapulario del Carmen

Un siervo de Dios resume estos medios en dos, diciendo: *Limpiemos nuestras almas con agua y con fuego*; es decir, con el agua de las lágrimas y con el fuego de la caridad y las buenas obras. En efecto, podemos clasificar todo en estos dos ejercicios, y esto es conforme a la Sagrada Escritura, donde vemos que las almas se limpian de sus manchas y se purifican como el oro en el crisol. Pero como debemos buscar sobre todo un método práctico, sigamos el que tantos santos y tantos cristianos fervorosos han usado.

En primer lugar, para obtener una gran pureza de alma, y en consecuencia tener pocas razones para temer al purgatorio, debemos abrigar una gran devoción hacia la santísima Virgen María. Esta buena Madre ayudará a sus queridos hijos a limpiar sus almas y a acortar su purgatorio, para que puedan vivir con una gran confianza. Ella desea incluso que no se dejen desanimar por un miedo excesivo, como se dignó declarar a Jerónimo Carvalho, de quien ya hemos hablado. "Ten confianza, hijo mío", le dijo. "Soy la Madre de la misericordia para mis queridos hijos del purgatorio, así como para los que aún viven en la tierra". En las *Revelaciones de santa Brígida* leemos algo similar: "Soy", le dijo la santísima Virgen, "la Madre de todos los que están en el lugar de la expiación; mis oraciones mitigan los castigos que se les infligen por sus faltas" (Libro 4, capítulo 1).

Los que llevan el santo escapulario del Carmen tienen un derecho especial a la protección de María. La devoción al santo escapulario, a diferencia de la al rosario, no consiste en una oración, sino en la práctica piadosa de llevar una medalla de la Reina del Cielo. El escapulario de nuestra Señora del Carmen, del que hablamos aquí, tiene su origen en el siglo XIII, y fue predicado por primera vez por san Simón Stock, quinto General de la Orden del Carmen. Este célebre siervo de María, nacido en Kent, Inglaterra, en el año 1165, se retiró a un bosque solitario cuando era joven para dedicarse a la oración y la penitencia. Escogió como morada el hueco de un árbol, al que pegó un crucifijo y una imagen de la santísima Virgen, a la que honró como su Madre, y no dejó de invocar con el más tierno afecto. Durante doce años le suplicó que le diera a conocer lo que podía hacer que fuera más agradable para su divino Hijo; y la Reina del Cielo le dijo que entrara en la orden del Monte Carmelo, que se dedicaba especialmente a su servicio. Simón obedeció y, bajo la protección de María, se convirtió en un religioso ejemplar; fue elegido superior general en 1245.

Un día, el 16 de julio de 1251, la santísima Virgen se le apareció rodeada de una multitud de espíritus celestiales y, con un rostro radiante de alegría, le presentó un escapulario de color marrón, diciéndole: "Recibe, hijo mío, este escapulario de tu orden; es la insignia de mi cofradía y la prenda de un privilegio que he obtenido para ti y para tus hermanos del monte Carmelo. Aquellos que mueran devotamente vestidos con este hábito serán preservados del fuego eterno. Es el signo de la salvación, una salvaguarda en el peligro, una promesa de paz y protección especial, hasta el fin de los tiempos". El feliz anciano publicó en todas partes el favor que había recibido, mostrando el escapulario, curando a los enfermos y haciendo otros milagros como prueba de su maravillosa misión. Inmediatamente, Eduardo I, rey de Inglaterra, Luis IX, rey de Francia, y después de su ejemplo casi todos los soberanos de Europa, así como un gran número de sus súbditos, recibieron el mismo hábito. A partir de ese momento comienza la célebre *Cofradía del escapulario,* que poco después fue erigida canónicamente por la Santa Sede.

No contenta con conceder este primer privilegio, María hizo otra promesa a favor de los miembros de esta cofradía, asegurándoles una rápida liberación de los sufrimientos del purgatorio. Unos cincuenta años después de la muerte de san Simón, el ilustre pontífice, Juan XXII, mientras rezaba por la mañana temprano, vio aparecer a la Madre de Dios rodeada de luz, y con el hábito del monte Carmelo. Entre otras cosas le dijo: "Si entre los religiosos o miembros de la cofradía del monte Carmelo hay alguno que, por sus faltas, sea condenado al purgatorio, yo descenderé en medio de ellos como una tierna madre el sábado después de su muerte; los entregaré y los conduciré al monte santo de la vida eterna". Estas son las palabras que el pontífice pone en labios de María en su célebre bula del 3 de marzo de 1322, comúnmente llamada *Bula Sabatina.* Concluye con estas palabras: "Acepto, pues, esta santa indulgencia; la ratifico y confirmo en la tierra, como Jesucristo la concedió en el cielo por los méritos de la santísima Virgen". Este privilegio fue confirmado posteriormente por una gran cantidad de bulas y decretos de los papas.

Tal es la devoción del santo escapulario. Está sancionada por la práctica de almas piadosas en todo el mundo cristiano, por el testimonio de muchos papas, por los escritos de un número incalculable de autores piadosos y por múltiples milagros; de modo que, dice el ilustre Benedicto XIV, "quien se atreva a cuestionar la validez de la devoción del escapulario o a negar sus privilegios, será un orgulloso que desprecia la religión".

Privilegios del santo escapulario. San Claudio de la Colombière. El Hospital de Toulon. El privilegio sabatino. Santa Teresa. Una dama en Otranto

La santísima Virgen ha concedido dos grandes privilegios al santo escapulario; por su parte, los soberanos pontífices le han añadido las más ricas indulgencias. Consideramos útil dar a conocer a fondo estos dos preciosos privilegios, el uno bajo el nombre de *preservación,* el otro bajo el de *liberación.*

El primero es la exención de los tormentos del infierno: "El que muera con este hábito no sufrirá el fuego del infierno". Es evidente que quien muere en pecado mortal, aunque lleve el escapulario, no estará exento de la condenación; tal no es el significado de la promesa de María. Esta buena Madre ha prometido misericordiosamente disponer de todas las cosas para que quien muera llevando ese santo hábito reciba una gracia eficaz para confesar y lamentar sus faltas; o, si le sorprende una muerte súbita, tendrá el tiempo y la voluntad de hacer un acto de perfecta contrición. Podríamos llenar un volumen con los acontecimientos milagrosos que prueban el cumplimiento de esta promesa. Basta con relatar algunos de ellos.

San Claudio de la Colombière nos dice que una joven, que al principio era piadosa y llevaba el santo escapulario, tuvo la desgracia de desviarse del camino de la virtud. Como consecuencia de libros perniciosos y malas compañías, tuvo una vida desordenada y estuvo a punto de perder su honor. En lugar de dirigirse a Dios y recurrir a la santísima Virgen, que es el refugio de los pecadores, se abandonó a la desesperación. El demonio pronto le sugirió un remedio para sus males: el espantoso remedio del suicidio, que acabaría con sus miserias temporales para sumergirla en los tormentos eternos. Corrió al río y, aún con el escapulario, se lanzó al agua.

Pero, ¡oh, maravilla!, flotó en lugar de hundirse, y no pudo encontrar la muerte que buscaba. Un pescador, que la vio, se apresuró a prestarle ayuda, pero la desgraciada criatura se lo impidió: arrancándose el escapulario, lo arrojó lejos de ella y se hundió inmediatamente. El pescador no pudo salvarla, pero encontró el escapulario, y reconoció que este sagrado emblema, mientras ella lo llevaba puesto, había evitado que la pecadora se suicidara.

En el hospital de Toulon había un oficial, un hombre muy impío, que se negaba a ver a un sacerdote. La muerte se acercó y cayó en una especie de letargo. Los asistentes se aprovecharon de ello para colocarle un escapulario en el cuello, sin que él lo supiera. Poco después, al recuperarse, gritó con furia: "¿Por qué me habéis puesto fuego, un fuego que me quema? ¡Llévatelo, llévatelo!". Luego invocaron a la santísima Virgen, e intentaron de nuevo ponerse el escapulario. Él lo percibió, lo arrancó con rabia, lo tiró lejos de él y, con una horrible blasfemia, en sus labios expiró.

El segundo privilegio, el sabatino o de la *liberación*, consiste en ser liberado del purgatorio por la santísima Virgen el primer sábado después de la muerte. Para disfrutar de este privilegio, se deben cumplir ciertas condiciones: Primero, observar la castidad de nuestro estado. Segundo, recitar el oficio parvo de la santísima Virgen (este se puede sustituir por la Liturgia de las Horas o por la abstinencia de carne los miércoles y sábados, o un sacerdote con facultad para ello, lo puede conmutar por otra obra piadosa, como por ejemplo, el rezo diario del rosario). En tercer lugar, en caso de necesidad, la obligación de rezar el oficio, la abstinencia y el ayuno, pueden conmutarse por otras obras piadosas, por quienes tienen la facultad de conceder tales dispensas. Tal es el privilegio sabatino, con las condiciones necesarias para gozar de él. Si recordamos lo que se ha dicho de los rigores del purgatorio y su duración, encontraremos que este privilegio es muy valioso, y sus condiciones muy fáciles.

Sabemos que se han planteado dudas sobre la autenticidad de la *Bula sabatina,* pero además de la constante tradición y la práctica piadosa de los fieles, el gran papa, Benedicto XIV, se pronunció a su favor.

En Otranto, una ciudad del reino de Nápoles, a una dama de alto rango le gustaba mucho asistir a los sermones de un padre carmelita que era un gran promotor de la devoción a María. Aseguraba a sus oyentes que todos los cristianos que llevaran piadosamente el escapulario y cumplían las condiciones prescritas, verían a la divina Madre en su partida de este mundo, y que esta gran consoladora de los afligidos vendría el sábado después de su muerte para librarlos del purgatorio y llevarlos a la morada de los santos. Golpeada por estas preciosas ventajas, esta señora se puso inmediatamente el escapulario de la santísima Virgen, firmemente decidida a observar fielmente las reglas de la cofradía. Su piedad progresó rápidamente. Rezaba a María día y noche, puso toda su confianza en ella y le rindió toda la piedad posible. Entre otros favores que pidió, imploró el de morir en sábado, para poder ser liberada más pronto del purgatorio. Sus oraciones fueron escuchadas. Algunos años más tarde, al caer enferma, a pesar de la opinión contraria de su médico, declaró que su enfermedad la llevaría a la tumba. "Bendigo a Dios", añadió, "con la esperanza de unirme pronto a Él en el Cielo". Su enfermedad avanzó tan rápidamente que los médicos declararon unánimemente que estaba a punto de morir, y que no pasaría de aquel día, que era miércoles. "Se equivoca otra vez", dijo la enferma, "viviré tres días más y no moriré hasta el sábado". El evento justificó sus palabras. En cuanto a los días de sufrimiento que le quedaban como un tesoro inestimable, los aprovechó para purificar su alma y aumentar sus méritos. Cuando llegó el sábado, entregó su alma a las manos de su Creador.

Su hija, que también era muy piadosa, sufrió mucho la pérdida de su madre. Mientras rezaba en su oratorio por el alma de su querida madre, y derramaba abundantes lágrimas, un gran siervo de Dios, que habitualmente era favorecido con comunicaciones sobrenaturales, se dirigió a ella y le dijo: "Deja de llorar, hija mía, o más bien deja que tu dolor se convierta en alegría. Vengo a asegurarte, de parte de Dios, que hoy sábado, gracias a los privilegios concedidos a los miembros de la cofradía del escapulario, tu madre se ha ido al cielo, y está entre los elegidos. Ten consuelo y bendice a la Virgen, Madre de misericordia".

Caridad y misericordia. El profeta Daniel y el rey de Babilonia. San Pedro Damián y Juan Patrizzi

Acabamos de ver el primer medio para evitar el purgatorio, una tierna devoción hacia María; el segundo consiste en las obras de misericordia de todo tipo. Le son perdonados sus muchos pecados, dijo nuestro Señor, hablando de Magdalena, porque ha amado mucho (Lc 7,47). Bienaventurados los misericordiosos, porque alcanzarán misericordia (Mt 5,7). No juzguéis y no seréis juzgados; no condenéis y no seréis condenados. Perdonad y seréis perdonados (Lc 6,37). Porque si perdonáis a los hombres sus ofensas, también os perdonará vuestro Padre Celestial (Mt 6,14). Da a todo el que te pida, y al que tome lo tuyo no se lo reclames. Como queráis que hagan los hombres con vosotros, hacedlo de igual manera con ellos (...) porque con la misma medida con que midáis se os medirá (Lc 6,30-38). Haceos amigos con las riquezas injustas, para que, cuando falten, os reciban en las moradas eternas (Lc 16,9). Y el Espíritu Santo dice en los Salmos: Dichoso el que cuida del débil; el Señor lo librará el día de la desgracia (Sal 40).

Todas estas palabras indican claramente que por nuestra caridad, misericordia y benevolencia, ya sea hacia los pobres o hacia los pecadores, hacia nuestros enemigos y los que nos hieren, o hacia los difuntos que tienen gran necesidad de nuestra ayuda, encontraremos misericordia en el tribunal del Juez Soberano.

Los ricos de este mundo tienen mucho que temer. "Ay de vosotros los ricos", dice el Hijo de Dios, "porque ya habéis recibido vuestro consuelo. Ay de vosotros los que ahora estáis hartos, porque tendréis hambre. Ay de vosotros los que ahora reís, porque gemiréis y lloraréis" (Lc 6,24- 25). Ciertamente, estas palabras de Dios deberían hacer temblar a los ricos; pero si lo desearan, su riqueza misma podría convertirse para ellos en un gran medio de salvación; podrían redimir sus pecados y pagar sus terribles deudas con abundantes limosnas. "Por eso, majestad, acepta de buen grado mi consejo", dijo Daniel al orgulloso Nabucodonosor, "expía tus pecados con limosnas, y tus iniquidades socorriendo a los pobres para que dure tu prosperidad" (Dn 4,24). Pues la limosna libera de la muerte, impide caer en la tiniebla. "La limosna es un buen regalo para todos los que la realizan en presencia del Altísimo", dijo Tobías a su hijo (Tb 4,11-12). Nuestro Salvador confirma todo esto, y va aún más lejos cuando dice a los fariseos: "Dad, más bien, limosna de lo que guardáis dentro, y así todo será puro para vosotros". ¡Qué grande es, pues, la locura de los ricos, que tienen en sus manos un medio tan fácil de asegurar su futuro bienestar espiritual, y sin embargo no lo emplean! ¡Qué locura no hacer buen uso de esa fortuna de la que tendrán que rendir cuentas a Dios! ¡Qué locura ir y arder en el infierno o en el purgatorio, y dejar una fortuna a herederos avariciosos e ingratos, que no conceden al difunto ni una oración, ni una lágrima, ni siquiera un pensamiento pasajero! Por el contrario, ¡cuán felices son los cristianos que comprenden que no son sino dispensadores, ante Dios, de los bienes que han recibido de Él, que sólo piensan en disponer de ellos según los designios de Jesucristo, a quien deben rendir cuentas, y, en fin, que solo se sirven de ellos para procurarse amigos, defensores y protectores en la eternidad!

San Pedro Damián, en el tratado 34, relata lo siguiente: Un señor romano, llamado Juan Patrizzi, murió. Su vida, aunque cristiana, había sido como la de la generalidad de los ricos, muy distinta de la de su divino Maestro, pobre, sufriente, coronado de espinas. Afortunadamente, sin embargo, había sido muy caritativo con los pobres, incluso hasta el punto de regalar su ropa para vestirlos. Pocos días después de su muerte, un sacerdote, estando en oración, entró en éxtasis y fue transportado a la basílica de Santa Cecilia, una de las más célebres de Roma. Allí vio a varias vírgenes celestiales, santa Cecilia, santa Inés, santa Ágata y otras, agrupadas alrededor de un magnífico trono, sobre el que estaba sentada la Reina del Cielo, rodeada de ángeles y espíritus benditos.

En ese momento apareció una pobre mujer, vestida con una miserable prenda, pero con una capa de tela preciosa sobre sus hombros. Se arrodilló humildemente a los pies de la Reina Celestial y, uniendo sus manos, con los ojos llenos de lágrimas, dijo con una sonrisa: "Madre de misericordia, en nombre de tu inefable bondad, te ruego que te apiades del desafortunado Juan Patrizzi, que acaba de morir, y que sufre de la forma más cruel en el purgatorio". Tres veces repitió la misma oración, cada vez con más fervor, pero sin recibir respuesta. "Sabes muy bien, oh Reina misericordiosa, que soy esa mendiga que, a la entrada de tu gran basílica, pedía limosna en pleno invierno sin nada que me cubriera salvo mis harapos. ¡Cómo temblaba de frío! Entonces Juan, a quien pedí en nombre de Nuestra Señora, tomó de su hombro este costoso manto y me lo dio, privándose de él. ¿Tan grande acto de caridad, realizado en tu nombre, oh María, no merece alguna indulgencia?".

En este conmovedor llamamiento, la Reina del Cielo lanzó una mirada de amor a la suplicante. "El hombre por el que rezas", respondió, "está condenado durante mucho tiempo a terribles sufrimientos, a causa de sus numerosos pecados. Pero como tiene dos virtudes especiales, la misericordia hacia los pobres y la devoción por mis altares, me dignaré a prestarle mi ayuda". Con estas palabras la santa asamblea testificó su alegría y gratitud hacia la Madre de misericordia. Patrizzi fue traído; estaba pálido, desfigurado y cargado con cadenas, que le habían causado profundas heridas. La santa Virgen lo miró un momento con tierna compasión, luego ordenó que se le quitaran las cadenas y se le pusieran vestidos de gloria para que se uniera a los santos y espíritus benditos que rodeaban su trono. Esta orden fue ejecutada inmediatamente, y todo desapareció.

El santo sacerdote que había disfrutado de esta visión no dejó desde ese momento de predicar la clemencia de Nuestra Señora hacia las pobres almas sufrientes, especialmente hacia aquellos que se habían dedicado a su servicio, y que habían tenido una gran caridad hacia los pobres.

Santa Margarita María y las almas del purgatorio. La novicia y su padre. Un alma que ha sufrido sin quejarse

Entre las revelaciones de nuestro Señor a santa Margarita María sobre el purgatorio, hay una que muestra lo particularmente severos que son los castigos infligidos por faltas contra la caridad. "Un día", relata Monseñor Languet, "nuestro Señor mostró a su sierva un número de almas privadas de la asistencia de la santísima Virgen y de los santos, e incluso de las visitas de sus ángeles custodios. 'Esto fue', dijo el divino Maestro, 'en castigo por su falta de unión con sus superiores, y ciertos malentendidos'. Muchas de esas almas estaban destinadas a permanecer durante mucho tiempo en medio de horribles llamas. La bienaventurada hermana reconoció también a muchas almas de religiosos que, a causa de su falta de unión y de caridad con sus hermanos, fueron privadas de sus sufragios y no recibieron ningún alivio".

Si es verdad que Dios castiga tan severamente a los que han fracasado en la caridad, será infinitamente misericordioso con los que han practicado esta virtud tan querida por su corazón. *Ante todo,* nos dice por boca de su apóstol, san Pedro, *mantened entre vosotros una ferviente caridad, porque la caridad cubre la multitud de los pecados* (1 P 4,8).

Escuchemos de nuevo a Monseñor Languet en la vida de Margarita María. Es la madre Greffier, dice, quien, en las memorias que escribió después de la muerte de la hermana, atestigua el siguiente hecho. "No puedo omitir la causa de ciertas circunstancias particulares que manifiestan la verdad de una revelación hecha en esta ocasión a la sierva de Dios. El padre de una de las novicias fue la causa. Este caballero había muerto tiempo atrás, y había sido recomendado a las oraciones de la comunidad. La caridad de la hermana Margarita, entonces maestra de novicias, la llevó a rezar más especialmente por él".

"Algunos días después, la novicia quiso encomendarlo en sus oraciones. Pero su maestra le dijo: 'Hija mía, estate tranquila, tu padre está en condiciones de rezar por nosotras. Pregunta a tu madre cuál fue la acción más generosa que tu padre realizó antes de su muerte pues eso le ha obtenido de Dios un juicio favorable'".

"La acción a la que aludía era desconocida para la novicia; nadie en Paray conocía las circunstancias de una muerte que había ocurrido tan lejos de esa ciudad. La novicia no vio a su madre hasta mucho después, el día de su profesión. Preguntó entonces cuál era esa generosa acción cristiana que su padre había realizado antes de morir. 'Cuando le trajeron el santo viático', respondió su madre, 'el carnicero se unió a los que acompañaban al Santísimo Sacramento, y se colocó en un rincón de la habitación. El enfermo, al percibirlo, lo llamó por su nombre, le dijo que se acercara y, apretándole la mano con una humildad poco común en las personas de su rango, le pidió perdón por algunas palabras duras que le había dirigido de vez en cuando, y deseaba que todos los presentes fueran testigos de la reparación que había hecho'. La hermana Margarita había sabido por revelación divina lo que había ocurrido, y la novicia sabía por ello la verdad consoladora de lo que le había dicho sobre el feliz estado de su padre en la otra vida".

Añadamos que Dios, por esta revelación, nos ha mostrado una vez más cómo la *caridad cubre una multitud de pecados,* y nos hará encontrar la misericordia en el día de la justicia.

Santa Margarita María recibió de nuestro Divino Señor otra comunicación relativa a la caridad. Le mostró el alma de una difunta que no tenía más que un ligero castigo, y le dijo que entre todas las buenas obras que esta persona había realizado en el mundo, había tomado en especial consideración ciertas humillaciones a las que ella se había sometido, porque las había sufrido en espíritu de caridad, no solo sin murmurar, sino incluso sin hablar de ellas. Nuestro Señor añadió que, como recompensa, le había dado un juicio suave y favorable.

Mortificación cristiana. San Juan Berchmans bendijo a Emily de Verceil y a la religiosa que estaba cansada del coro

El tercer medio de satisfacción en este mundo es la práctica de la mortificación cristiana y la obediencia religiosa. "Llevando siempre en nuestro cuerpo el morir de Jesús", dice el Apóstol, "para que también la vida de Jesús se manifieste en nuestro cuerpo" (2 Co 4,10). Esta mortificación es, en su sentido más amplio, la parte que todo cristiano debe tomar de los sufrimientos de su divino Maestro, soportando en unión con él las pruebas que puede encontrar en esta vida o los sufrimientos que se inflige voluntariamente. La primera y mejor mortificación es la que está ligada a nuestros deberes diarios, a los dolores que tenemos que soportar, al esfuerzo que debemos hacer para cumplir debidamente con los deberes de nuestro estado, y para soportar las contradicciones de cada día. Cuando san Juan Berchmans dijo que *su principal mortificación era la vida común,* no dijo nada más que esto, porque para él la vida común abarcaba todos los deberes de su estado.

Además, quien santifique los deberes y sufrimientos de cada día y practique así la mortificación fundamental, avanzará pronto, y se impondrá privaciones y sufrimientos voluntarios para escapar de los dolores de la otra vida.

Las mortificaciones más leves, los sacrificios más insignificantes, sobre todo cuando se hacen por obediencia, son de gran valor a los ojos de Dios.

La beata Emily, dominica, priora del monasterio de Santa María en Vercelli, inspiró a sus religiosas un espíritu de perfecta obediencia en vistas del purgatorio. Uno de los puntos de la regla prohibía a las religiosas beber entre comidas sin permiso expreso de la superiora. Ahora bien, esta última, sabiendo, como hemos visto, el valor del sacrificio de un vaso de agua a los ojos de Dios, acostumbraba generalmente a negar este permiso, para dar a sus hermanas la posibilidad de practicar una mortificación fácil, pero endulzó su negativa diciéndoles que ofrecieran su sed a Jesús, atormentado por una sed cruel en la cruz. Les aconsejó entonces que sufrieran esta ligera privación con el fin de disminuir sus tormentos en las llamas expiatorias del purgatorio.

Había en su comunidad una hermana llamada María Isabel, que era demasiado propensa a la frivolidad, muy aficionada a la conversación y otras distracciones exteriores. La consecuencia era que tenía poco gusto por la oración, era negligente en el rezo del oficio, y solo cumplía su principal deber con cierta repugnancia. Por lo tanto, nunca se apresuraba a ir al coro, y tan pronto como terminaba el oficio era la primera en salir. Un día, mientras se apresuraba a dejar el coro, pasó por el puesto de la priora, que la detuvo. "¿A dónde vas con tanta prisa, mi buena hermana?", le dijo, "¿y por qué estás tan ansiosa por salir antes que las otras hermanas?". La hermana, sorprendida, al principio observó un respetuoso silencio, luego reconoció con humildad que el oficio le resultaba aburrido y le parecía demasiado largo. "Todo eso está muy bien", respondió la Priora, "pero si te cuesta tanto cantar las alabanzas a Dios sentada cómodamente en medio de tus hermanas, ¿qué harás en el purgatorio, donde te verás obligada a permanecer en medio de las llamas? Para evitarte esa terrible prueba, hija mía, te ordeno que dejes tu sitio en último lugar". La hermana se sometió con sencillez, como una niña verdaderamente obediente; y fue recompensada. El disgusto que había experimentado hasta ahora por las cosas de Dios se transformó en devoción y alegría espiritual. Además, como Dios le reveló a la beata Emily, después de morir, obtuvo una gran disminución del sufrimiento que le esperaba en la otra vida. Dios contó como horas en el purgatorio las que pasó en oración en espíritu de obediencia.

Los sacramentos. Recibirlos rápidamente. Efecto medicinal de la extremaunción. San Alfonso de Ligorio

Hemos indicado, como cuarto medio de satisfacción en este mundo, la práctica sacramental, y especialmente una santa y cristiana recepción de los últimos sacramentos al acercarse la muerte.

El divino Maestro nos exhorta en el evangelio a prepararnos bien para la muerte, para que sea preciosa a sus ojos y la digna coronación de una vida cristiana. Su amor por nosotros le hace desear ardientemente que dejemos este mundo totalmente purificados, despojados de toda deuda con la justicia divina; y que al comparecer ante Dios seamos hallados dignos de ser admitidos entre los elegidos, sin necesidad de pasar por el purgatorio. Con este fin, nos envía ordinariamente los dolores de la enfermedad antes de la muerte y ha instituido los sacramentos para ayudarnos a santificar nuestros sufrimientos y para disponernos mejor a comparecer ante su rostro.

Los sacramentos que recibimos en tiempo de enfermedad son tres: La confesión, que podemos recibir tan pronto como queramos; el santo Viático y la extremaunción, que podemos recibir tan pronto como haya peligro de muerte. Esta circunstancia de peligro de muerte debe ser tomada en el sentido amplio de la palabra.

No es necesario que exista un peligro inminente de muerte y que se haya perdido toda esperanza de recuperación; ni siquiera es necesario que el peligro de muerte sea seguro; basta con que sea probable, aun cuando no haya otra enfermedad que la vejez.

Los efectos de los sacramentos, bien recibidos, corresponden a todas las necesidades, a todos los deseos legítimos de los enfermos. Estos remedios divinos purifican el alma de sus pecados y aumentan su tesoro de gracia santificante; fortalecen al enfermo y le permiten soportar sus sufrimientos con paciencia, triunfar sobre los asaltos del demonio en el último momento y hacer un generoso sacrificio de su vida a Dios. Además de los efectos que producen en el alma, los sacramentos ejercen una influencia saludable en el cuerpo. La extremaunción conforta especialmente al enfermo y alivia sus sufrimientos; incluso le devuelve la salud, si Dios lo juzga conveniente para su salvación.

Los sacramentos son, pues, para los fieles, una inmensa ayuda, un beneficio inestimable. No sorprende, pues, que el enemigo de las almas se proponga en primer lugar privarlas de un bien tan grande. No pudiendo robar a la Iglesia sus sacramentos, se esfuerza por alejarlos de los enfermos, ya sea haciendo que estos descuiden por completo su recepción, ya sea que los reciban tan tarde que pierdan todo su beneficio. ¡Ay! ¡Cuántas almas se dejan atrapar en esta trampa! ¡Cuántas almas, por no recibir prontamente los sacramentos, caen en el infierno o en el abismo más profundo del purgatorio!

Para evitar esta desgracia, el primer cuidado de un cristiano, en caso de enfermedad, debe ser pensar en los sacramentos, y recibirlos lo más pronto posible. Decimos que debe recibirlos con prontitud, mientras esté en uso de sus facultades, y nos detenemos en esta circunstancia por las siguientes razones:

1) Al recibir los sacramentos con prontitud, el enfermo, teniendo aún fuerzas suficientes para prepararse debidamente, obtiene todo el fruto de ellos.

2) Necesita que se le proporcione cuanto antes la asistencia divina, para soportar sus sufrimientos, superar la tentación y santificar el precioso tiempo de la enfermedad.

3) Solo recibiendo los santos óleos a tiempo, podemos experimentar los efectos de una cura corporal. Porque debemos se-

ñalar aquí un punto importante: el remedio sacramental de la santa unción produce su efecto sobre el enfermo de la misma manera que los remedios médicos. Se parece a una medicina exquisita que ayuda a la naturaleza, en la que se supone que todavía hay un cierto vigor; de modo que la extremaunción no puede ejercer una virtud medicinal cuando la naturaleza se ha vuelto demasiado débil, y la vida está casi extinguida. Así, un gran número de enfermos mueren porque postergan la recepción de los sacramentos hasta que llegan al último extremo; mientras que no es raro ver a los que se apresuran a recibirlos y se recuperan totalmente.

San Alfonso habla de un hombre enfermo que retrasó la aplicación de la extremaunción hasta que fue casi demasiado tarde, ya que murió poco después. Dios dio a conocer por medio de una revelación, dice el santo doctor, que si hubiera recibido ese sacramento antes, habría recuperado la salud. Sin embargo, el efecto más precioso de los últimos sacramentos es el que producen en el alma; la purifican de los restos del pecado y le quitan, o al menos disminuyen, su deuda de castigo temporal; la fortalecen para soportar el sufrimiento de manera santa; la llenan de confianza en Dios y la ayudan a aceptar la muerte de sus manos en unión con la de Jesucristo.

Confianza en Dios. San Francisco de Sales. San Felipe Neri y la hermana Escolástica

El quinto medio para obtener el favor ante el tribunal de Dios es tener una gran confianza en su misericordia. *En ti, Señor, espero; no quede yo nunca avergonzado,* dice la Escritura (Sal 31). Aquel que dijo al buen ladrón: "Hoy estarás conmigo en el Paraíso", bien merece que tengamos una confianza ilimitada en Él. San Francisco de Sales declaró que si él consideraba sólo su miseria, merecía el infierno; pero lleno de humilde confianza en la misericordia de Dios y en los méritos de Jesucristo, él esperaba firmemente compartir la felicidad de los elegidos. "¿Y qué haría nuestro Señor con su vida eterna", dijo, "si no nos la diera a nosotros, pobres criaturas pequeñas e insignificantes, que no tenemos otra esperanza que la de su bondad? ¡Bendito sea Dios! Tengo esta firme confianza en lo profundo de mi corazón, de que viviremos eternamente con Dios. Un día estaremos todos unidos en el cielo. Tened valor; pronto estaremos allí arriba".

"Debemos", dijo de nuevo, "morir entre dos almohadas; una, la de la humilde confesión de que no merecemos nada más que el infierno; la otra, la de una confianza total en que Dios, en su misericordia, nos dará el Paraíso". Habiendo conocido un día a un caballero que estaba lleno de excesivo temor a los juicios de Dios, le dijo: "El que tiene un verdadero deseo de servir a Dios y evitar el pecado, no debe en ningún caso dejarse atormentar por el pensamiento de la muerte y el juicio. Sí han de ser temidos, pero no con ese temor que desalienta y deprime el vigor del alma; sino un temor templado con confianza, y por lo tanto saludable. Esperad en Dios: quien espera en Él nunca será confundido".

Leemos en la vida de san Felipe Neri que, habiendo ido un día al convento de Santa Marta en Roma, una de las religiosas, llamada Escolástica, quiso hablar con él en privado. Esta señora había estado atormentada durante mucho tiempo por un pensamiento de desesperación, que no se había atrevido a dar a conocer a nadie; pero, llena de confianza en el santo, resolvió abrirle su corazón. Cuando se dirigió a él, antes de que tuviera tiempo de decir una palabra, el hombre de Dios le dijo con una sonrisa: "Te equivocas mucho, hija mía, al creer que estás destinada a las llamas eternas: ¡El paraíso te pertenece!". "No puedo creerlo, padre", respondió con un profundo suspiro. "¿No lo crees? Eso es una locura por tu parte, ya lo verás. Dime, Escolástica, ¿por quién murió Jesús?". "Murió por los pecadores". "Y ahora dime, ¿eres una santa?". "¡Ay!", respondió ella llorando, "soy una gran pecadora". "Por lo tanto, Jesús murió por ti, y seguramente fue para abrir el Cielo para ti. Por lo tanto, está claro que el Cielo es tuyo. Porque en cuanto a tus pecados, los detestas, no tengo ninguna duda". La buena religiosa se conmovió con estas palabras. La luz entró en su alma, la tentación se desvaneció y desde ese momento esas dulces palabras, *el paraíso es tuyo,* la llenaron de confianza y alegría.

Santa aceptación de la muerte: el padre Aquitanus, san Alfonso de Ligorio, la venerable Francisca de Pamplona y la persona que no se resignó a morir: el padre Vincent Caraffa y el condenado, la hermana María de San José y la madre Isabel, san Juan de la Cruz, la dulzura de la muerte de los santos

El sexto medio para evitar el purgatorio es la humilde y sumisa aceptación de la muerte en expiación de nuestros pecados: es un acto generoso, por el cual hacemos un sacrificio de nuestra vida a Dios, en unión con el sacrificio de Jesucristo en la cruz.

¿Deseáis un ejemplo de esta santa renuncia de la vida en las manos del Creador? El 2 de diciembre de 1638, murió en Brisach, en la orilla derecha del Rin, el padre George Aquitanus, de la Compañía de Jesús. Dos veces había dedicado su vida al servicio de los afectados por la plaga. Sucedió que en dos ocasiones diferentes la peste se desató con tal furia que era casi imposible acercarse a los enfermos sin ser atacado por el contagio. Todos huyeron y abandonaron a los moribundos a su infeliz destino. Pero el padre Aquitanus, poniendo su vida en las manos de Dios, se hizo siervo y apóstol de los enfermos; se dedicó exclusivamente a aliviar sus sufrimientos y a administrarles los sacramentos.

Dios lo protegió durante la primera visita de la plaga; pero cuando esta volvió a estallar con renovada violencia, y el hombre de Dios fue llamado por segunda vez a dedicarse al cuidado de los enfermos, Dios aceptó esta vez su sacrificio.

Cuando, víctima de su caridad, se tendía extendido en su lecho de muerte, se le preguntó si estaba dispuesto a hacer el sacrificio de su vida a Dios. "Si tuviera un millón de vidas para ofrecerle, Él sabe con qué facilidad se las daría", respondió lleno de alegría. Tal acto, es fácil de entender, es muy meritorio a los ojos de Dios. ¿No se parece a ese supremo acto de caridad realizado por los mártires que murieron por Jesucristo, y que, como el bautismo, borra todo el pecado y anula todas las deudas? *Nadie tiene amor más grande*, dice Nuestro Señor, *que el de dar la vida por sus amigos* (Jn 15,13).

Para realizar este acto en tiempo de enfermedad, es útil, por no decir necesario, que el paciente comprenda su condición y sepa que su fin se acerca. Por lo tanto, es muy perjudicial para él negarle este conocimiento a través de una falsa delicadeza. "Debemos", dice san Alfonso, "dar prudentemente al enfermo el conocimiento de su peligro".

Si el paciente se esfuerza por engañarse con ilusiones, si en lugar de resignarse a las manos de Dios, y solo piensa en su curación, aunque reciba todos los sacramentos, se hace un mal deplorable.

Rossignoli nos narra dos casos más. Leemos en la vida de la venerable madre Francisca del Santísimo Sacramento, religiosa de Pamplona, que un alma fue condenada a un largo purgatorio por no haber tenido una verdadera sumisión a la divina Voluntad en su lecho de muerte. Por lo demás, era una joven muy piadosa, pero cuando la mano helada de la muerte vino a tocarla en la flor de su juventud, reculó y no se entregó a las manos siempre amorosas de su Padre Celestial: no quería morir todavía. Sin embargo, expiró y la venerable madre Francisca, que recibía frecuentes visitas de las almas de los difuntos, se enteró de que esta alma tenía que expiar con largos sufrimientos su falta de sumisión a los decretos de su Creador.

La vida del venerable padre Caraffa nos proporciona un ejemplo más consolador.

El padre Vicente Caraffa, General de la Compañía de Jesús, fue llamado a preparar a morir a un joven noble condenado a la pena de muerte y que se creía injustamente condenado. Morir en la flor de la edad, cuando se es rico, feliz y cuando el futuro nos sonríe, es duro, pues queda mucho por hacer. Un criminal que es presa de los remordimientos de conciencia puede resignarse a ello y aceptarlo como un castigo en expiación de su crimen. Pero ¿qué diremos de una persona inocente?

El padre tenía, por tanto, una difícil tarea que cumplir. Sin embargo, ayudado por la gracia, supo cómo manejar a este infeliz, habló con tal unción de las faltas de su vida pasada y de la necesidad de satisfacer la justicia divina, le hizo comprender tan bien cómo Dios permitió este castigo temporal para su bien, que aplastó la naturaleza rebelde y cambió completamente los sentimientos de su corazón. El joven consideró su sentencia como una expiación que le obtendría el perdón de Dios, subió al patíbulo no solo con resignación, sino también con una alegría verdaderamente cristiana. Hasta el último momento, incluso bajo el hacha del verdugo, bendijo a Dios e imploró su misericordia, para gran edificación de todos los que asistieron a su ejecución.

En el momento en que su cabeza cayó, el padre Caraffa vio su alma elevarse triunfalmente al cielo. Inmediatamente se dirigió a la madre del joven para consolarla relatando lo que había visto. Se sintió tan transportado de alegría, que al volver a su celda no dejó de gritar en voz alta: "¡Oh hombre feliz! ¡Oh, hombre feliz!".

La familia deseaba que se celebraran un gran número de misas para el descanso de su alma. "Es superfluo", respondió el padre; "debemos más bien dar gracias a Dios y alegrarnos, porque os declaro que su alma ni siquiera ha pasado por el purgatorio".

Otro día, mientras trabajaba, se detuvo repentinamente, cambió de aspecto y miró hacia el cielo; entonces se le oyó gritar: "¡Oh, feliz suerte! ¡Oh, feliz suerte!". Y cuando su compañero le pidió una explicación de estas palabras, le respondió: "Fue el alma de ese condenado la que se me apareció en la gloria. ¡Oh, qué provechosa ha sido para él su renuncia!".

La hermana María de San José, una de las cuatro primeras carmelitas que abrazaron la reforma de santa Teresa, era una religiosa de gran virtud. Se acercaba el final de su carrera y nuestro Señor, deseando que su esposa fuera recibida en el Cielo en triunfo al dar su último suspiro, purificó y adornó su alma con los sufrimientos que marcaron el final de su vida.

Durante los cuatro últimos días que pasó en la tierra, perdió el habla y el uso de sus sentidos; fue presa de una espantosa agonía, y a las religiosas se les rompía el corazón al verla en ese estado. La madre Isabel de Santo Domingo, priora del convento, se acercó a la enferma y le sugirió que hiciera muchos actos de resignación y abandono total en las manos de Dios. Sor María de San José la escuchó y realizó estos actos interiormente, pero sin poder dar ninguna señal exterior de ello.

Murió en estas santas disposiciones y, el mismo día de su muerte, mientras la madre Isabel asistía a Misa y rezaba por el descanso de su alma, nuestro Señor le mostró el alma de su fiel esposa coronada de gloria, y dijo: *Ella es del número de los que siguen al Cordero*. La hermana María de San José, por su parte, agradeció a la madre Isabel todo el bien que le había procurado a la hora de la muerte. Añadió que los actos de renuncia que le había sugerido habían merecido su gran gloria en el Paraíso y la habían eximido de los dolores del purgatorio *(Vida de la Madre Isabel*, lib. 3, c. 7). ¡Qué felicidad dejar esta miserable vida, para entrar en la única verdadera y bendita! Todos podemos disfrutar de esta felicidad, si empleamos los medios que Jesucristo nos ha dado para satisfacer en este mundo, y para preparar nuestras almas para aparecer en su presencia. El alma así preparada se llena en su última hora de la más dulce confianza; tiene, por así decirlo, un anticipo del Cielo; las experiencias que san Juan de la Cruz ha escrito sobre la muerte de un santo en su *Llama de Amor Viva*.

"El perfecto amor de Dios", dice, "hace que la muerte sea agradable, haciendo que el alma saboree la mayor dulzura en ella. El alma que ama se inunda de un torrente de delicias al acercarse ese momento en que está a punto de disfrutar de la plena posesión de su Amado. A punto de ser liberada de esta prisión del cuerpo, parece ya contemplar las glorias del Paraíso, y todo dentro de ella se transforma en amor".

Anexos

Indulgencias

Cuando un cristiano comete un pecado y se arrepiente, Dios perdona sus pecados, por medio del sacramento de la confesión. Aun así, queda una responsabilidad pendiente por las consecuencias que el pecado haya tenido para la misma persona o para otras, o incluso para la sociedad en general. Esta consecuencia se llama, pena temporal y es una deuda que persiste y que hay que pagar ya sea en esta vida o en el Purgatorio.

Esa pena temporal puede remitirse mediante las indulgencias. Desde el año 1983 el Código de derecho canónico (c. 992) y el Catecismo de la Iglesia Católica (n. 1471), definen así la indulgencia:

"La indulgencia es la remisión ante Dios de la pena temporal por los pecados, ya perdonados, en cuanto a la culpa, que un fiel dispuesto y cumpliendo determinadas condiciones consigue por mediación de la Iglesia, la cual, como administradora de la redención, distribuye y aplica con autoridad el tesoro de las satisfacciones de Cristo y de los santos".

Que la Iglesia tenga la facultad de conceder indulgencias es una cuestión de fe, definida por el Concilio de Trento el 4 de diciembre de 1563, en la XXV sesión.

La indulgencia puede ser parcial o plenaria. La parcial libera de una parte de la pena temporal debida al pecado y la plenaria libera de la totalidad de la pena temporal debida al pecado. Tanto las indulgencias parciales como las plenarias pueden aplicarse siempre a los difuntos como sufragio.

Hay que recordar siempre que una oración o una buena obra es, en sí misma, más preciosa que la indulgencia que pueda llevar consigo; pues una indulgencia no es más que la remisión de la pena temporal, mientras que una oración rezada con devoción supone un aumento de la gracia y del mérito para la eternidad. Hay toda la diferencia entre lo temporal y lo eterno.

Para ser capaz de obtener una indulgencia para sí mismo, una persona debe estar bautizada, no excomulgada y en estado de gracia, al menos cuando cumpla con la última obra prescrita. Se debe tener al menos la intención general de obtener indulgencias y cumplir con las condiciones establecidas. Para ganar una indulgencia unida a una oración, basta con recitar la oración prescrita solo o junto con otra persona, o incluso seguir con la mente mientras la oración es recitada por otra persona.

Por la excelencia suprema de la participación en el santo sacrificio de la Misa, y por la eficacia suprema del santo sacrificio en cuanto a santificación y purificación, la Misa no se enriquece con indulgencias.

CÓMO OBTENER UNA INDULGENCIA PLENARIA

Para obtener la indulgencia plenaria se debe realizar el acto prescrito (por ejemplo, el rezo del rosario en las circunstancias que se especifican a continuación) y además cumplir unas condiciones: la confesión sacramental, la comunión eucarística y la oración por las intenciones del Sumo Pontífice. Además, se exige que esté ausente todo apego al pecado, incluso el pecado venial. Si esta disposición es de alguna manera no del todo completa, o si las tres condiciones prescritas no se cumplen, la indulgencia será solo parcial.

Las condiciones de la confesión, la comunión y la oración por las intenciones del Papa pueden cumplirse varios días antes o después de la acción por la que lucramos la indulgencia. Pero es conveniente que la comunión y la oración por las intenciones del Papa se hagan el mismo día. Y aunque una confesión es suficiente para obtener varias indulgencias plenarias en días diferentes (para obtener indulgencias plenarias diarias, hay que confesarse al menos una vez cada dos semanas), hay que comulgar y rezar por la intención del Papa para obtener cada indulgencia plenaria. La condición de rezar por la intención del Papa se satisface plenamente con el rezo de un padrenuestro y un avemaría, aunque se es libre de rezar cualquier otra oración.

Una persona solo puede ganar una indulgencia plenaria por día. Hay una excepción a esta regla: Una persona que ya ha obtenido la indulgencia plenaria del día y que en ese mismo día está en peligro de muerte, puede también obtener la indulgencia plenaria relacionada con la bendición apostólica, normalmente impartida con los últimos sacramentos. Si un sacerdote no puede estar presente, se puede obtener la indulgencia plenaria en la hora de la muerte.

Merecen mención especial las siguientes cuatro formas de obtener una indulgencia plenaria:

1. La adoración del Santísimo Sacramento durante al menos media hora.

2. La lectura piadosa, al menos de media hora, de la Sagrada Escritura con la veneración debida a la palabra divina.

3. El ejercicio del Vía Crucis, que debe hacerse ante las estaciones legítimamente erigidas. Según la práctica más común, se hacen 14 lecturas devotas, a las que se añaden algunas oraciones. Sin embargo, no se requiere nada más que una meditación sobre la Pasión y Muerte de Nuestro Señor, que no tiene por qué ser una consideración particular de los misterios individuales de las estaciones. Hay que moverse de una estación a la siguiente; sin embargo, cuando hay muchas personas y esto no resulta fácil, es suficiente que el que dirige las estaciones se mueva de una a otra, quedando el resto en sus lugares. Los "impedidos" para hacer las estaciones pueden obtener la misma indulgencia plenaria mediante la lectura y meditación devota de la Pasión y Muerte de Cristo durante al menos media hora.

4. El rezo del rosario, de al menos cinco decenas, con devota meditación de los misterios, en una iglesia u oratorio público, o en familia, o en una comunidad religiosa, o en alguna asociación piadosa. A la recitación vocal debe añadirse la meditación devota de los misterios. Las cinco decenas se recitarán de manera continua; y, si se recitan en público, el misterio respectivo se anunciará antes de cada decena. En la recitación privada, sin embargo, basta con añadir a la recitación vocal la meditación de los misterios.

Además, al fiel que con devoción visita el cementerio y ora, incluso solo mentalmente por los difuntos, se le concede la indulgencia plenaria, aplicable solamente a los difuntos, desde el día 1 el 8 de noviembre. El 2 de noviembre, día de Conmemoración de los Fieles Difuntos, se gana indulgencia plenaria visitando piadosamente una iglesia o un oratorio y rezando allí el Credo y un padrenuestro.

CÓMO OBTENER UNA INDULGENCIA PARCIAL

Son muchos los modos de obtener las indulgencias parciales. Ordinariamente se encuentran unidas al rezo de una determinada oración o jaculatoria, y/o al cumplimiento de actos de caridad y de penitencia, como por ejemplo: peregrinaciones, plegarias, obras de caridad con los pobres, público testimonio de la fe, renuncias, ascesis voluntaria, abstención de consumos superfluos (cigarrillo, bebidas alcohólicas, etc.), ayuno, abstinencia de carne u otro alimento según las especificaciones de cada Conferencia Episcopal, donando la cantidad proporcional a los pobres, aceptación de los sufrimientos, plegarias y obras en sufragio de los difuntos... Todo esto ayuda a expresar la conversión del corazón.

Así, existen como tres maneras generales de obtener una indulgencia parcial:

1. Se concede indulgencia parcial al fiel que, en el cumplimiento de sus deberes y al llevar las cargas de la vida, eleva su mente a Dios en humilde confianza, añadiendo, aunque sólo sea mentalmente, alguna jaculatoria o invocación piadosa.

De este modo, se toma a los fieles de la mano, por así decirlo, y los lleva a seguir la amonestación del Salvador: "Hay que orar siempre y no desfallecer". Insta a cada uno a cumplir sus deberes en unión con Cristo, de tal manera que esta unión sea cada vez más íntima.

La invocación puede ser muy corta, de solo unas pocas palabras, o incluso de una sola palabra. Por ejemplo: "Dios mío, te amo"; "¡Jesús!"; "todo para ti"; "venga tu reino"; "Jesús, María, José, que yo esté siempre con los tres"; "Corazón de Jesús, en ti confío"; "¡María Inmaculada!"; "que se haga la santa voluntad de Dios", "Corazón Inmaculado de María, ruega por nosotros ahora y en la hora de nuestra muerte. Amén".

Se debe preferir la invocación que mejor se adapte a la actividad que se realiza y a la disposición de la mente, tanto si brota espontáneamente del corazón como si se selecciona de las que han sido aprobadas por el uso de los fieles.

Con esta concesión, solo se enriquecen con indulgencias aquellas acciones en las que, en el cumplimiento de sus deberes, los fieles elevan sus mentes a Dios. Debido a la fragilidad humana, esto es algo que no se hace tan comúnmente. Cuántas horas, cuántos días se pasan sin elevar nuestras mentes y corazones a Dios, sin un "todo para ti, Sagrado Corazón de Jesús", "Sagrado Corazón de Jesús, ten piedad de nosotros", "oh, Señor, aumenta mi fe", "oh, Dios, ten misericordia de mí, pecador", "Dios mío y mi todo", "hágase tu voluntad", "dulce Corazón de María, sé mi salvación", "Santa María, ruega por nosotros", "¡Tú eres el Cristo, el Hijo del Dios vivo!", etc.

Si somos diligentes y fervorosos en este tipo de oraciones a lo largo del día, mereceremos justamente (además de un copioso aumento de la gracia) una remisión más generosa de la pena temporal debida a nuestros pecados. Y lo que es más, si se aplican todas estas indulgencias parciales a las benditas almas del purgatorio, se puede enviar a muchas de ellas al Cielo, allí para amar, adorar y alabar a Dios y rezar por su benefactor terrenal.

2. Se concede una indulgencia parcial al fiel que, animado de un espíritu de fe y de misericordia, entrega de sí mismo o de sus bienes al servicio de los hermanos necesitados.

No se concede indulgencia a toda obra de caridad, sino solo las que están al servicio de los hermanos necesitados, por ejemplo, de alimento o vestido para el cuerpo o de instrucción o consuelo para el alma. Puesto que tales obras buenas son muy agradables a Dios, traen gran mérito a quien las realiza; también satisfacen el castigo temporal debido a los pecados ya perdonados, y tal remisión se duplica debido a la indulgencia parcial aquí concedida.

3. La indulgencia parcial se concede al fiel que, con espíritu de penitencia, se abstiene por propia voluntad de algo permitido y agradable para él. Por esta concesión se le insta a someter su cuerpo y a conformarse a Cristo pobre y sufriente. Esta abnegación es más excelente cuando está unida a la caridad, por ejemplo, cuando lo que se hubiera gastado en diversiones y en autocomplacencia se da a los pobres de una forma u otra.

Además de estas tres formas generales de obtener una indulgencia parcial, el *Enchiridion Indulgentiarum,* o *Manual de indulgencias,* enumera muchas oraciones y obras de piedad específicas por las que se puede obtener una indulgencia parcial. Algunas de las más comunes son las siguientes:

–Actos de fe, esperanza, caridad y contrición, según cualquier fórmula buena. Cada acto es indulgente.

–Una visita de adoración al Santísimo Sacramento.

–"Te damos gracias, Dios Todopoderoso, por todos tus beneficios, que vives y reinas por los siglos de los siglos. Amén".

–"Ángel de Dios, mi querido guardián; fuiste enviado para protegernos. En este día permanece junto a mí, para alumbrar y guiar, guardarme y dirigirme".

–Recitación del *Ángelus* (en tiempo pascual, del *Regina Caeli).*

–El *Anima Christi* ("Alma de Cristo, santifícame...").

–Visitar un cementerio y rezar (aunque solo sea mentalmente) por los difuntos (aplicable sólo a las almas del purgatorio).

–Comunión espiritual, según cualquier fórmula devota.

–Por la recitación devota del Credo.

–Por enseñar o estudiar la doctrina cristiana.

–Por recitar la "Oración ante un Crucifijo" ("He aquí, oh amable y dulcísimo Jesús...") ante una imagen del Crucificado después de la santa Comunión.

–Por la recitación piadosa del "Acto de Reparación" ("Dulcísimo Jesús, cuya caridad derramada sobre los hombres es correspondida ingratamente con tanto olvido..."): se concede una indulgencia plenaria si se recita públicamente en la fiesta del Sagrado Corazón de Jesús.

–Por la recitación piadosa del "Acto de Dedicación de la Raza Humana a Cristo Rey" ("Dulcísimo Jesús, Redentor de la raza humana..."): se concede una indulgencia plenaria si se recita públicamente en la fiesta de Cristo Rey.

–Para cada una de las siguientes letanías: del santísimo nombre de Jesús, del sagrado corazón de Jesús, de la preciosísima Sangre de nuestro Señor Jesucristo, de la bendita Virgen María, de san José y las Letanías de los santos.

–El *Magníficat* ("Mi alma glorifica al Señor...").

–El Acordaos ("Acordaos, oh piadosísima Virgen María...").

–Por usar devotamente un objeto piadoso (crucifijo, cruz, rosario, medalla) debidamente bendecido por cualquier sacerdote.

–Por dedicar un tiempo a la oración mental devota.

–"Oremos por nuestro Pontífice, N. – Que el Señor lo conserve, y le dé vida, y le haga santo en la tierra, y no lo entregue a la voluntad de sus enemigos".

–Por estar presente en un sermón con devoción y atención.

–"Dales Señor el descanso eterno. Brille para ellos la luz perpetua. Descansen en paz. Amén" (aplicable sólo a las almas del purgatorio).

–Por la recitación del rosario en privado, fuera de una iglesia u oratorio público, etc. Para esta recitación privada fuera de una iglesia, las decenas pueden ser separadas. Aunque no es necesario anunciar los misterios, hay que añadir la meditación a la recitación vocal.

–Por leer la Sagrada Escritura como lectura espiritual, con la veneración y la devoción debida a la palabra de Dios.

–El *Salve Regina.*

–Por hacer devotamente la señal de la Cruz, diciendo las palabras: "En el nombre del Padre, del Hijo y del Espíritu Santo. Amén".

–Por la recitación devota del *Tantum Ergo.*

–"Ven, Espíritu Santo, llena los corazones de tus fieles, y enciende en ellos el fuego de tu amor".

–Por renovar los votos bautismales, usando cualquier fórmula habitual (se concede una indulgencia plenaria si se hace en la celebración de la Vigilia Pascual o en el aniversario del Bautismo).

Más información:

Manual de indulgencias, versión española oficial de 1995 de la segunda edición típica latina del *Enchiridion Indulgentiarum* de 1986 (existe tercera edición típica latina de 1999).

Constitución apostólica *Indulgentiarum doctrina,* del Papa Pablo VI, 1 de enero de 1967.

El don de la indulgencia, documento de la Penitenciaría Apostólica, del 29 de enero del 2000.

Catecismo de la Iglesia Católica, nn. 1471-1479.

Oraciones por las benditas ánimas del purgatorio

Oración por las almas del purgatorio

Oh, piadoso Corazón de Jesús, siempre presente en el Santísimo Sacramento, siempre consumido con ardiente amor por las pobres almas cautivas en el purgatorio, ten piedad del alma de quien llega a ti con humildad. No seas severo en tu juicio y deja que algunas gotas de tu preciosa Sangre caigan sobre las devoradoras llamas y haz, oh piadoso Señor, que tus santos ángeles conduzcan el alma de quien a ti clama, a un lugar de descanso y paz eterna. Amén.

Oración por los difuntos

Oh Dios, Creador y Redentor de todos los fieles, concede a las almas de tus siervos difuntos la plena remisión de todos sus pecados, para que con la ayuda de nuestras piadosas súplicas obtengan el perdón que siempre han deseado, Tú que vives y reinas por los siglos de los siglos. Amén.

V. Concédeles, Señor, el descanso eterno.

R. Y brille para ellos la luz eterna.

V. Descansen en paz.

R. Amén.

V. Sus almas y las de todos los fieles difuntos descansen en paz, por la misericordia del Señor.

R. Amén.

Oración por nuestros seres queridos ya fallecidos

Oh buen Jesús, que durante toda tu vida te compadeciste de los dolores ajenos, mira con misericordia las almas de nuestros seres queridos que están en el purgatorio. Oh Jesús, que amaste a los tuyos con gran predilección, escucha la súplica que te hacemos, y por tu misericordia concede a aquellos que Tú te has llevado de nuestro hogar el gozar del eterno descanso en el seno de tu infinito amor. Amén.

V. Concédeles, Señor, el descanso eterno.

R. Y brille para ellos la luz eterna.

V. Descansen en paz.

R. Amén.

V. Sus almas y las de todos los fieles difuntos descansen en paz, por la misericordia del Señor.

R. Amén.

Oración por los padres fallecidos

Oh Dios, que nos mandaste honrar al padre y a la madre, apiádate clemente de las almas de nuestros padres, perdónales sus pecados y haz que los veamos en el gozo de la eterna caridad. Por Jesucristo nuestro Señor. Amén.

Oración por los difuntos

V. No te acuerdes, Señor, de mis pecados.

R. Cuando vengas a juzgar al mundo por medio del fuego.

V. Señor, Dios mío, dirige mis pasos en tu presencia.

R. Cuando vengas a juzgar al mundo por medio del fuego.

V. Concédele (s), Señor, el descanso eterno y que le (s) alumbre la luz eterna.

R. Cuando vengas a juzgar al mundo por medio del fuego.

V. Señor, ten piedad.

R. Cristo, ten piedad, Señor, ten piedad.

Padre nuestro…

V. Y no nos dejes caer en la tentación.

R. Más líbranos del mal.

V. Libra, Señor, su alma (sus almas).

R. De las penas del infierno.

V. Descanse (descansen) en paz.

R. Amén

V. Señor, escucha mi oración.

R. Y llegue a ti mi clamor.

V. El Señor esté con vosotros.

R. Y con tu espíritu.

Oración: Te rogamos, Señor, que absuelvas el ama de tu siervo N. (de tu sierva N.) de todo vínculo de pecado, para que viva en la gloria de la resurrección, entre tus santos y elegidos. Por Cristo nuestro Señor.

Por todos los fieles difuntos: Oh Dios, Creador y Redentor de todos los fieles, concede a las almas de tus siervos y siervas el perdón de todos los pecados, para que consigan por nuestras piadosas súplicas la indulgencia que siempre desearon. Por Jesucristo, nuestro Señor.

R. Amén

V. Concédeles, Señor, el descanso eterno.

R. Y brille para ellos la luz eterna.

V. Descansen en paz.

R. Amén.

V. Sus almas y las de todos los fieles difuntos descansen en paz, por la misericordia del Señor.

R. Amén.

Desde lo hondo a ti grito (Sal 129)

Grito a Dios por un alma en pena, para rezar por las almas del purgatorio.

Desde lo hondo a ti grito, Señor; escucha mi voz;
estén tus oídos atentos
a la voz de mi súplica.
Si llevas cuenta de los delitos, Señor, ¿quién podrá resistir?
Pero de ti procede el perdón,
y así infundes respeto.
Mi alma espera en el Señor
espera en su palabra;
mi alma aguarda al Señor,
más que el centinela la aurora.
Aguarde Israel al Señor,
como el centinela la aurora;
porque del Señor viene la misericordia,
la redención copiosa.
Y él redimirá a Israel
de todos sus delitos.
V. Concédeles, Señor, el descanso eterno.
R. Y brille para ellos la luz eterna.
V. Descansen en paz.
R. Amén.

Oremos: Oh Dios, Creador y Redentor de todos los fieles, concede a las almas de tus siervos y siervas el perdón de todos los pecados, para que consigan por nuestras piadosas súplicas la indulgencia que siempre desearon. Por Jesucristo, nuestro Señor.

Oración por los difuntos en el canon de la Misa

Acuérdate también, Señor, de tus hijos [N. y N.], que nos han precedido con el signo de la fe y duermen ya el sueño de la paz. A ellos, Señor, y a cuantos descansan en Cristo, concédeles el lugar del consuelo, de la luz y de la paz. Por Cristo, nuestro Señor. Amén.

Oración por un sacerdote fallecido

Oh Dios, que elevaste a tu siervo, N., al sagrado sacerdocio de Jesucristo, según el orden de Melquisedec, dándole el sublime poder de ofrecer el eterno Sacrificio, de traer el Cuerpo y la Sangre de tu Hijo Jesucristo sobre el altar, y de absolver los pecados de los hombres en tu propio y santo Nombre. Te suplicamos que recompenses su fidelidad y olvides sus faltas, admitiéndolo rápidamente ante tu santa presencia, para disfrutar para siempre de la recompensa de sus trabajos. Te lo pedimos por Jesucristo, tu Hijo, nuestro Señor. Amén.

Oración a las benditas ánimas del purgatorio

Oh, almas santas del purgatorio, sois herederas seguras del cielo. Sois muy queridas de Jesús, como trofeos de su preciosa Sangre, y de María, Madre de misericordia. Obtened para mí, por vuestra intercesión, la gracia de llevar una vida santa, de morir felizmente y de alcanzar la bendición de la eternidad en el Cielo.

Queridas almas sufrientes, que anhelan ser liberadas para alabar y glorificar a Dios en el Cielo, por vuestra infalible piedad, ayudadme en las necesidades que me afligen en este momento, particularmente (mencionad aquí la petición), para que pueda obtener alivio y ayuda de Dios.

En gratitud por tu intercesión, ofrezco a Dios en vuestro nombre los méritos satisfactorios de mis oraciones, obras, alegrías y sufrimientos de este día (semana, mes o cualquier espacio de tiempo que desees designar). Amén.

Oración a Dios Padre

Padre Eterno, te ofrezco la preciosa Sangre de Jesucristo en satisfacción por mis pecados, en súplica por las benditas almas del purgatorio y por las necesidades de la santa Iglesia. Amén.

Oración de santa Gertrudis a la preciosa sangre de Jesús

Padre eterno, yo te ofrezco la preciosísima sangre de tu Divino Hijo Jesús, en unión con las misas celebradas hoy día a través del mundo, por todas las benditas ánimas del purgatorio, por todos los pecadores del mundo. Por los pecadores en la iglesia universal, por aquellos en propia casa y dentro de mi familia. Amén.

Oración por un moribundo

Querido Padre Dios: Con confianza, pongo en tus manos a (nombre), que pronto dejará este mundo. Acógelo en tu hogar eterno, perdona todos sus pecados para que pueda contemplarte cara a cara y disfrutar por siempre de tu amor.

Señor Jesucristo, que para salvarlo moriste por él, prepáralo para su Pascua, permítele disfrutar de la verdadera libertad, sin límites de tiempo ni lugar. Que tus gracias den fruto abundante en (nombre).

Virgen María, todos los ángeles y santos, salgan a su encuentro cuando deje esta vida y nos consuele a los que esperamos unirnos algún día a vosotros. Amén.

Oración a san Nicolás de Tolentino

¡Oh glorioso taumaturgo y protector de las almas del purgatorio, san Nicolás de Tolentino! Con todo el afecto de mi alma te ruego que interpongas tu poderosa intercesión en favor de esas almas benditas, consiguiendo de la divina clemencia la condonación de todos sus delitos y sus penas, para que saliendo de aquella tenebrosa cárcel de dolores, vayan a gozar en el cielo de la visión beatífica de Dios. Y a mi, tu devoto siervo, alcánzame,

¡oh gran santo!, la más viva compasión y la más ardiente caridad hacia aquellas almas queridas. Amén.

Oración de san Agustín por las almas del purgatorio

Dulcísimo Jesús mío, que para redimir al mundo quisiste nacer, ser circuncidado, desechado de los judíos, entregado con el beso de Judas, atado con cordeles, llevado al suplicio, como inocente cordero; presentado ante Anás, Caifás, Pilato y Herodes; escupido y acusado con falsos testigos; abofeteado, cargado de oprobios, desgarrado con azotes, coronado de espinas, golpeado con la caña, cubierto el rostro con una púrpura por burla; desnudado afrentosamente, clavado en la cruz y levantado en ella, puesto entre ladrones, como uno de ellos, dándoos a beber hiel y vinagres y herido el costado con la lanza. Libra, Señor, por tantos y tan acerbísimos dolores como has padecido por nosotros, a las almas del Purgatorio de las penas en que están; llévalas a descansar a tu santísima Gloria, y sálvanos, por los méritos de tu sagrada Pasión y por tu muerte de cruz, de las penas del infierno para que seamos dignos de entrar en la posesión de aquel Reino, adonde llevaste al buen ladrón, que fue crucificado contigo, que vives y reinas con el Padre y el Espíritu Santo por los siglos de los siglos. Amén.

Oración a Nuestra Señora Auxiliadora de las almas del purgatorio

Gloriosa Virgen María, creemos que Dios te dio todas las gracias para suavizar las penas de las almas del purgatorio e incluso para liberarlas, por eso acudimos a ti con confianza.

Virgen María, venimos a llamar a la puerta de tu corazón maternal. Mira las penas que soportan estas almas en el fuego purificador, mira los tormentos de estas almas privadas de la visión de Dios, que le vieron un corto instante, mira la impotencia de estas para procurarse el mínimo alivio, mira su resignación y su sumisión a la justicia divina.

Madre de misericordia, te suplicamos que visites estas pobres almas y les deis alivio y consuelo.

Virgen poderosa, cuyos méritos son inmensos, abrevia el tiempo de su expiación.

Reina del cielo, nos atrevemos a pedirte que liberes todas las almas posibles, en cada una de tus visitas.

Madre de bondad, te rogamos más especialmente por las almas olvidadas del purgatorio. Amén.

Novena por las almas del purgatorio

(Tomado de *The Raccolta: Or Collection of Indulgenced Prayers & Good Works)*.

DOMINGO

Oh Señor, Dios Todopoderoso, te suplico por la preciosa Sangre que tu divino hijo Jesús derramó en el huerto de los olivos, libera a las almas del purgatorio, y entre todas ellas especialmente a la más abandonada de todas, y llévala a tu gloria, donde pueda alabarte y bendecirte para siempre. Amén.
Padre nuestro. Ave María. Gloria.
Dales el descanso eterno, etc.

LUNES

Oh Señor, Dios Todopoderoso, te suplico por la preciosa Sangre que tu divino Hijo Jesús derramó en su cruel flagelación, libera a las almas del purgatorio, y entre todas ellas, especialmente a aquella que está más cerca de su entrada en tu gloria, que pronto comience a alabarte y bendecirte para siempre. Amén.
Padre nuestro. Ave María. Gloria.
Dales el descanso eterno, etc.

MARTES
Oh Señor, Dios Todopoderoso, te suplico por la preciosa Sangre de tu divino Hijo Jesús que fue derramada en su amarga coronación de espinas, libera a las almas del purgatorio, y entre todas ellas, particularmente a aquella alma que tiene mayor necesidad de nuestras oraciones, para que no se demore mucho en alabarte en tu gloria y bendecirte para siempre. Amén.
Padre nuestro. Ave María. Gloria.
Dales el descanso eterno, etc.

MIÉRCOLES
Oh Señor, Dios Todopoderoso, te suplico por la preciosa Sangre de tu divino Hijo Jesús que fue derramada en las calles de Jerusalén, mientras llevaba sobre sus sagrados hombros la pesada carga de la Cruz, libera a las almas del Purgatorio, y especialmente a aquella que es más rica en méritos a tus ojos, para que, habiendo alcanzado pronto el alto lugar de gloria al que está destinada, pueda alabarte triunfalmente y bendecirte para siempre. Amén.
Padre nuestro. Ave María. Gloria.
Dales el descanso eterno, etc.

JUEVES
Oh Señor, Dios Todopoderoso, te suplico por el precioso Cuerpo y Sangre de tu divino Hijo Jesús, que Él mismo, en la noche anterior a su Pasión, dio como alimento y bebida a sus amados apóstoles y legó a su santa Iglesia para ser el sacrificio perpetuo y el alimento vital de su pueblo fiel, libera a las almas del purgatorio, pero sobre todo, a aquella que más se dedicó a este misterio de amor infinito, para que te alabe por lo tanto, junto con tu divino Hijo y el Espíritu Santo en tu gloria para siempre. Amén.
Padre nuestro. Ave María. Gloria.
Dales el descanso eterno, etc.

VIERNES

Oh Señor, Dios Todopoderoso, te suplico por la preciosa Sangre que Jesús, tu divino Hijo, derramó este día en el árbol de la Cruz, especialmente de sus sagradas manos y pies, libera a las almas del purgatorio, y particularmente esa alma por la que estoy más obligado a orar, para que yo no sea la causa que te impida admitirla rápidamente en la posesión de tu gloria, donde pueda alabarte y bendecirte para siempre. Amén.
Padre Nuestro. Ave María. Gloria.
Dales el descanso eterno, etc.

SÁBADO

Oh Señor, Dios Todopoderoso, te suplico por la preciosa Sangre que brotó del sagrado costado de tu divino Hijo Jesús en presencia y para gran dolor de su santísima Madre, libera a las almas del purgatorio, y entre todas ellas, especialmente a aquella que ha sido más devota de esta noble Señora, que pueda venir rápidamente a tu gloria, allí para alabarte a ti en ella, y a ella en ti, a través de todos los tiempos. Amén.
Padre Nuestro. Ave María. Gloria.
Dales el descanso eterno, etc.

CADA DÍA DE LA NOVENA:

V. Señor, escucha mi oración.

R. Y llegue a ti mi clamor.

Oh Dios, Creador y Redentor de todos los fieles, concede a las almas de tus siervos y siervas el perdón de todos los pecados, para que consigan por nuestras piadosas súplicas la indulgencia que siempre desearon. Por Jesucristo, nuestro Señor.
Dales el descanso eterno, etc.

Otros libros de interés

Viaje a través del purgatorio
Una novela
Michael Norton

En esta original novela, Michael Norton *reimagina* la idea de purgatorio, de un modo fiel a las enseñanzas de la iglesia. El protagonista, a medida que recorre aquel lugar, comienza a darse cuenta de sus errores, y se pregunta si alguna vez estará preparado para encontrarse con Dios. Sin tener ni idea de cuánto durará su viaje, va aprendiendo, a esperar y anhelar el amor. Una cautivadora historia que atrapa al lector desde el primer momento, llevándole a examinar su propia vida a la vez que ve desplegarse la del protagonista. Un libro recomendado para todo aquel que no se sienta preparado todavía para morir (es decir, para todos nosotros).

Mi posesión
Cómo fui liberado de 27 legiones de demonios
Francesco Vaiasuso

A los cuatro años de edad algo terrible le ocurrió a Francesco. Desde ese momento comenzó a sufrir numerosas patologías que no tenían una causa clara, pero que condicionaron penosamente su vida. Muchos años más tarde, ya casado, el encuentro con un sacerdote exorcista le hizo consciente del origen maligno de todos sus males; ese sería el inicio de una lucha sin cuartel contra las fuerzas de la oscuridad hasta llegar a su liberación completa. Un testimonio apasionante de posesión diabólica, pero sobre todo la lucha de un hombre y su familia para ver la voluntad de Dios detrás de sus sufrimientos.

La devoción al Sagrado Corazón de Jesús

P. Jean Croiset

Director espiritual de Sta. Margarita María de Alacoque

Por fin en castellano una versión actualizada de este clásico del siglo XVII que hasta ahora solo podía conseguirse como facsímil. Más de tres siglos después, se pone a disposición de todos los lectores una obra clave para comprender la importancia y la centralidad del Sagrado Corazón de Jesús en la vida interior de los cristiano. Fue escrito por el sacerdote jesuita Jean Croiset, director espiritual de santa Margarita María de Alacoque (1657-1690).

El manuscrito del purgatorio

Sor María de la Cruz

Este manuscrito son los apuntes tomados por sor María de la Cruz, que entabló durante muchos años misteriosas conversaciones con la que había sido su hermana en vida. En sus páginas encontraremos un testimonio sobre la realidad del purgatorio, sobre el momento de la muerte y el juicio. Pero es sobre todo una auténtica guía para alcanzar la santidad y tener vida interior de alguien que contempla la vida terrena ya desde la eternidad. Nos invita a todos a comprender mejor el gran amor que nos tiene Dios y la gran cantidad de gracias que derrama sobre nosotros.

La Comunión en la mano

Documentos e historia

Mons. Juan Rodolfo Laise

La Iglesia de nuestros días tiene una urgente necesidad de voces valientes que salgan en defensa de su gran tesoro, el misterio de la Eucaristía. Con este libro, Mons. Juan Rodolfo Laise, obispo emérito de San Luis (Argentina), ha sido uno de los que han hablado alto y claro en defensa del Señor en la Eucaristía, mostrando con razones convincentes la inconsistencia de la práctica moderna de la Comunión en la mano, desde una perspectiva histórica, litúrgica y pastoral. Mons. Laise tuvo el gran mérito de haberse opuesto a la introducción de esta práctica en su país, a pesar de quedarse como el único obispo de Argentina que rechazaba públicamente esa práctica litúrgica que consideraba tan dañina.

El purgatorio explicado

A través de la vida de los santos

F. X. Schouppe

Nunca habrías imaginado que se puede saber tanto sobre el purgatorio. En este libro no solo se ofrece la doctrina básica de la Iglesia, sino que se ilustra y explica con un gran número de relatos sobre diversas revelaciones que han tenido los santos, así como apariciones de las benditas almas del purgatorio. Santa Margarita María de Alacoque, santa Gertrudis, santa Brígida de Suecia, el cura de Ars, santa Lidwina de Schiedam, etc.

Nuestra Señora de Kibeho
Immaculée Ilibagiza
Prólogo de María Vallejo-Nágera

La fama de Kibeho, en Ruanda, crece poco a poco; hasta este remoto pueblo africano llegan cada vez más peregrinos de todo el mundo para honrar a la Madre del Verbo, que es como se dio a conocer la Virgen en las apariciones que tuvieron lugar en la década de los 80. Tras varios años de estudio por las autoridades eclesiásticas, la Iglesia católica reconoció oficialmente que Nuestra Señora nos visitó realmente en este lugar, las primeras de toda África. La afamada escritora Immaculée Ilibagiza nos cuenta de primera mano una historia maravillosa, y en ocasiones dura, que llegará a conmover profundamente el corazón de los lectores.

El chico que hablaba con *Jesús*
Immaculée Ilibagiza

Una gran historia nunca contada antes: la de un chico que hablaba con Jesús, y que se atrevía a hacerle las preguntas más inocentes, a la vez que le cuestionaba sobre los temas que más han preocupado a la humanidad desde los orígenes del tiempo. Su nombre era Segatashya. Era un pastor, analfabeto, que provenía de una familia pagana de una de las zonas más remotas de Ruanda. Nunca fue al colegio, ni tuvo una Biblia en sus manos ni pisó una iglesia… pero sus palabras nos llenarán de alegría y calor, y prepararán nuestro corazón para esta vida y para la futura que no tendrá fin.

El confiado abandono en la divina providencia

Jean Baptiste Saint-Jure y San Claudio de la Colombiére

En este libro pueden encontrarse dos joyas de la espiritualidad cristiana del siglo XVII que tratan sobre el abandono en la divina providencia y que por fin pueden leerse en castellano en una edición conjunta. El verdadero secreto de la paz y la felicidad aquí en la tierra se encuentra en algo muy sencillo y, a la vez, muy complicado: conformar nuestra voluntad a la de Dios, viendo en todo lo que nos ocurre, la mano amorosa de nuestro Padre Dios; abandonarse confiadamente en sus brazos paternales como lo hace un niño pequeño.

En alas de mi ángel

*Hermana María Antoni*a

La historia verdadera de una niña brasileña que vio y escuchó a su ángel de la guarda durante la mayor parte de su vida. Cecy Cony (1900-1939), más tarde Hermana María Antonia cuando entró en la vida religiosa, nos cuenta la historia de cómo su ángel de la guarda, a quien llamaba su "nuevo amigo", le ayudó durante su infancia y juventud a evitar todo lo que hacía sufrir a Jesús. Un libro lleno de anécdotas reales que son, a la vez, edificantes, conmovedoras y con frecuencia divertidas.

Buena noticia sobre el sexo y el matrimonio
Christopher West

Este libro, realizado en forma de preguntas y respuestas, explica los porqués que se encuentran detrás de la doctrina de la Iglesia, mostrando la profunda belleza del designio original de Dios al crearnos varón y mujer. A lo largo de sus capítulos se responden, con total sinceridad, los principales temas y objeciones relacionados con la conducta sexual y el matrimonio planteados al autor en numerosos encuentros y conferencias. Fue san Juan Pablo II quien volvió a pensar y a presentar la doctrina de la Iglesia sobre el sexo y el matrimonio de una forma muy profunda, original y revolucionaria.

La oración mental
Condiciones para distinguir con éxito lo que Dios me dice
Francisco Crespo

¿Quieres entrar en contacto, de un modo extremadamente directo, con esa fuerza arrolladora capaz de transformarlo todo? Practica con perseverancia la oración mental: dialoga con Dios. Concentra todas tus energías en el recogimiento del alma. Estas líneas tratan de eliminar, uno por uno, los obstáculos habituales de manera que logres presentarte ante la mirada bondadosa y radiante del Creador. Así, advertirás su actuación con facilidad y te entusiasmará interpretar con acierto cuantos mensajes personales suyos recibas.

Memorias de Sor Lucía
Sor Lucía de Jesús

Este libro reúne los diversos textos que escribió sor Lucía por obediencia entre 1935 y 1941 haciendo memoria de los acontecimientos vividos en Fátima y procurando detalles de la vida de sus primos, Francisco y Jacinta, en la actualidad ya canonizados. Se trata de cuatro cartas con su testimonio dirigidas al obispo de Leiria, y cuyos manuscritos originales se encuentran en los archivos de esa diócesis. Un texto sobre las apariciones de la Virgen que no ha perdido su frescura ni su alto valor histórico y que ofrece claves para entender cómo se despliega la providencia divina sobre el mundo en esta etapa de la historia.

Lo que Jesús veía desde la Cruz
A. G. Sertillanges

Un clásico de la literatura espiritual del siglo XX sobre los sufrimientos del Señor en la Cruz, con un atrevido punto de vista. En este libro, el padre Sertillanges nos brinda detalles vívidos y dramáticos que harán que se intensifique nuestro amor por Jesús, grabando los acontecimientos de su Pasión en nuestra imaginación y nuestra memoria. Una obra para leer despacio y en oración.

Made in the USA
Columbia, SC
24 June 2025